地方自治体と
高齢者福祉・教育福祉の
政策課題

横山純一 [著]
Yokoyama Junichi

日本とフィンランド

同文舘出版

はしがき

　現在，社会保障と税の一体改革の議論が盛んに行われている。しかし，当初期待されていた社会保障の充実が具体的な形でよくみえてこないなかで，ここにきて，消費税増税をめぐる動きばかりが目立つようになってきた。野田政権は，消費税増税だけはなんとしても実らせたい意向のようである。国の財政再建の必要性はもちろん理解できるが，今，問われているのは，少子高齢化が進むなかで，財源問題と結びつけながら，どのように社会保障の全体的な将来像を描き，社会保障の抜本改革を行っていくのかである。さらに，大衆課税としての性格をもつ消費税の増税だけではなく，所得税をも含めた税制改革をどのように展望していくのかである。

　今日，国の政策面での基調が変化してきているが，財政と経済の効率化や市場原理主義が過度に強調されすぎているように思われる。これでは，地域の格差や貧富の格差は拡大することになるだろうし，実際，そうなってきてもいる。そのようななか，国民の間には閉塞感が漂っているし，かつてないほど国民の政治不信が高まっている。将来への不安な気持ちを吐露する国民も増大している。政治は国民に明るい展望を示しえていないのである。民主党はマニュフェストでは「国民の生活が第1」を掲げていたが，今日ではその姿勢はみられない。さらに，月額2万6,000円の「子ども手当」や「高速道路の無料化」の主張など，マニュフェスト自体の未熟さについても厳しく指摘しないわけにはいかない。たとえば，北欧諸国よりもはるかに高額であったのが，民主党マニュフェストでの「子ども手当」であった。財政が厳しいなかでも保育所待機者問題への対応や高齢者福祉，就労支援など，やるべき施策がたくさんあるにもかかわらずである。

　本書では，介護保険の抱えている課題や，介護報酬の仕組み，介護従事者の処遇改善，後期高齢者医療制度，今後の介護・医療の財政シミュレーションについて論ずるとともに，筆者が調査研究しているフィンランドの高齢者福祉の状況や，フィンランドで進んできている福祉の民営化について論じた。

また，日本の教育費の現状や，教育における福祉ともいうべき就学援助制度の実態，フィンランドで2010年に行われた福祉・保健医療と教育関係の国庫支出金を中軸とした改革（福祉・保健医療包括補助金，教育・文化包括補助金等を廃止して一般補助金を創設）について論じた。本書では，行政効率化一辺倒ではなく，財源問題を直視しながら，高齢者福祉や義務教育等の充実や効果的な施策の遂行，地方自治の拡充などについて述べたのである。

　本書は，これまでに学会誌や大学の紀要，雑誌（月刊誌）などに発表してきた拙稿に大幅に加筆・修正を施したものである。また，本書のフィンランドに関する研究については，日本私立学校振興・共済事業団学術研究振興資金ならびに北海学園学術研究助成金の援助を受けて実施した研究成果の一部である。日本私立学校振興・共済事業団ならびに学校法人北海学園に感謝申し上げたい。

　なお，本書出版に際し，同文舘出版の青柳裕之氏に限りなくお世話になった。厚く御礼申し上げたい

2012年2月25日

横山純一

各章の初出の掲載誌と論文名はつぎのとおりである。

第1章 「社会保障と財政に関する改革―課題と展望―」『北海道自治研究』512号，2011年9月，北海道地方自治研究所

第2章 「社会保障国民会議『社会保障国民会議における検討に資するために行う医療・介護費用のシミュレーションについて』の分析」『北海道自治研究』508号，2011年5月，北海道地方自治研究所

第3章 「介護従事者の賃金労働条件改善の取り組みと課題―介護報酬改定（2009年4月実施）と介護職員処遇改善交付金を中心に―」『自治総研』2009年10月，地方自治総合研究所

第4章 「後期高齢者医療制度の創設と課題―必要な公費負担と消費税をめぐる状況―」『財政再建・構造改革下の地域格差の諸相』（地方自治総合研究所地方財政研究会編），2008年12月，地方自治総合研究所

第5章 「フィンランドにおける高齢者福祉の変化（1990-2006）―1990年代前半の不況以後の高齢者介護サービスと福祉民営化，地域格差問題を中心に―」『開発論集』85号，2010年2月，北海学園大学開発研究所

第6章 「フィンランドにおける2010年の国庫支出金改革と自治体財政の状況」『開発論集』87号，2011年3月，北海学園大学開発研究所

第7章 「地方教育費・教育財政（初等中等教育段階）の現状と課題」『日本教育行政学会年報・36』2010年10月，日本教育行政学会

第8章 「『子どもの貧困』と就学援助制度」『政権交代をめぐる政治経済財政』（地方自治総合研究所地方財政研究会編），2010年12月，地方自治総合研究所

目　次

第 1 章　高齢者福祉と財政に関する改革
―課題と展望

1　はじめに ………………………………………………………………… 1
2　厳しい国財政の状況 …………………………………………………… 2
3　社会保障給付費と社会保険料収入の関係 …………………………… 5
4　高齢化の進展と家族における変化，雇用構造の激変 ……………… 8
5　介護保険制度の現状と課題 …………………………………………… 10
　（1）高くない介護報酬水準と介護従事者の賃金労働条件　10
　（2）増大する介護給付費と介護保険料の上昇　11
　（3）介護給付の抑制　11
　（4）課題の多いケアマネジマント　11
　（5）重要な介護予防の取り組みと地域包括支援センターの役割　11
　（6）重要なリハビリ関連サービスと専門職の育成　13
　（7）施設福祉サービスの役割　13
　（8）介護療養病床をめぐる問題　13
　（9）利用者負担問題　14

6　介護従事者の賃金・労働条件の改善に向けて …………………… 15
　（1）よくない介護従事者の待遇　15
　（2）2009年度介護報酬の引上げと介護職員処遇改善交付金の成果　17
　（3）2009年度介護報酬の引上げと介護職員処遇改善交付金の課題　18
　（4）介護従事者の処遇改善のための当面の措置　20

7　当座しのぎを超えた制度の構築を ………………………………… 20
8　安心のセーフティネットの構築と
　　社会連帯税としての消費税の可能性 …………………………… 22

第 2 章 社会保障国民会議における医療・介護費用のシミュレーションについて

1 はじめに …………………………………………………………………… 27

2 シミュレーションと改革の方向性 ……………………………………… 28
(1) シミュレーションの概要と各シミュレーションの内容と特徴　28
(2) 改革の方向性
――入院中心から在宅・訪問診療の強化による地域での療養中心への方向性と地域医療・介護サービスネットワークの構築　30

3 改革シナリオの効率化・重点化と充実化 …………………………… 31
(1) 効率化・重点化　31
(2) 充実化　32

4 医療・介護サービスの需要と供給，医療・介護のサービス基盤のシミュレーション ……………………………………………… 32
(1) 医療・介護サービスの需要と供給（1日利用者数）のシミュレーション　32
(2) 入院・施設・居住系サービス基盤のシミュレーション　36

5 マンパワーのシミュレーション ………………………………………… 37
(1) マンパワーの必要量のシミュレーション　37
(2) マンパワーの改革を行った場合（B2）と行わなかった場合（A）の主な増減理由と影響の大きさ　39

6 医療・介護サービスごとの単価のシミュレーション ……………… 40

7 医療・介護サービス費用のシミュレーション ……………………… 42
(1) いくつかの経済前提　42
(2) 経済前提2-1の場合
（医療費の伸び率は賃金と物価の平均に1％を加えたケースとする）の各シナリオの医療・介護サービス費用のシミュレーション　42
(3) 財源構造の粗いシミュレーション　43
(4) 医療・介護サービス費用にみるサービス構造の変化
（B2，経済前提2-1で医療費の伸び率は賃金と物価の平均に1％を加えたケースにおける医療・介護サービス構造の変化）　44

8 オプションシミュレーション ……………………………… 45
　(1) 医療・介護予防のいっそうの進展の場合　45
　(2) 介護職員の人件費水準を一律に1割引き上げた場合　45

9 改革シナリオの実現可能性と課題（1） ……………………… 46

10 改革シナリオの実現可能性と課題（2） …………………… 49

第3章　介護従事者の賃金労働条件改善の取り組みと課題——介護報酬改定（2009年4月実施）と介護職員処遇改善交付金を中心に

1 よくない介護従事者の待遇 …………………………………… 51

2 介護報酬引上げとその特徴 …………………………………… 53

3 介護報酬引上げの内容 ………………………………………… 59
　(1) 訪問介護　59
　(2) 訪問看護　62
　(3) 居宅介護支援　64
　(4) グループホーム（認知症対応型共同生活介護）　68
　(5) 特別養護老人ホーム　71
　(6) 老人保健施設　75

4 今回の介護報酬引上げの利用者への影響 …………………… 82
　(1) 介護報酬引上げと保険料，利用者負担　82
　(2) 今回の改定の評価と抜本的解決策の展望　83

5 介護職員処遇改善交付金事業について ……………………… 84
　(1) 介護職員処遇改善交付金事業について　84
　(2) 介護職員処遇改善交付金事業の執行の仕組み　85
　(3) 介護職員処遇改善交付金の都道府県への配分方法，
　　　事業者への交付と交付率　87

6 むすびにかえて ………………………………………………… 89

第 4 章　後期高齢者医療制度の創設と課題
―必要な公費負担と消費税をめぐる状況

1 ほころびが見え始めた年金，医療，介護などの社会保障制度 ····· 93

2 高齢社会の進行 ·· 95

3 後期高齢者医療制度の創設 ··101
　（1）後期高齢者医療制度の内容　101
　（2）後期高齢者医療制度の運営の仕組みと保険料，患者負担　103

4 医療費負担増の凍結の動きと後期高齢者の保険料問題 ··········107

5 後期高齢者医療制度と後期高齢者終末期相談支援料，
　　後期高齢者医療診療料，「担当医」制 ································110

6 2008年の実施直後の後期高齢者医療制度への
　　国民の不満噴出と政府の新たな改善策 ······························111

7 後期高齢者医療制度の課題 ··117
　（1）独立方式の意義　117
　（2）後期高齢者医療制度や政府の見直し策で評価できる点等　119
　（3）終末期相談支援料，包括定額制などについて　120
　（4）現役世代の支援について
　　　―後期高齢者医療支援金と前期高齢者医療納付金　121

8 社会保障制度再構築と消費税の役割 ···································123

第 5 章　フィンランドにおける高齢者福祉の変化
（1990-2006）―1990年代前半の不況以後の高齢者介護サービスと福祉民営化，地域格差問題を中心に

1 はじめに ··129

2 1990年代前半の不況以後のフィンランドの特徴（1）
　　―産業構造の転換と失業問題 ···129
　（1）産業構造の転換と農林水産業の不振　129
　（2）失業問題と雇用のミスマッチ　132

3 1990年代前半の不況以後のフィンランドの特徴（2）
―地域格差の拡大 ……………………………………………133
- （1）人口の都市への集中と過疎化の進行　133
- （2）人口の高齢化　133
- （3）経済力と財政力の地域格差　134
- （4）厳しい状況下にある自治体（Kunta）財政　135

4 高齢者と高齢者介護サービスの状況（1990-2005年） …………136
- （1）地方制度と医療圏　136
- （2）フィンランドの高齢化の状況と他の北欧諸国との比較　138
- （3）高齢者の介護サービス利用状況　138
- （4）高齢者介護サービスの提供体制，利用状況における地域格差　140
- （5）介護度と症状　144

5 福祉民営化の進行 ……………………………………………146
- （1）福祉・保健医療従事者数　146
- （2）福祉民営化の進行　150
- （3）地域における福祉民営化の動向　151

6 高齢者介護の財政 ……………………………………………154
- （1）社会保障費の動向　154
- （2）財源―主に国庫支出金と利用料について　155

7 結論 ………………………………………………………………156

第6章　フィンランドにおける2010年の国庫支出金改革と自治体財政の状況

1 はじめに ………………………………………………………163
2 フィンランドにおける
　　　　国と地方自治体の税源配分と自治体財政の状況 ……………163
- （1）国と地方自治体の税源配分　163
- （2）フィンランドの自治体財政の状況　166

3 フィンランドの地方自治体の状況（1）
  ―人口の都市への集中と過疎化，高齢化，経済力と財政力の地域格差 ……………………………168
  (1) 人口の都市への集中と過疎化　168
  (2) 人口の高齢化　169
  (3) 経済力と財政力の地域格差　170

4 フィンランドの地方自治体の状況（2）
  ―市町村合併と自治体間協力・連携 ……………………………171

5 2010年の国庫支出金改革 ……………………………174
  (1) 1993年の国庫支出金改革　174
  (2) 2010年の国庫支出金改革　176
  (3) 自治体間の税収格差是正の方法　181
  (4) 富裕自治体の動向　185
  (5) 人口密度が極端に低い，島しょ部に位置しているなど特別な事情を抱えている自治体への配慮　187

6 むすびにかえて ……………………………188

第7章　義務教育段階の地方教育費の現状と課題

1 はじめに ……………………………193

2 税源配分の三位一体改革の経過と内容 ……………………………193
  (1) 三位一体改革の概要　193
  (2) 三位一体改革の経過と内容（1）
      ―2003年度の芽出しと初年度（2004年度）　194
  (3) 三位一体改革の経過と内容（2）―2005年度と2006年度　195
  (4) 三位一体改革と義務教育費国庫負担金　197

3 三位一体改革の地方財源への影響 ……………………………198
  (1) 学校教育費の動向　198
  (2) 三位一体改革の地方財源への影響（1）―国庫支出金の減少　201
  (3) 三位一体改革の地方財源への影響（2）
      ―都道府県教育費の増大　203

4 市町村教育費の動向 …………………………………………………… 209
  - (1) 市町村教育費の動向　209
  - (2) 厳しい北海道内の市町村財政の状況と
        北海道内の市町村教育費の推移　211
  - (3) 市町村教育費と学校配当予算　213
  - (4) 市町村教育費と地方交付税　216

5 むすびにかえて ………………………………………………………… 219

第8章 「子どもの貧困」と就学援助制度

1 問題の所在 ……………………………………………………………… 223
2 就学援助制度のしくみ（1）…………………………………………… 224
  - (1) 就学援助制度の目的　224
  - (2) 就学援助制度の特徴　224
  - (3) 受給できる世帯　225
  - (4) 給付対象費目と給付対象費目の補助限度額
        （2009年度），自治体独自の給付の上乗せ　226
  - (5) 就学援助費の支給までの流れ　228

3 就学援助制度の仕組み（2）…………………………………………… 230
  - (1) 準要保護の認定基準　230
  - (2) 所得認定額　233
  - (3) 就学援助と生活保護の混同　233

4 就学援助の実態 ――厳しい経済雇用状況と受給者の急増 ……… 234
  - (1) 準要保護児童生徒数の動向　234
  - (2) 要保護児童生徒数の動向　235
  - (3) 就学援助受給率の推移―2005年度以降の伸びの鈍化　236
  - (4) 2005年度以降の伸びの鈍化の要因　238

5 文部科学省「就学援助に関する調査結果について」
       （2006年6月16日）……………………………………………… 238
6 就学援助費の動向 ……………………………………………………… 241

7 就学援助制度と地方交付税 ……………………………………243
8 就学援助制度の保護者への周知の重要性 ……………………246
9 むすびにかえて ……………………………………………………247

地方自治体と高齢者福祉・教育福祉の政策課題
―日本とフィンランド―

第1章 高齢者福祉と財政に関する改革
──課題と展望

1 はじめに

　年金，医療，介護などの社会保障給付費が増大している。今後の高齢化の進展を考えれば，社会保障給付費の上昇がさらに進むことは避けられない。その一方で，国債残高は668兆円（2011年度末，当初予算），国と地方の長期債務残高は891兆円（同）に膨れ上がる見込みである。これには，2011年3月の大震災・大津波，原子力発電事故にともなう復興予算は含まれないため，これを含めれば国の債務はいっそう膨らむだろう。今日，明らかに，社会保障制度と国財政を今後どのようにしていくのかが日本の内政上の最重要課題となっているのである。

　大切なことは，社会保障制度の改革と国財政の改革は個別に行われるのではなく，両者を相互に関連づけながら改革が進められなければならないことである。財源の見通しを明らかにしながら，効果的・効率的で持続可能なサービス給付の模索と，必要なサービスをだれもがいつでもどこでも受けられる普遍的サービス（ユニバーサルサービス）の仕組みづくりが求められているのである。

　このようななかで，2011年6月末に，政府・与党は消費税率引上げを柱とする「社会保障と税の一体改革」の最終案を決定した。しかし，今後の本格的かつ具体的な議論を待たなければならないとはいうものの，社会保障の充実が明らかな形で進展しないまま国民の税負担が増える懸念は拭えない。実際，2010年5月から11月にかけて開かれた介護保険制度見直しのための審議会（社会保障審議会介護保険部会）では，介護保険を利用する軽度者（要支援1，要支援2）や年間年金収入320万円以上の「富裕な」高齢者の利用者

負担を，現行の一割負担から引き上げることが議論され，それが報告書に盛り込まれた[1]。このことは，2011年6月15日に成立した改正介護保険法（「介護サービスの基盤強化のための介護保険法の一部を改正する法律」，施行は2012年4月1日，以下，本章では2011年の改正介護保険法とする）には反映されなかったとはいえ，サービスの拡充がみえないまま，今後，国民の負担増が進む可能性は高いのである。

本章では，民主党が政権を失っても，あるいは民主党のなかでだれが首相になろうとも，社会保障制度改革と国の財政再建は避けては通れないという認識のもと，基礎的データを示しながら，国民が安心できる社会保障システムの構築を財源問題を踏まえながら展望したい。また，紙数の関係もあり，年金，医療，介護などの個別の社会保障システムを逐一論ずることはできないが，介護については内実に立ち入りながら，その改革課題について言及していきたい。

2 厳しい国財政の状況

国債発行額は1998年度以降，毎年度30兆円を超過している（ただし2006年度と2007年度を除く）（**図表1-1**）。また，1998年度以降ずっと国債費を国債発行額が上回っている[2]。1998年度は国債費が17.7兆円であったのに対して国債発行額は34.0兆円，2003年度は国債費が15.5兆円に対し国債発行額は35.3兆円，景気が回復した2007年度は改善がみられたものの，依然元利償還費よりも新規国債発行額が多かった。2009年度は国債費が18.4兆円，国債発行額が2.8倍の52.0兆円，2010年度は前者が20.6兆円，後者が44.3兆円，2011年度は前者が21.5兆円，後者が44.3兆円であった（2009年度までは決算，2010，2011年度は当初予算）。

このようななか，1999年度から特例国債（赤字補てん国債）発行額が建設国債発行額を上回る状態が続き，2003年度からは毎年度，特例国債発行額が建設国債発行額の3倍を超過している（**図表1-1**）。図表1-1では示されてはいないが，2011年度は建設国債が6.1兆円，特例国債が38.2兆円で特例国債の比重が著しく高い。当然，このことは国債残高にも影響する。2003年度以

図表1-1 国一般会計における歳出・歳入の状況

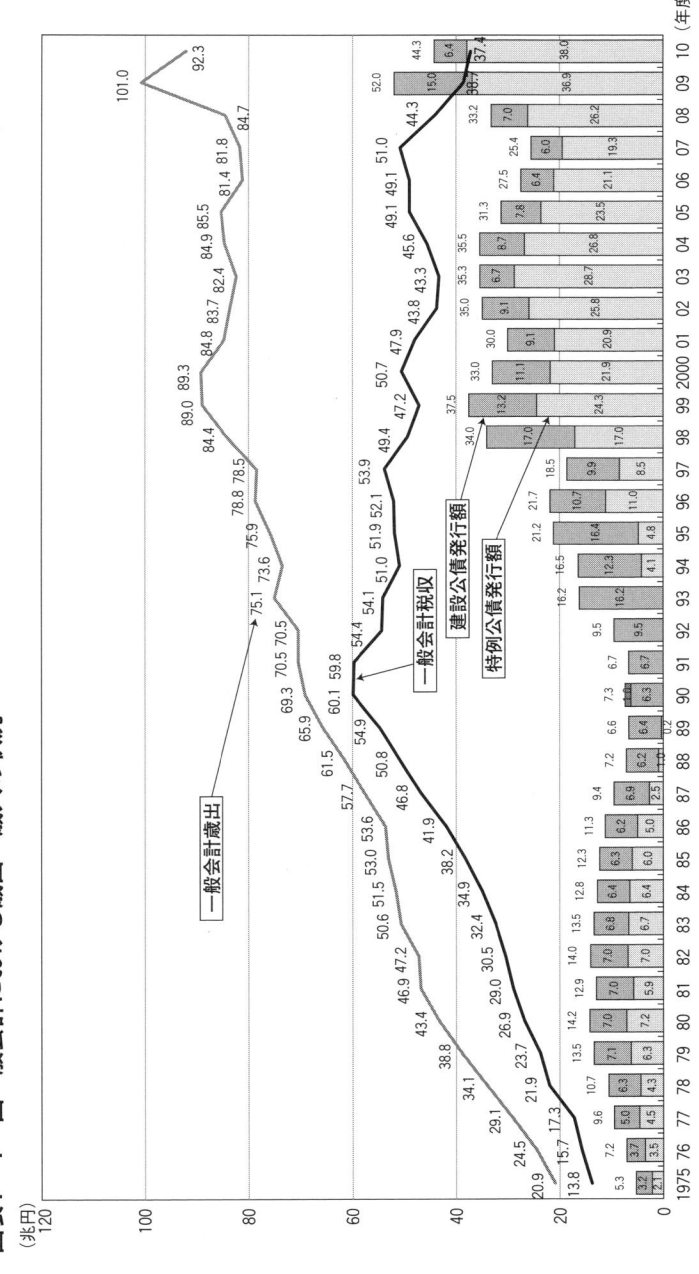

(注1) 2009年度までは決算、2010年度は当初予算による。
(注2) 上表の2010年度の一般歳出には、使途上、決算不足補てん繰戻(0.7兆円)を含めている。2010年度の決算不足補てん繰戻を除いた一般歳出は53.5兆円。
(注3) 歳入の2010年度の「その他収入」とは、「官業益金及官業収入」、(病院収入など)、政府資産整理収入(国有財産売却収入や回収金収入など)及び雑収入(日本銀行等による納付金や特別会計からの受入金など)等である。
(注4) 1990年度は、湾岸地域における平和回復活動を支援するための財源を調達するための臨時特別公債を約1.0兆円発行。
出所:財務省『日本の財政関係資料』2010年8月。

第1章 高齢者福祉と財政に関する改革

図表1-2 国債（公債）残高の累増

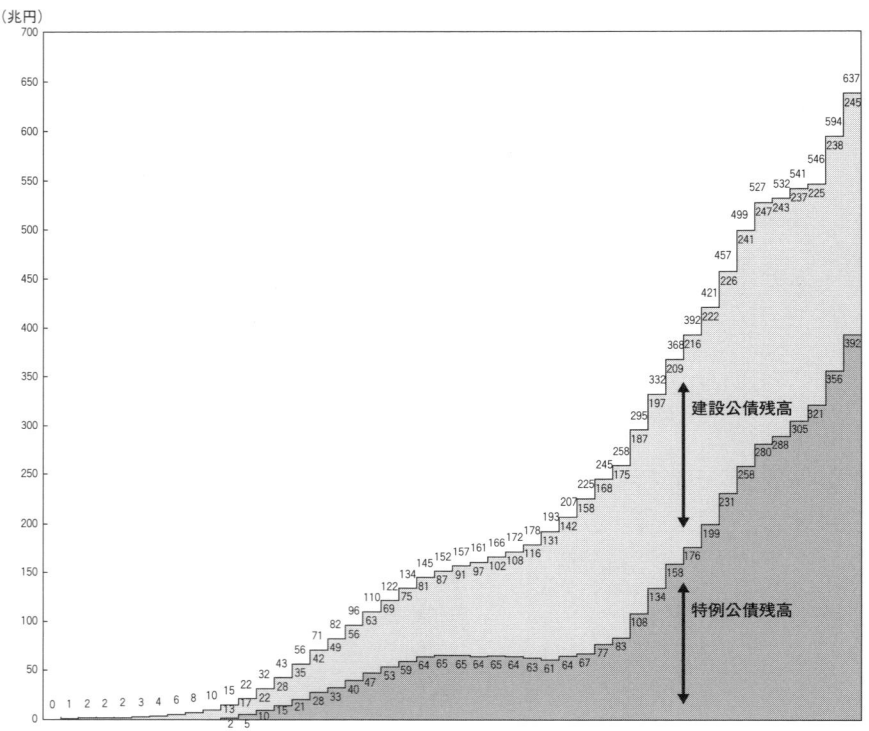

出所：図表1-1に同じ。

降は，特例国債残高が建設国債残高を上回り，2010年度においては特例国債残高が392兆円，建設国債残高が245兆円となっており，特例国債残高が著しく多くなっている（**図表1-2**）。

また，2009年度から新規国債発行額が税収を上回り，いっそうの国債依存の歳入構造になった（**図表1-1**）。2011年度当初予算では特別会計などの剰余金から一般会計に繰り入れられる，いわゆる「埋蔵金」（鉄道・運輸機構剰余金など）の活用や，個人所得税における子ども手当支給対象者に関する扶養控除の廃止（増税）などにより，辛うじて前年度並みの新規国債発行額にとどめることができたが，国税収入は公債金収入を下回る見込みである。

深刻なのは利払い費が増加し，国債費に占める割合が高まっている点であ

る。2010年度一般会計当初予算では，国債費（20.6兆円）のうち利払い費は9.8兆円にのぼり，国債費の実に約48％を占めているのである。現在，日本の金融機関の国債保有額が急増している。周知のように，ゆうちょ銀行では預金残高の大半が国債保有に向けられていたが，三菱ＵＦＪフィナンシャルグループや三井住友フィナンシャルグループなど大手民間金融機関においても総資産に占める国債の割合が高まっている。金融機関が企業や個人への融資停滞のなかで国債で運用せざるを得なくなっているのだが，金利上昇による損失リスクなどの拡大可能性が懸念される。そして，金利が上昇すれば，利払い費が大幅に増加し，国財政に影響が及ぶことになるだろう。

3 社会保障給付費と社会保険料収入の関係

近年，社会保障給付費と社会保険料収入との乖離が著しい。1975年度の社会保障給付費は11.8兆円，社会保険料収入が9.5兆円であったが，1998年度には，それぞれ72.1兆円，55.0兆円に，2007年度には91.4兆円，56.9兆円となっている。右肩上がりで上昇する社会保障給付費に対し，社会保険料収入は1998年度以降ほぼ横ばいで推移しているのである（**図表1－3**）。

今後，高齢化がさらに進むので，年金はもちろん，医療，介護の給付費も増大するだろう。たとえば2007年度の国民医療費は34.1兆円だが，65歳未満の者の医療費が16.4兆円（48％），65歳以上の者の医療費が17.7兆円（52％）であった。さらに，70歳以上の者の医療費が14.2兆円（42％），75歳以上の者の医療費が10.1兆円（30％）であった[3]。国民医療費に占める高齢者の利用割合が圧倒的に高いのであり，高齢化の進展とともに，それが今後の医療費の増大につながることになるだろう。これに対して，国民医療費の財源は，保険料49％（16.8兆円，うち事業主が20％で6.9兆円，被保険者が29％で9.9兆円），公費37％（12.5兆円，うち国が25％で8.4兆円，地方が12％で4.1兆円），患者負担等14％（4.8兆円）となっている。近年は診療報酬の引き下げや後期高齢者医療制度の創設が行われる一方で，患者負担が増大（3割自己負担）し，保険料収入は5割を切っている。

また，基本的に65歳以上の者に給付される介護給付費は，介護保険開始の

図表1-3 社会保障給付費と社会保険料収入の推移

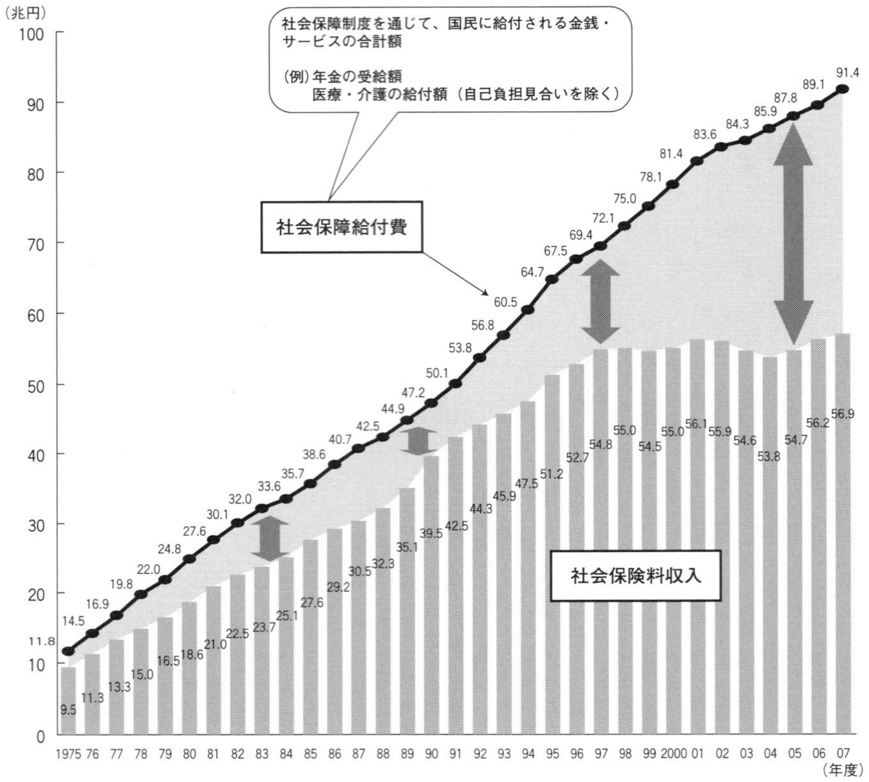

出所:図表1-1に同じ。

2000年度(実績)は3.2兆円であったが,2010年度(当初予算)は7.3兆円と実に2.3倍増加した[4]。介護保険は1割の利用者負担のほかは,保険料と税金を半々で運営財源とする制度設計がなされている。つまり,利用者負担を除いた介護保険財政のなかで,65歳以上の者の介護保険料(1号被保険者保険料)が20%,40~64歳の者の介護保険料(2号被保険者保険料)が30%(第4期の場合),国財源が25%,都道府県財源が12.5%,市町村財源が12.5%となっているのである(特別養護老人ホーム等の施設分については国財源が20%,都道府県財源が17.5%)。65歳以上の者の介護保険料基準額(全国平均・月額)は,第1期(2000~02年度)が2,911円であったが,第4期(2009~

図表1－4　第4期における保険料基準額

第4期計画期間における各都道府県平均保険料基準額

都道府県名	保険料額（月額）		都道府県名	保険料額（月額）	
	第3期（H18-20）	第4期（H21-23）		第3期（H18-20）	第4期（H21-23）
北海道	3,910	3,984	滋賀県	3,837	3,971
青森県	4,781	4,999	京都府	4,427	4,332
岩手県	3,686	3,990	大阪府	4,675	4,588
宮城県	3,648	3,999	兵庫県	4,306	4,312
秋田県	3,988	4,375	奈良県	3,957	4,017
山形県	3,799	3,902	和歌山県	4,513	4,625
福島県	3,496	3,717	鳥取県	4,321	4,488
茨城県	3,461	3,717	島根県	4,267	4,274
栃木県	3,549	3,730	岡山県	4,440	4,469
群馬県	3,980	3,997	広島県	4,444	4,462
埼玉県	3,581	3,722	山口県	4,088	3,996
千葉県	3,590	3,696	徳島県	4,861	4,854
東京都	4,102	4,045	香川県	3,812	4,198
神奈川県	3,977	4,106	愛媛県	4,526	4,626
新潟県	4,047	4,450	高知県	4,453	4,388
富山県	4,461	4,574	福岡県	4,584	4,467
石川県	4,548	4,635	佐賀県	4,514	4,338
福井県	4,128	4,253	長崎県	4,765	4,721
山梨県	3,616	3,948	熊本県	4,412	4,357
長野県	3,882	4,039	大分県	4,216	4,155
岐阜県	3,819	3,937	宮崎県	4,133	4,150
静岡県	3,590	3,975	鹿児島県	4,120	4,172
愛知県	3,993	3,941	沖縄県	4,875	4,882
三重県	4,089	4,189	全国平均	4,090	4,160

（注）各都道府県内の保険者ごとの保険料基準額を平均したものである。

市町村における保険料基準額の分布状況（保険者数：1,628）

区　　　　分	保険者数	
2,001円以上　～　2,500円以下	5	(0.3%)
2,501円以上　～　3,000円以下	53	(3.3%)
3,001円以上　～　3,500円以下	217	(13.3%)
3,501円以上　～　4,000円以下	559	(34.3%)
4,001円以上　～　4,500円以下	504	(31.0%)
4,501円以上　～　5,000円以下	230	(14.1%)
5,001円以上　～　5,500円以下	47	(2.9%)
5,501円以上　～　6,000円以下	13	(0.8%)
6,001円以上　～	0	(0.0%)
合　　　　計	1,628	

（注）保険者数には市町村のほかに広域連合を含む。
出所：厚生労働省資料より作成。

11年度）には4,160円に増加した。県内の市町村平均が月額約5,000円となった県（青森県）もあるし，青森県十和田市や長崎県江迎町など市町村のなかには月額6,000円近くの市町村が存在している（**図表1-4**）。さらに，1号保険料基準額（月額）の県平均が4,000円台の都府県が都道府県全体の実に4分の3を占めている。高齢者の介護保険料は，現状の年金水準を考えれば，最大でも5,000円を超過しないのが妥当だろうから，第5期（2012～14年度）での保険料軽減が課題になっているのである。保険料の軽減にはサービス給付を抑制する方法もあるだろうが問題点が多い。

今日，明らかに，社会保険方式で運営される年金，医療，介護ともに，制度の維持に相当な公費投入が必要になっているのである。

4 高齢化の進展と家族における変化，雇用構造の激変

社会保障制度，とくに高齢者福祉を考える際には，今後の高齢化の進展状況や，介護をめぐる家族における状況の変化，近年の雇用構造の激変に着目しなければならない。

まず，高齢化の進展状況と介護をめぐる家族における状況の変化について検討しよう[5]。

日本の高齢者比率は1950年に4.9％だったが，1970年に7％を超過して高齢化社会に，1994年に14％を超過して高齢社会に突入した。現在，高齢者人口は2,958万人（男性1,264万人，女性1,693万人，65歳～74歳が1,528万人，75歳以上が1,430万人），高齢者比率は23.1％である（2010年10月1日現在）。そして，2013年には25.2％と国民の4人に1人が，2035年には33.7％と3人に1人が高齢者になる見込みである。

このような高齢化の進行のなかで，注目すべきは，高齢者だけで暮らす世帯の増加が著しいことである。つまり，「高齢者のいる世帯」に占める単独世帯，夫婦のみの世帯割合が1980年は27％であったが，2009年は53％と半数を超えているのである。1人暮らしの高齢者の数も，1980年の88万人に比べて2005年には386万人（男性105万人，女性281万人）と増大した。2025年には673万人（男性249万人，女性423万人）になる見通しで，とくに男性の伸

び率が今後高くなると予想されている。

　また，高齢者の子どもとの同居率は1980年には69％であったが，以後急速に低下し，2009年には43％に落ち込んでいる。子どもと同居しない高齢者数が，同居高齢者数を上回っているのである。日本では欧米諸国や韓国などと比べて別居の子どもとの接触頻度が低い。独居もしくは高齢者だけで暮らす高齢者のおかれた状況は厳しいといえるだろう。明らかに，家族による介護の機能はこの30年間で大きく減退しているのである。

　さらに，高齢者世帯の所得分布（2006年）をみると，年収が「200万円未満」層が約4割になっていて，厳しい生活状況の高齢者が多いことが把握できる。高齢者間の所得格差は現役世代間のそれに比べて大きいことに注意を向ける必要がある。

　今後の高齢者福祉を考える際に重要なのは，後期高齢者が大幅に増加することである。後期高齢者は2017年に前期高齢者を上回り，2025年に現在の1.5倍の2,167万人になる見込みである。介護が深刻な問題になるのは後期高齢者からのケースが多い。身体の衰えから高い要介護度になる者が増えるとともに，重い認知証の症状が出る後期高齢者が少なくないのである。高齢者の独居世帯と高齢者夫婦のみの世帯が増加するなかで後期高齢者が増加するのだから，今後，「老老介護」はいっそう深刻さを増すだろうし，認知症（軽度）の高齢者が認知症（重度）の高齢者を介護する，いわゆる「認認介護」も増大するだろう。介護される側だけではなく，介護をする家族の側の問題にも目が向けられなければ，今後の在宅での介護の展望は厳しいということができるだろう。また，同居する家族による高齢者虐待が多発しているし，高齢者の財産管理上のトラブルも頻発している。これらの現状を直視し，課題に果敢に取り組むことが，今日，求められているのである。

　さらに，近年，雇用構造が大きく変わり，正社員が減少して派遣労働者やパート労働者が増大している。これにともなって20歳代や30歳代を中心に国民年金保険料や国民健康保険料の未納者が増えている。政策当局を中心に20歳から介護保険料を徴収しようという考え方が依然として根強いが，国民年金保険料や国民健康保険料などの動向をみれば，20歳からの介護保険料徴収は未納者を増大させることになるだろう。20歳からの保険料徴収は介護保険

財政を一時的にいくらかでも安定化させることに寄与するだろうが，未納率がアップして制度が形骸化するおそれが高まる点や，少子化が進行するなかで20〜39歳の保険料収入に長期間たよることには限界がある点にも注意が向けられなければならないのである。

5 介護保険制度の現状と課題

　介護保険制度は2000年4月にスタートした。訪問介護サービスやデイサービスなどの在宅福祉サービス，特別養護老人ホームなどの施設福祉サービスの不足から，家族に介護の負担が重くのしかかっている事実が直視され，介護の社会化の推進を理念に出発したのである。しかし，次に示すように，介護保険の理念と実際の介護保険の運用には著しいギャップが生じていることは否定できない。以下，主な点を列挙してみよう。

(1) 高くない介護報酬水準と介護従事者の賃金労働条件

　介護報酬の水準が高くない構造や，2003年4月と2006年4月実施の介護報酬改定がいずれもマイナス改定であったために，介護サービスを提供する事業者の収益があまり上がらないことや介護従事者（介護職員，看護師，ケアマネジャーなど）の賃金労働条件が低いことなどが生じている[6]。とくに訪問介護では収支差率が低い[7]。また，施設福祉の収支差率は訪問系に比べれば高いが，たとえば，介護報酬のマイナス改定が2回にわたって行われた特別養護老人ホームでは，入所者の重度化が進むなかで，これに対応する職員数を確保（増員）するとなると，パート労働者や派遣労働者への依存を強めざるを得ない状況にある[8]。当然，このことは，介護従事者の賃金労働条件に影響することになる。

　このようななか，都市部を中心に介護職員のなり手が減少している。また，一部を除けば，福祉系の大学，短大，専門学校が受験生に不人気になってきており，将来のサービスの担い手不足が懸念されているのである。

(2) 増大する介護給付費と介護保険料の上昇

　介護給付費は，2000年度に3.2兆円だったが，2007年度に6.2兆円，2010年度に7.3兆円（2010年度は当初予算，それ以外は実績）と伸長した。これにともなって，高齢者の保険料の高額化と自治体間格差が生じている。すでに述べたように，第4期の保険料が月額5,000円を大きく上回る自治体が存在している。

(3) 介護給付の抑制

　近年，介護保険料の伸びと，国，都道府県，市町村の介護保険財政への負担金をおさえるために，介護給付費の抑制が進んだ。2006年4月実施の改正介護保険法で，「要介護1」を2つに区分し，そのほとんどを給付額（支給限度額）の少ない「要支援」にしたことや，新予防給付の導入や要介護認定審査が厳しくなったことなどが生じたのである。

(4) 課題の多いケアマネジマント

　ケアマネジマントをめぐる課題が現出している。単品サービス利用のケアプランが少なくないことや，支援困難事例への対処や，ケアマネジャーと他職種（とくに医療）との連携がスムーズにいっていないなどの問題が生じている。介護保険開始時に比べて改善されてはいるものの，効果的なサービス提供や利用者ニーズを反映したサービス提供になっていないケースがみられるのである。

(5) 重要な介護予防の取り組みと地域包括支援センターの役割

　介護予防事業は大変重要で推進されなければならない。その拠点になるのは，予防プランづくり，ケアプランをつくるケアマネジャーへの指導・助言，さまざまな相談機能と関連機関との連携，権利擁護など，多様な役割を果たす地域包括支援センターである。ところが自治体によっては地域包括支援センターの運営を民間に丸投げしているところもある。そのなかには，地域包括支援センターを運営している民間事業者が当惑していたり，民間事業者の

図表1－5　地域包括支援センター設置主体

○センター設置数4,065箇所のうち，直営は1,208箇所（直営率29.7%）
　　　　　　　　　　　　　　　　委託は2,810箇所（委託率69.1%）
※設置主体無回答　47箇所（無回答率1.2%）

設置主体		H22調査 (平成22年4月末)		H21調査 (平成21年4月末)		H20調査 (平成20年4月末)		H19調査 (平成19年4月末)		H18調査 (平成18年4月末)	
		箇所	割合	箇所	割合	箇所	割合	箇所	割合	箇所	割合
直営		1,208	29.7%	1,279	31.5%	1,409	35.4%	1,392	36.3%	1,265	36.8%
	うち広域連合等の構成市町村	148	3.6%	130	3.2%	118	3.0%	112	2.9%	86	2.4%
委託		2,810	69.1%	2,729	67.3%	2,567	64.6%	2,439	63.7%	2,171	63.2%
	社会福祉法人(社協除く)	1,504	37.0%	1,445	35.6%	1,366	34.4%	1,277	33.3%	1,085	31.6%
	社会福祉協議会	526	12.9%	524	12.9%	467	11.7%	447	11.7%	427	12.4%
	医療法人	482	11.9%	463	11.4%	448	11.3%	436	11.4%	396	11.5%
	社団法人	91	2.2%	92	2.3%	87	2.2%	86	2.2%	76	2.1%
	財団法人	63	1.5%	70	1.7%	70	1.8%	68	1.8%	70	2.0%
	株式会社等	66	1.6%	64	1.6%	63	1.6%	58	1.5%	50	1.5%
	NPO法人	23	0.6%	23	0.6%	21	0.5%	21	0.5%	14	0.4%
	その他	55	1.4%	48	1.2%	45	1.1%	46	1.2%	53	1.5%
無回答		47	1.2%	48	1.2%	—		—		—	
計		4,065	100.0%	4,056	100.0%	3,976	100.0%	3,831	100.0%	3,436	100.0%

出所：厚生労働省『全国介護保険・高齢者保健福祉担当課長会議資料』2011年2月22日。

側の自治体への不信が高まっているケースもある。予防プランづくりにのみ追われたり，権利擁護事業への取り組みが希薄な地域包括支援センターもある。筆者の調査では[9]，都市部の地域包括支援センター（社会福祉法人の運営）のなかには，保健師が定着しなかったり，保健師を募集してもなかなか応募がなく運営に苦労しているところがあった。また，社会福祉士が採用されていない地域包括支援センターにおいて，権利擁護事業のもつ意義を正確に理解していない担当者がみられた。

　地域包括支援センターでは，保健師や社会福祉士の役割が大きいことや，要介護の高齢者だけではなく，多様な高齢者と家族，地域住民とのかかわりが深いために，まちづくりの観点からも，地域包括支援センターの運営は市町村直営が望ましい。しかし，2010年4月末の時点で，全国に4,065ある地域包括支援センターのうち市町村直営は約3割にとどまっている（**図表1－5**）。民間委託をするのならば市町村福祉政策との密接な連関性を保ちながら民間との協働の姿勢を市町村は示す必要があり，実際，実のある施策展開がなされているところが少なからず存在する。地域包括支援センターができてから5年が経過したが，地域包括支援センターの本来の役割を発揮している自治体と，そうではない自治体との差はかなり大きいということができるのであ

る。

(6) 重要なリハビリ関連サービスと専門職の育成

リハビリ関連サービスと専門職の育成が重要である。ところが現在，作業療法士（OT）理学療法士（PT），言語聴覚士（ST）などが不足している。とくに過疎地域では，これらの職種がいない場合が多く，サービス面での地域格差が生じている。

(7) 施設福祉サービスの役割

特別養護老人ホームなどの施設が不足し，都市部を中心に多数の待機者がでている。1人暮らしや老夫婦だけの世帯が増加していることもあり，要介護度の高い高齢者の場合，在宅での生活はなかなか容易ではない。しかし，施設介護から在宅介護へのドラスティックな転換を打ち出した「社会保障国民会議」のシミュレーションや[10]，2011年の改正介護保険法の目玉の1つとして創設された24時間対応の定期巡回・随時対応サービス事業にみられるように，重度者への対応についても，政策の流れは施設よりも在宅介護におかれてきている。

現在，老親の介護のために職場や仕事を辞める者が増えているし，タイトな介護による肉体的・精神的な疲れから介護者が病気になるケースが増加している。また，すでにみてきたように，家族による介護機能ばかりか家族自体のもつ機能が低下しつつある。重度者についても在宅での介護を基軸にするのならば，介護を受ける者だけではなく，介護者である家族の生活と尊厳を保つことが重要である。そのためには施設介護よりも在宅介護の方がお金がかかるという前提で在宅介護の施策展開がなされる必要があるし，その場合においても，施設と在宅は車の両輪であることが認識されたうえで施策展開が行われなければならない。

(8) 介護療養病床をめぐる問題

特別養護老人ホーム，老人保健施設と並んで，施設福祉の重要な要素になっている介護療養病床については，現行の規定では2012年3月31日までに，

老人保健施設や特別養護老人ホームなどに転換し，制度が廃止されることになっていた[11]。介護療養病床は，2006年で約12万床存在し，現在8.6万床に減少している（2010年6月の数値）が減少率（転換率）はそれほど高くはない。このうち医療療養病床および介護療養病床から特別養護老人ホームや老人保健施設へ転換したものは約7,000床である（2006年7月から2010年8月までに厚生労働省に報告のあった転換実績）。さらに，2010年に厚生労働省が行った療養病床を有する医療機関の転換意向調査では，今後の予定が「未定」が60％，「医療療養病床に転換」が20％，「老人保健施設への転換」が10％となっており，「未定」とする医療機関が圧倒的に多かった。

このようななか，2011年の介護保険法の改正で，現存する介護療養病床の転換期限が6年間延長され2018年3月までとされた。同時に，介護療養病床の新設は2012年度以降認められないことが示されたほか，社会医療法人の特別養護老人ホーム設立が認められた。

介護療養病床の問題は，今後の施設福祉の在り方を模索するなかで介護療養病床の位置づけを示すことが重要で，単に財政上の理由からのみで，特別養護老人ホームや老人保健施設と比べて1人当たり支出額が高い介護療養病床を廃止するのは問題である。とくに，医療療養病床と介護療養病床の機能分化がどの程度なされているのか，介護療養病床を老人保健施設に転換したときに重度者への対応が十分なされるのか，重度者の在宅介護で大きな役割を果たすと思われる訪問看護，訪問医療の展望はどうなのかなど，しっかりした議論が必要である。また，いうまでもなく，介護療養病床から老人保健施設への転換を円滑に進めるための財政支援措置も欠かせない。

(9) 利用者負担問題

介護サービスの利用者負担は1割であるが，少額の年金で暮らす高齢者の場合は，その負担は厳しい。支給限度額いっぱいの利用をしたくてもできない現実があるのである。これまで（2009年4月実施の改定を除く）政府が介護報酬を引き上げてこなかった理由の1つは，介護報酬を引き上げれば利用者負担の増加と介護保険料引上げにつながることがあるからである。利用者，サービスを受けていない40歳以上の者，事業者や介護従事者の関係を見据え

ながら，この問題をどのように考え，制度の改善や新しい介護制度につなげていくかが重要である。

このようななかで，すでに述べたように，社会保障審議会介護保険部会では，軽度者（要支援１，要支援２）や年間年金収入320万円以上の高齢者の利用者負担を現行の１割から増加させることが議論され，その報告書に記載された。2011年の改正介護保険法では実らなかったものの，政策の流れが医療における患者負担の増加と同様に，介護においても利用者負担の強化に向かっていることがうかがえるのである。とくに，軽度者の利用者負担の強化は，高所得者に限定されてのものではない。低所得の高齢者も該当するものだけに，軽度者の介護保険の利用を抑制する以外の何者でもないのである。

6 介護従事者の賃金・労働条件の改善に向けて[12]

(1) よくない介護従事者の待遇

介護従事者の待遇がよくない。たとえば，在宅福祉の軸となるホームヘルパーは登録型で直行直帰が多い。財団法人介護労働安定センターの『平成19年度介護労働実態調査』では，「登録ヘルパーがいる」と回答した事業所において，ホームヘルパーのうち登録型の占める割合は約71％であった。『平成22年度介護労働実態調査』では，回答のあった事業所で働くホームヘルパーの83.4％が時間給で働き，時給は1,249円であった。このなかには登録ヘルパーが多いと思われるが，コンビニエンスストアなどのパート職員の時給を上回るものの，サービス提供が単発的かつ短時間であり，待機時間が換算されない場合が多いことや，利用者宅から次の利用者宅に行く移動時間は交通費しか出ない場合が多いため，手取り収入額では他職種のパート職員を下回るケースが多い。また，常勤が多い月給制のホームヘルパー（深夜帯の勤務者が多い）の待遇も低く，平均賃金月額は18万9,718円であった。

多くのホームヘルパーは仕事の拘束感が強いにもかかわらず，それに見合う賃金体系になっていない。そこで，離職率が高くなり，離職者の41.5％が１年未満で離職している。同調査に回答した事業所の３分の２がホームヘル

パーの不足を日常的に感じている。訪問介護の現場では「大量離職，大量採用」が当たり前のようにくり返されているのである。

特別養護老人ホームでは業務の多忙化と賃金の抑制，正規職員の減少，パート職員や派遣職員の増大が進んでいる。2008年の特別養護老人ホーム入所者の3分の2は要介護4と要介護5（2001年は要介護4と要介護5の割合は55％）で，2008年の平均要介護度は3.81（2001年は3.47）であった[13]。現在，特別養護老人ホームは重度の高齢者が入る施設としての性格を格段に強めているのである。入所者の重度化のなかで充実したケアを行おうとすれば，基準以上に介護職員や看護職員を配置する必要がある。そうなれば人件費が増えて経営が圧迫されるため，非正規職員を増やしたり正規職員の給与削減の必要性が増す。さらに，2回にわたる介護報酬の引き下げも，介護従事者の待遇悪化に拍車をかけた。こうして，特別養護老人ホームに勤務する介護従事者の待遇が悪くなるサイクルができあがっていった。常勤換算従事者数という人員配置上の計算方法が定着するなかで，非正規職員や非常勤職員が増大していったのである[14]。

『平成22年度介護労働実態調査』によれば，特別養護老人ホームなどの月給制の介護職員の平均賃金月額は約19万6,142円，離職率は19.1％であった。離職者中1年未満での離職者の割合は43.5％であった。たとえ正社員で勤務した場合でも，給与が低いことや仕事がきついことが高い離職率につながっている。さらに，近年，派遣労働者の受け入れが進み，派遣労働者の受け入れ事業所の割合は施設系（入所型）で15％に達している。

介護保険以前には，たとえば，常勤的なホームヘルパーの年収は340万円，非常勤職員のホームヘルパーの日額は身体介護が1万1,200円，家事援助が7,440円であった（1997年度）[15]。ところが介護保険がスタートし，介護報酬が低めに設定されたこと，時間管理型のサービス提供やサービス提供の単発性・短時間制が強まったこと，移動時間や待機時間への配慮がほとんどなくなったこと，登録型ホームヘルパーを多数採用する事業者が増えたことなどにより賃金労働条件は急速に悪化した。また，特別養護老人ホームなどの施設職員の待遇も，措置制度時よりも悪化したのである。

（2）2009年度介護報酬の引上げと介護職員処遇改善交付金の成果

　このような介護従事者の状況に対し，自民党麻生政権は介護報酬の改定率をプラス3.0％とすることを決定し，2009年4月から実施した。これまでのマイナス改定とは異なり，報酬引上げで事業者の収入を増やし，介護従事者80万人（常勤換算）の給与月額2万円アップを企図したのである。さらに，2009年度補正予算で介護職員処遇改善交付金を計上した。交付金は賃金の確実な引上げなど介護職員（介護従事者のうち看護師，介護支援専門員，理学療法士，作業療法士などを除く）の処遇改善に取り組む事業者に助成するもので，予算額は約4,000億円，2009年10月サービス分から実施とし，2.5年分を予算計上した。交付金により新たに介護職員（常勤換算）1人当たり月額1万5,000円の賃金引上げが目指されたのである。

　では，その成果はどうであったか。介護報酬の引上げについては，『平成21年度介護労働実態調査』によれば，「介護報酬改定に伴う経営面での対応状況」に関する質問に，回答（複数回答）のあった事業所（7,515）の30％が「基本給の引上げ」，26％が「諸手当の導入・引上げ」，19％が「一時金の支給」を行ったとしている。介護保険開始時から課題になっていた介護従事者の賃金条件改善が，政府の手で打ち出され，ようやく成果がみられるようになったのである。

　ただし，その効果はきわめて限定的なことも同時に指摘しないわけにはいかない。多くの事業所で賃金引上げは行われたが，月額2万円の引上げには遠く及ばなかった。同調査によれば，「介護サービスを運営する上での問題点」に関する質問に，回答事業所の53％が「今の介護報酬では人材確保・定着のために十分な賃金を支払えない」とし，43％が「良質な人材の確保が難しい」としている。また，回答した介護従事者（2万630人）の約半分が「仕事内容のわりに賃金が低い」（『平成20年度介護労働実態調査』においては58％），39％が「人手が足りない」（同51％）としている。2009年の介護報酬引上げを事業所と介護従事者が歓迎しているものの，この措置だけでは賃金労働条件問題の解決にはほど遠いことを，事業所と介護従事者ともに認識していることが把握できるのである。

また，介護職員処遇改善交付金については，『平成22年度介護労働実態調査』によれば，「介護職員処遇改善交付金に伴う経営面での対応状況」に関する質問に，回答（複数回答）のあった事業所（7,345）の50％が「一時金の支給」，29％が「諸手当の導入・引上げ」，15％が「基本給の引上げ」を行ったとしている。介護職員処遇改善交付金が介護職員の賃金労働条件改善に寄与していることが把握できる。さらに，2010年に介護職員処遇改善交付金を申請した事業所における介護職員の平均給与額は，介護職員処遇改善交付金が存在しなかった2009年に比べて月額で約1万5,000円増加していた（平均給与額は基本給，手当，一時金の合計を常勤換算により算出，一時金は4〜9月の支給金額の6分の1として計算）[16]。また，介護職員処遇改善交付金の交付対象外である看護職員，介護支援専門員，理学療法士などの賃金も，月額で約8,500円から1万2,200円増加していた[17]。

　したがって，介護職員処遇改善交付金は介護職員のみの処遇改善を目指したものであったが，事業所の対応もあり，広く介護従事者の処遇改善に結びついたことが理解できる。介護職員処遇改善交付金は事業所と介護従事者の双方から歓迎されていたのである。ただし，介護職員処遇改善交付金を申請しなかった事業所も少なからず存在しているのであり，すべての事業所が賃金労働条件の改善に動いたわけではなかったことも把握されなければならない。

　なお，民主党主体の政権への交代後は，介護従事者の処遇改善に関する施策展開はまったくみられない。

(3) 2009年度介護報酬の引上げと介護職員処遇改善交付金の課題

　2009年度の介護報酬の引上げには，次のような課題があった[18]。

　まず，介護報酬は事業者に入るため，引上げ分が介護従事者に回らないケースがあった。これまでの2回のマイナス改定で事業所の運営が厳しくなったために，引上げ分が運転資金や赤字分を埋めることに使われるケースが少なからずみられたのである。さらに，今回の改定では基礎報酬の引上げはあまり行われず，加算措置の新設や充実が図られた。勤続年数の長い職員や介護福祉士などの有資格者が多い事業所，夜間に手厚い職員配置を行っている

事業所などが評価されたのである。これらの加算の多くはサービスの向上につながるだろうが，中小事業所や地方の事業所を中心に加算をあまり受けられない事業所があり，これらの事業所の介護従事者の待遇改善は小幅にとどまった。実際，加算をかなり受けられる事業所においても，月数千円程度のアップにとどまったところが少なくなかった。

　また，2009年度の介護報酬改定は利用者負担に直結した。これまでは介護報酬が引下げられたため，介護報酬との関連における利用者負担問題や保険料問題がほとんど生じなかったが，2009年度の改定は引上げ改定のために利用者負担と保険料に影響した。そこで，政府は介護従事者処遇改善臨時特例交付金をつくって各市町村に交付し，2009年度は報酬改定による65歳以上の保険料上昇分の全額が，2010年度は半分が軽減される方策をとった。しかし，利用者負担への対策はほとんどとられなかった。介護報酬引上げで一般に利用者負担額が増大するが，とくに，これまで介護サービスを支給限度額いっぱい使っていた利用者の場合，介護報酬引上げにより支給限度額を上回る利用額になるため，上回った分が全額自己負担になった。これに，2009年4月からの要介護認定の見直しで要介護度が下がった利用者が多かったことも加えて考えれば，介護報酬引上げの影響は大きかったと推測できる。このような利用者の現状に配慮して，加算要件を満たしていても加算取得を躊躇した事業所もみられたのである。

　介護職員処遇改善交付金にも課題があった。つまり，介護職員処遇改善交付金は確実に賃金の引上げを行おうとする事業所にのみ交付されるので，介護報酬の引上げよりも賃金改善に寄与する利点があるし，利用者負担や保険料に直結しない利点もある。しかし，介護報酬の引上げでは介護に携わるすべての職員（介護従事者）が対象であったが，介護職員処遇改善交付金の場合は介護職員のみを対象とし，看護師や理学療法士，作業療法士などは対象外であった。このため事業所内の多職種間の賃金改善のバランス上，交付金の使用をためらう事業所もみられた。さらに，交付金事業は介護分野での緊急経済対策だったため，限定的な期間（2009年10月から2012年3月まで）の対策であり，恒久的な措置ではなかった。このため交付金の活用に消極的な事業所も少なくなかったのである。

(4) 介護従事者の処遇改善のための当面の措置

　2012年4月から第5期が始まる。そこで，当面の対策としては，処遇改善のために介護報酬のプラス改定を実現することが考えられる。その際には，交付金（介護職員処遇改善交付金）事業での介護職員の処遇改善分についても報酬引上げで確実に引き継ぐことが必要で，処遇改善を目的とした加算措置を導入することがのぞましい。ただし，介護報酬の引上げは保険料や利用者負担に確実に跳ね返る。第5期の保険料については，高齢者の保険料を抑えるために都道府県の財政安定化基金を取り崩すことが決まったが，交付金事業での処遇改善分を介護報酬で賄う場合の保険料上昇分への対応も考慮に入れられている。しかし，利用者負担への跳ね返りについては配慮がなされていない。高齢者の負担増と受けるサービス量の減少につながるだけに，最低限，税の投入による低所得者に対する軽減策が実施されなければならない。

　なお，筆者は，介護従事者の処遇改善のための当面の措置としては，国の一般会計から支出される介護職員処遇改善交付金の活用に力点をおき，2012年度以降も交付金事業を継続する方法が検討されるべきと考える。交付金は直接的に処遇改善につながるために，実施規模にもよるが，介護報酬のプラス改定以上にその効果は大きい。まさに，この方法こそ当面の措置に値するし，直接的に介護従事者の処遇改善に役割を果たすことになる。その際には，これまでの交付金事業が臨時措置ゆえに活用に慎重だった事業所も少なくなかったことから，すべての介護従事者に対象を広げるとともに，予算額を増やし，できるだけ長い期間（3年間もしくは6年間）にわたって実施することが必要となるだろう。

7 当座しのぎを超えた制度の構築を

　2011年の改正介護保険法では，目立った改正が行われなかった。すでに，述べてきた改正点以外には，小規模多機能型居宅介護と訪問看護を一体的に提供できる複合型事業所の創設，たんの吸引や経管などの医療的ケアが必要な者に対する安全な提供を図るため，介護福祉士などの介護職員が実施可能

になるようにするための法整備の実施（介護福祉士法，社会福祉士法の改正），情報公表制度の見直しなどがある。高齢化の進行，高齢者の1人暮らしや老夫婦世帯の増加，家族の介護力の低下，高齢者虐待の増加や低所得高齢者の増加など，ゴールドプランが打ち出された約20年前に比べても介護を取り巻く環境はより厳しくなってきている。そこで，サービスや財源の拡充や介護従事者の処遇改善などが求められていたが，改正は小規模なものになった。

　ただし，その実現性には疑問符がつくが，地域包括ケアが強調されていることは注目される。地域包括ケアとは，要約して述べれば，自宅や地域で高齢者が最期まで安心して暮らし続けるために，介護サービス，保健・医療・福祉サービス，インフォーマルサービスを有機的に結びつけて，高齢者のニーズや状態の変化に対応するトータルサービスのことである。その大きな特徴は，高齢者が自宅や地域で最期まで安心して暮らすこと，フォーマルとインフォーマルを包括する各種サービスの有機的な連携であり，地域包括ケアを通じて在宅を徹底しようという考え方となっている点である。しかし，実現には課題が多い。たとえば，健康管理や療養指導などを継続的に行えるようにするには地域での医療サービスや往診体制が必要となると思われるが，現状では訪問診療は資源に限界があるため行うことが難しい地域が多数あることや，地域包括ケアの重要な一翼を担うと期待されている訪問看護サービスについても利用料や担い手不足がネックになっているのが実情である。また，地域包括ケアを担う中核部分として期待されている地域包括支援センターについては，関係する団体や組織とのネットワーク形成や地域の課題把握など多様な役割が求められるが，現状の職員体制のもとでは厳しい。また，職員の意識改革が必要であるし，市町村の積極的なとりくみ姿勢と意欲が重要である。現在は，まずごく一部の地域でのすぐれた実践が注視されるべきであり，多くの地域では連携の工夫に力点がおかれるべきであろう。

　財源問題に的をしぼれば，介護保険では介護保険財政の既定分（50％）以外に，さまざまに保険の枠内外で公費投入が進められてきた。たとえば，2009年度の介護報酬の引上げが保険料に跳ね返るために介護従事者処遇改善臨時特例交付金をつくって市町村に交付し，高齢者の保険料の上昇を抑制したり，介護職員の処遇改善のために国の一般会計から支出される介護職員処

遇改善交付金が計上された。また，第5期（2012－2014年度）では，高齢者の保険料の上昇を抑えるために都道府県に設置されている財政安定化基金（国，都道府県，市町村が3分の1ずつ拠出）を取り崩すことになった。さらに，高齢者の保険料の上昇を抑えるために保険料を20歳から徴収する議論が継続的に行われている。この議論は介護保険法が成立した1997年頃から行われているのである。

　自由民主党の麻生政権が介護報酬の引上げや介護従事者の処遇改善を行ったことは評価できるし，そのために公費を投入することは理解できる。ただし，抜本的対策とはほど遠く，ほころびが目立つ介護保険の一時的改善に寄与したにすぎなかったことも事実である。

　問題なのは，現在の民主党主体の政権が長期的な社会保障や介護のビジョンをもっていないことである。それを如実に示すものが2011年の改正介護保険法に盛り込まれた都道府県財政安定化基金の取り崩しである。これは理念もなければ高い志もない，当座しのぎ策にすぎない。さらに，民主党主体の政権下で介護従事者の処遇改善が停滞しているし，サービスの拡充がなかなか議論の俎上にあがってこない。むしろ，2兆円を超過する規模の「子ども手当」に縛られて，児童福祉，高齢者福祉を問わず福祉関連予算が影響を受けた。このようなことを続ければ続けるほど，国民の社会保障制度への安心感は揺らぐことになるだろう。

8 安心のセーフティネットの構築と社会連帯税としての消費税の可能性

　もはや，パッチワーク的な対応を超え，普遍的サービスをつくり出す仕組みづくりが目指されなければならない。福祉の長期ビジョンが求められているのである。このためには財源問題は避けて通れない。消費税と所得税を活用しながら，介護は保険方式から北欧諸国のような税方式へ転換する。介護や高齢者医療などのlong-term insuranceは税方式への移行がのぞましいのである。年金と医療は社会保険方式を維持するなかで公費投入を増やす。そこで，最低限基礎年金の2分の1国庫負担の早期実現が図られなければならない。また，後期高齢者医療制度については基本的にその枠組みを維持しな

図表1－6　国民負担率の内訳の国際比較

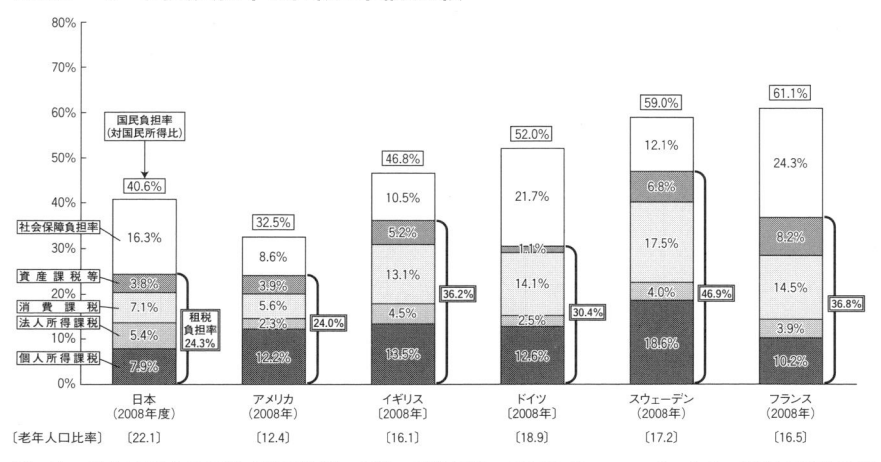

区分	日本(2008年度)	アメリカ(2008年)	イギリス(2008年)	ドイツ(2008年)	スウェーデン(2008年)	フランス(2008年)
国民負担率（対国民所得比）	40.6%	32.5%	46.8%	52.0%	59.0%	61.1%
社会保障負担率	16.3%	8.6%	10.5%	21.7%	12.1%	24.3%
資産課税等	3.8%	3.9%	5.2%	1.1%	6.8%	8.2%
消費課税	7.1%	5.6%	13.1%	14.1%	17.5%	14.5%
法人所得課税	5.4%	2.3%	4.5%	2.5%	4.0%	3.9%
個人所得課税	7.9%	12.2%	13.5%	12.6%	18.6%	10.2%
租税負担率	24.3%	24.0%	36.2%	30.4%	46.9%	36.8%
[老年人口比率]	[22.1]	[12.4]	[16.1]	[18.9]	[17.2]	[16.5]

(注1)　日本は平成20年度（2008年度）実績，諸外国は，OECD "Revenue Statistics 1965-2009" 及び同 "National Accounts 1997-2009" による。なお，日本の平成23年度（2011年度）予算ベースでは，国民負担率：38.8%，租税負担率：22.0%，個人所得課税：7.2%，法人所得課税：4.0%，消費課税：6.9%，資産課税等：3.8%，社会保障負担率：16.8%となっている。
(注2)　租税負担率は国税及び地方税の合計の数値である。また所得課税には資産性所得に対する課税を含む。
(注3)　四捨五入の関係上，各項目の計数の和が合計値と一致しないことがある。
(注4)　老年人口比率については，日本は2008年の推計値（国立社会保障・人口問題研究所「日本の将来推計人口」（平成18年（2006年）12月推計）による），諸外国は2005年の数値（国際連合 "World Population Prospects: The 2008 Revision Population Database" による）である。なお，日本の2011年の推計値は23.4となっている。
出所：財務省『わが国税制・財政の現状全般に関する資料』2011年10月。

がら，公費投入を増やし，できるだけ税方式に近づけることが必要である。さらに，年金，医療，介護のいずれにおいても，低所得者対策が重視されなければならない。

　公費負担を増やすならば，当然，中長期的な国民負担率の議論を真正面から行わなければならない。国民負担率（対国民所得比）の先進国比較を試みると，日本は40.6％でアメリカ（32.5％）についで低い。イギリス（46.8％）やドイツ（52.0％），フランス（61.1％）スウェーデン（59.0％）は日本よりも10～20ポイント高い（**図表1－6**）。ドイツ，フランスなど社会保障負担率が国民負担率の約4割を占めている国もあるが，総じて西欧諸国や北欧諸国では消費課税と個人所得課税のウエイトが高いのである。今後の少子・高齢化の進展のなかで，日本が高齢者医療や介護，児童福祉，教育などの広い意

味の福祉の充実を目指すのであれば，近い将来，国民負担率は50％を超えることが，明確に国民に示されなければならないだろう。「中福祉中負担」であるドイツの高齢者比率は18.9％（2005年）で国民負担率は52％，イギリスの高齢者比率は16.1％（2005年）で国民負担率は46.8％であるが，日本は2013年には，ほぼ4人に1人が高齢者になるからであり，さらに，潜在的国民負担率が2008年度に46.5％，2009年度以降は50％台前半になっているからである[19]。

　自助型国家ではなく，確固としたセーフティネット機能をもつ社会保障制度の構築を展望するのならば，国民負担率の上昇は不可避である。まずは，イギリスやドイツ並みの「中福祉・中負担」国家が目指されなければならないのである。

　また，保険から税に切り替えるなかで増税を考えることも重要である。とくに，介護や後期高齢者医療といったlong-term insuranceの税への切り替えの検討がなされなければならない。近年，日本では国民負担率のなかで社会保障負担率が上昇する反面，租税負担率が低下している。1990年度の国民負担率は38.7％（租税負担率27.4％，社会保障負担率11.3％），2008年度が40.6％（租税負担率24.3％，社会保障負担率16.3％）となっているのである。個々人が負担をしなければ給付に結びつかないのが社会保険であり，社会共通の費用をまかない社会連帯に結びつくのが租税であるとほぼいってよいだろう。保険では低所得対策の不足や保険料未納者へのペナルティなどが生じがちになる。また，20歳からの保険料徴収を目指す一方で，理念もなくなし崩し的に税金投入がなされる現在の介護保険では国民の安心感は得られない。安心のセーフティネットを構築するためには，租税負担率の上昇こそが必要であり，とくに，ほころびが目立つ介護保険については，税方式への転換が意味をもつだろう。

　現在，患者の窓口負担や介護の利用料の1割負担，民間の各種保険への加入など，国民負担率にあらわれない国民の負担が増大している。こうした利用者負担はある程度は必要であるが，基本的にはこのような『自助』の拡大ではない方向性が打ち出されるべきであり，ある程度レベルの社会保障を目指すのならば，国民負担率の上昇は避けられないことが明確化されなければ

ならないのである。今日揺らいでいるセーフティネットを強固なものに張り替えるためにも，また，国の財政再建のためにも，歳入の議論が展開されなければならないし，国民負担率上昇の議論が行われなければならないのである。

その際に，個人所得課税と並んで，間違いなく消費税の役割が重視される必要がある。これまで消費税は所得逆進的であり，大衆課税を代表する税であるといわれてきた。その点は筆者も否定しないけれども，ややもすれば，その点ばかりが強調されすぎていたきらいもある。国民各層が負担する租税だからこそ，あらゆる世代が負担して高齢者医療や介護などを担う財源となりえるのである。このためには，複数税率の実現などの消費税改革を行うことが重要である。そのようななかで，消費税を共生と社会連帯を示す税として，今後の『自助型に流れない』社会保障制度構築との関連で，積極的に位置づけることが重要なのである。

注

1）この点については結城康博「民主党政権の介護施策の評価」東京自治研究センター『とうきょうの自治』81号，2011年6月を参照。
2）財務省『日本の財政関係資料』2010年8月を参照。
3）国民医療費と医療財源については注2）を参照。
4）介護給付費については注2）を参照。
5）高齢化の進展状況と家族に関する数値は，内閣府『高齢社会白書（平成23年版）』2011年7月ならびに同『高齢社会白書（平成22年版）』2010年7月を参照。
6）介護報酬と介護従事者の賃金労働条件については，横山純一「介護従事者の賃金労働条件改善の取り組みと課題—介護報酬改定（2009年4月実施）と介護職員処遇改善交付金を中心に—」地方自治総合研究所『自治総研』372号，2009年10月を参照。
7）厚生労働省老健局『全国介護保険・高齢者保健福祉担当課長会議資料』2011年2月22日を参照。
8）注6）を参照。
9）筆者の2008年度における北海道ならびに青森県，岩手県における市町村の地域包括支援センターの調査にもとづく（調査自治体数は15自治体）。
10）「社会保障国民会議」のシミュレーションについては，横山純一「社会保障国民会議『社会保障国民会議における検討に資するため行う医療・介護費用のシミュレーションについて』の分析」北海道地方自治研究所『北海道自治研究』508号，2011年5月を参照。

11) 介護療養病床については，注7) を参照。
12) 介護従事者の賃金・労働条件については，財団法人介護労働安定センターの各年度『介護労働実態調査』に主に依拠している。
13) 注6) を参照。
14) 注6) を参照。
15) 横山純一「第3章 高齢者福祉を担う人材は確保できるのか」『高齢者福祉と地方自治体』同文舘出版，2003年4月を参照。
16) 注7) を参照。
17) 注7) を参照。
18) 2009年7月に行った筆者の事業所（道内市町村，12の事業所）における調査による。
19) 財務省資料による。

第 2 章 社会保障国民会議における医療・介護費用のシミュレーションについて

1 はじめに

　政府は2011年4月に社会保障の改革案，同年6月に税制と社会保障の一体改革案をまとめる方針であったが，同年3月11日に東日本大震災が発生し，その影響が甚大なために4月の社会保障の改革案の取りまとめを断念した。与謝野経済財政相はできるだけ予定通りに進めたい意向のようだが，現在，政府が震災・津波・原発事故対策一色になっていることや，今後，復旧・復興対策との関連で財源問題などが浮上することから，税制と社会保障の一体改革案がいつごろ出るのか，どのような内容になるのかは不透明になっている[1]。

　急速な高齢化や厳しい国財政の状況を考えれば，税制と社会保障の改革は避けて通ることはできない。この点は与謝野経済財政相と筆者は認識を共有するが，問題は制度の充実と持続性を確保する改革ができるのかである。また，改革の方向が，社会保障の充実と財政再建を両立させる方向ではなく，社会保障の充実があまり図られないまま増税が進む方向になる懸念も，現時点では拭い去ることはできない。

　本章では，社会保障国民会議の「社会保障国民会議における検討に資するために行う医療・介護費用のシミュレーション」（2008年10月）の内容を分析するとともに，その問題点を明らかにする。将来の税制と社会保障を展望するためには，このシミュレーションを取り上げないわけにはいかない。というのは，おそらくこのシミュレーションが，政府の税制と社会保障の一体改革案のベースとなるものと思われるからである。ただし，このシミュレーションが2025年段階のシミュレーションを大胆な仮定のもとで行ったもので

あることや，このシミュレーションをもとに今後必要となるサービスや費用についての国民的議論が期待されていることなどのために，現実にそのとおりになるものではないことを考えれば，本章では，あくまで内容の紹介と分析を中心にし，問題点や課題の指摘については主要なものにとどめておくこととしたい。

2 シミュレーションと改革の方向性

(1) シミュレーションの概要と各シミュレーションの内容と特徴

　まず，シミュレーションの内容について簡潔にまとめておこう。
　このシミュレーションは，2008年9月9日に開催された第7回社会保障国民会議第二分科会において決定された「社会保障国民会議における検討に資するために行う医療・介護費用のシミュレーションの前提について」にもとづいて，2025年段階の医療・介護費用のシミュレーションを行ったもので，医療・介護サービス提供体制についての改革（改革の方向性は2008年6月19日の社会保障国民会議で示される）を前提にしたシミュレーションである。このシミュレーションでは，現状投影シナリオ（シミュレーションA）と改革シナリオ（シミュレーションB）が示されている。改革シナリオについてはB1，B2，B3の3タイプのシミュレーションが示されているため，全部で4つのシミュレーションが示されているということができる。
　次に，現状投影シナリオ（シミュレーションA）と改革シナリオ（シミュレーションB）に区分し，その内容と特徴をまとめておこう。
　シミュレーションAは，入院，外来・在宅医療，介護施設や居住系サービス，在宅介護サービスなどについて，仮に現状の年齢階級別利用状況がそのまま続いたとした場合の機械的計算を行ったものである。したがって，需要面では高齢化による需要増のみを反映した計算となる。そして，供給面では上記のように仮定した需要に見合うように，現状と同水準で各サービスの供給が行われるとした場合を仮定している。それゆえに供給面では高齢化による需要増のみを反映した計算となる。さらに，現在の各サービスにおける単

位当たり費用（たとえば入院1日当たり費用）が続くとした場合を仮定し，単価は経済成長や技術進歩などを反映した単価の伸びのみが見積もられる。

シミュレーションBは，急性期の重点化，在宅医療や介護の強化など各種サービス提供体制の改革を前提にした各サービス需要が見込まれている。そこで，需要面では高齢化の需要増のほかに，改革を踏まえた需要が設定される（改革については2007年5月厚生労働省の医療・介護サービスの質向上・効率化プログラムを踏まえて需要設定）。また，供給面では，疾病や状態像にふさわしい医療・介護を適用することができるようなサービス提供体制の改革・整備が行われると仮定し，高齢化による需要増のほかに改革を反映したものとする。また，急性期病床における人員配置の重点化など各サービス提供体制の改革を踏まえた各サービスの単位当たり費用を仮定するものとし，したがって，経済成長や技術進歩などを反映した単価の伸びが見積もられるだけではなく，単価自体が選択と集中により変化するものとされている。

なお，B1，B2，B3のそれぞれの内容についても簡単に述べておこう。B1は，一般病床について，急性期と亜急性期・回復期などに機能分化することとし，医療資源の集中投入でなるべく早く急性期を脱するようになったり，早く治癒するようになる。また，亜急性期や回復期のリハビリテーションが必要なケースなど，状態像に応じた適切な人員配置のもとで医療や介護が受けられるようになる。さらに，在宅医療，居住系サービスや在宅介護サービスが充実し，比較的重度な者であっても，希望に応じてなるべく住み慣れた地域でケアを受けることができるようになる，と説明されている。B2はB1をさらに推し進め，急性期について，現在の欧米並みの水準にまで高めていくこととし，それに対応して地域ケア体制の機能が強化される，としている。B3は，B1，B2とは異なり，急性期について，さらに，高度急性期と一般急性期への機能分化を徹底するもので，B2における急性期と亜急性期・回復期などの一部が一般急性期に再編成されるイメージである，と解説されている。本章では，主にB2を取り上げ，現状（2007年）と現状投影シナリオ（シミュレーションA）との比較を試みていくこととしたい。

(2) 改革の方向性──入院中心から在宅・訪問診療の強化による地域での療養中心への方向性と地域医療・介護サービスネットワークの構築

　では，改革はどのような方向で行われるのか。その特徴は2つある。1つは入院中心から在宅・訪問診療の強化による地域での療養中心への方向性である。もう1つは，地域医療・介護サービスネットワークの構築（機能分化し重層的に住民を支える医療・介護サービス）である。

　前者では，病院と診療所に区分し，その各々の役割を位置づけている。病院については，入院は急性期医療における資源の集中的な投入と専門分化，亜急性・回復期リハ病床の増加，長期療養は地域でのニーズを支えるものとし，入院機能の強化と分化を行う。外来については専門化を行い外来需要減少を図る。そして，このことにより，病院勤務医の負担軽減を図るものとされる。診療所については，入院機能を縮減するなかで，病院外来需要の受け入れを図るとともに訪問診療を強化する。また，主治医機能の強化や医療・介護を通じた包括支援・マネジメント，他職種との連携強化，長期継続ケア，看取り機能の強化を図るものとされる。

　地域医療・介護サービスネットワークの構築を図る後者においては，機能分化し重層的に住民を支える医療・介護サービスが目指される。このために，日常生活圏レベル，市町村レベル，人口30万人レベル，都道府県レベルに区分けしたうえで，その各々において医療・介護サービスが位置づけられる。具体的には，日常生活圏レベル（中学校区以下）では訪問介護・看護，デイサービス，在宅療養支援診療所が中心になって，身近な生活圏域のなかで完結するサービス提供体制を実現するものとする。市町村レベル（一次医療圏）では居住型施設，特別養護老人ホーム，老人保健施設，医療療養が主軸になり，長期療養のニーズを総合的に受け止め，地域包括ケア[2]を支援するものとする。人口30万人レベル（二次医療圏）では急性期病床，亜急性期病床が主軸になり，診療機能ごとに分化した急性期病院のネットワークで地域の医療ニーズに対応する。さらに，都道府県レベル（二次，三次医療圏）では，がん拠点病院など高度な医療を提供する病院が位置づけられているのである。

3 改革シナリオの効率化・重点化と充実化

　改革シナリオでは，医療・介護の効率化・重点化と充実化という，ともすれば相反するものが同時に目指されている。

(1) 効率化・重点化

　まず，急性期医療の平均在院日数の短縮と全体としての病床数の減少が図られる。各改革シナリオ（B1，B2，B3の各シミュレーション）の数値は次のようになる。つまり，B1では急性期医療の平均在院日数は12日で病床数80万床，亜急性期・回復期の平均在院日数は75日で病床数52万床，B2では急性期医療の平均在院日数は10日で病床数67万床，亜急性期・回復期の平均在院日数は60日で病床数44万床，B3では高度急性の平均在院日数は16日で病床数26万床，一般急性の平均在院日数は9日で病床数49万床，亜急性期・回復期の平均在院日数は60日で病床数40万床となっている。このような改革シナリオに対して，現状投影シナリオ（シミュレーションA）では，一般病床平均在院日数は20.3日で，うち急性15.5日（高度急性20.1日，一般急性13.4日），亜急性期等75日で，病床数は急性，亜急性をあわせて133万床である。

　次に，改革シナリオでは，施設の入所者を減らし，在宅での介護と医療を推進することが目指される。改革シナリオではシミュレーションAに比べて，入院・介護施設入所者数が，B1では1日38万人，B2では1日50万人，B3では1日49万人減少することになっている。

　さらに，改革シナリオでは生活習慣病予防を現状投影シナリオに比べていっそう進める。そこで，改革シナリオにおいては，現状投影シナリオ（シミュレーションA）に比べて外来患者数が，B1，B2，B3ともに1日32万人減少する。

　また，改革シナリオでは，医薬品と医療機器の効率化が図られるため，B1，B2，B3ともに，伸び率がAに比べて2012年まで0.3％減少し，その後0.1％程度減少する。病院医師の業務量についても，改革シナリオではAよりも減少し，B1では10％，B2とB3では20％減少する計算になっている。

(2) 充実化

　まず，改革シナリオでは急性期医療の充実が図られるため，急性期医療の職員数が増加する。現状投影シナリオの一般病床対比でみた場合，急性期医療の職員数は，B1では58％増，B2では100％増，B3では高度急性116％増，一般急性80％増となる。また，このことを反映し，単価についても，シミュレーションAの一般病床対比でみた場合，B1が1.5倍，B2が1.8倍，B3が高度急性2.1倍，一般急性1.6倍となる。

　次に，在宅医療・在宅介護の推進により利用者数が増加する。現状投影シナリオの居住系・在宅介護利用者数に対し，改革シナリオであるB1では1日37万人増加，同じくB2とB3では1日43万人増加する計算となっている。

　さらに，認知症への対応でグループホーム・小規模多機能施設の利用者数が増加する。Aでは現状（2007年）よりも1日25プラス数万人の増加を見込んでいるが，B1，B2，B3では，いずれも現状よりも1日95万人の増加を想定している。

　また，医療・介護従事者が増加する。シミュレーションAでは2007年に対し1.4-1.5倍としているのに対し，B1では1.6-1.7倍，B2とB3では1.7-1.8倍と見込まれている。

　さらに，機能分化と連携の強化が図られる。つまり，介護施設のユニットケアの普及，在宅介護サービス利用量の増大，訪問診療の拡充，各医療機関や介護サービスなどの機能分化・強化や在宅医療・在宅介護の推進のため各サービス間の連携強化が図られるのである。

4 医療・介護サービスの需要と供給，医療・介護のサービス基盤のシミュレーション

(1) 医療・介護サービスの需要と供給（1日利用者数）のシミュレーション

　医療・介護サービスの需要と供給（1日当たり利用者数など）のシミュレーションをまとめると次のようになる。（**図表2－1**）

図表2－1　医療・介護サービスの需要と供給（1日利用者数）のシミュレーション

改革シナリオ（B2シナリオ）

大胆な仮定をおいた平成37（2025）年時点のシミュレーションである

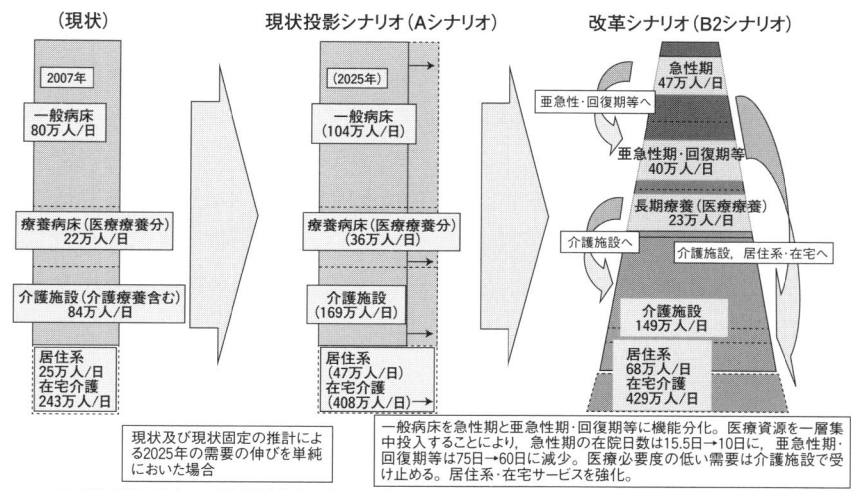

（現状）　2007年
- 一般病床　80万人/日
- 療養病床（医療療養分）　22万人/日
- 介護施設（介護療養含む）　84万人/日
- 居住系　25万人/日
- 在宅介護　243万人/日

現状投影シナリオ（Aシナリオ）　（2025年）
- 一般病床　（104万人/日）
- 療養病床（医療療養分）　（36万人/日）
- 介護施設　（169万人/日）
- 居住系　（47万人/日）
- 在宅介護　（408万人/日）

現状及び現状固定の推計による2025年の需要の伸びを単純においた場合

改革シナリオ（B2シナリオ）
- 急性期　47万人/日
- 亜急性期・回復期等　40万人/日
- 長期療養（医療療養）　23万人/日
- 介護施設　149万人/日
- 居住系　68万人/日
- 在宅介護　429万人/日

一般病床を急性期と亜急性期・回復期等に機能分化。医療資源を一層集中投入することにより、急性期の在院日数は15.5日→10日に、亜急性期・回復期等は75日→60日に減少。医療必要度の低い需要は介護施設で受け止める。居住系・在宅サービスを強化。

※上記に重複して外来や在宅医療受療者が2025年には1日当たり600万人あまりいる。　※一般病床及び療養病床に有床診療所含む。

（B2シナリオの考え方）

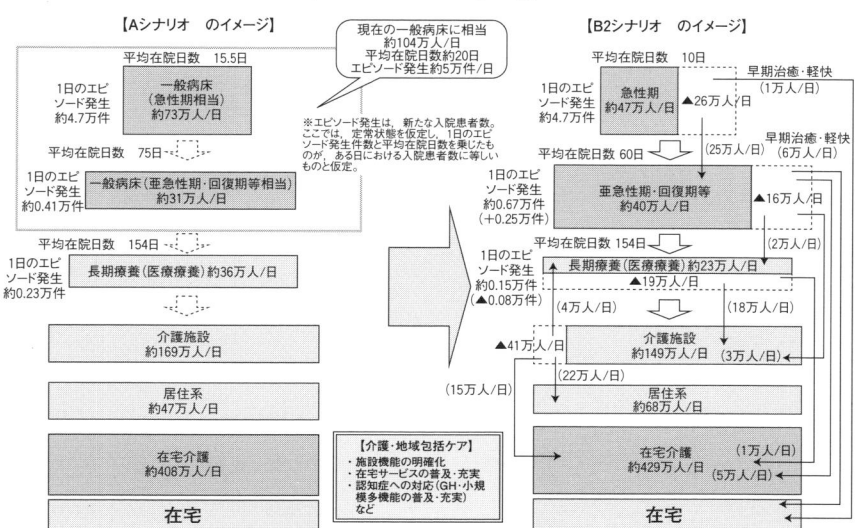

【Aシナリオのイメージ】

- 平均在院日数　15.5日
- 1日のエピソード発生　約4.7万件
- 一般病床（急性期相当）　約73万人/日
- 平均在院日数　75日
- 1日のエピソード発生　約0.41万件
- 一般病床（亜急性期・回復期等相当）　約31万人/日
- 平均在院日数　154日
- 1日のエピソード発生　約0.23万件
- 長期療養（医療療養）　約36万人/日
- 介護施設　約169万人/日
- 居住系　約47万人/日
- 在宅介護　約408万人/日
- 在宅

現在の一般病床に相当　約104万人/日　平均在院日数約20日　エピソード発生約5万件/日

※エピソード発生は、新たな入院患者数。ここでは、定常状態を仮定し、1日のエピソード発生件数と平均在院日数を乗じたものが、ある日における入院患者数に等しいものと仮定。

【B2シナリオのイメージ】

- 平均在院日数　10日
- 1日のエピソード発生　約4.7万件
- 急性期　約47万人/日　▲26万人
- 早期治癒・軽快　（1万人/日）
- （25万人/日）
- 平均在院日数　60日
- 1日のエピソード発生　約0.67万件（+0.25万件）
- 亜急性期・回復期等　約40万人/日
- 早期治癒・軽快　（6万人/日）
- （16万人/日）
- （2万人/日）
- 平均在院日数　154日
- 1日のエピソード発生　約0.15万件（▲0.08万件）
- 長期療養（医療療養）　約23万人/日　▲19万人
- （4万人/日）
- （18万人/日）
- 介護施設　約149万人/日　▲41万人
- （3万人/日）
- （22万人/日）
- 居住系　約68万人/日
- （15万人/日）
- 在宅介護　約429万人/日
- （1万人/日）
- （5万人/日）
- 在宅

【介護・地域包括ケア】
- 施設機能の明確化
- 在宅サービスの普及・充実
- 認知症への対応（GH・小規模多機能の普及・充実）
など

※上記に重複して外来や在宅医療受療者が1日当たり600万人あまりいる。

出所：社会保障国民会議「社会保障国民会議における検討に資するために行う医療・介護費用のシミュレーションについて」2008年10月。

①急性期，亜急性期・回復期

　現状（2007年）は一般病床80万人であるが，現状投影シナリオであるAでは一般病床が104万人となる。改革シナリオでは，B1が103万人，B2が87万人，B3が88万人となっている。

　改革シナリオ（B2）と現状投影シナリオ（A）を比較してみていくと，AとB2との差（AマイナスB2）は17万人となり，B2の方がAよりも1日当たり利用者数が17万人減少する計算である。Aでは一般病床入院患者104万人のうち，急性期医療ニーズ73万人，亜急性期医療ニーズ31万人が見込まれているが，B2では，改革が行われることによって急性期47万人，亜急性期・回復期40万人となると見込まれている。したがって，AとB2との差である17万人は，B2がAよりも26万人急性期で減少し，亜急性期・回復期で9万人増加する計算となっている。

②長期療養（医療療養）

　現状は22万人であるが，Aでは36万人となる。B1は21万人，B2は23万人，B3は23万人である。B2については，Aの36万人に，亜急性期からの2万人を加え，医療必要度の低いニーズ19万人が介護に移行し，介護療養からは医療の必要度の高いニーズ4万人が，医療療養に移るため，23万人になると見込まれている。改革シナリオであるB2の方が現状投影シナリオであるAに比べて，長期療養利用者数は13万人少なくなることになる。

③介護施設（特養，老健，介護療養）

　現状は84万人であるが，Aは169万人，B1は146万人，B2は149万人，B3は149万人である。Aに比べてB2では，要介護度が3以上の高齢者の施設利用割合が5％，要介護2の高齢者の施設利用割合が10％低下し，要介護1の高齢者は施設利用をしないものと仮定して，数値が出されている。また，B2では，上記にともなって，特別養護老人ホームでは，入所時の要介護度の上昇により平均在所時間が短くなり（3.74年だったものが3年に）入退所数が増加することが仮定されている。AからB2を差し引いた差は20万人のため，改革シナリオの方が現状投影シナリオに比べて介護施設利用者数は20万人少

なくなっている。

④居住系（特定施設，グループホーム）

現状は25万人となっている。これに対し，Aは47万人，B1，B2，B3ともに68万人となっている。改革シナリオでは，グループホームの整備量について，特別養護老人ホームなどの施設を利用しない認知症高齢者のうち，グループホームを利用する者の割合を2025年に5割程度増加させるものと仮定して35万人と設定し，特定施設をあわせて68万人と設定されている。AからB2を差し引くとマイナス21万人となるので，居住系利用者数は，現状投影シナリオであるAよりも改革シナリオであるB2の方が21万人多い。

⑤在宅介護

現状は243万人となっている。これに対し，Aは408万人，B1は424万人，B2は429万人，B3は429万人と見込まれている。AからB2を差し引いた数値はマイナス21万人となるため，現状投影シナリオであるAよりも改革シナリオのB2の方が在宅介護利用者数が21万人多い。

⑥外来・在宅医療

現状は582万人で，Aは634万人，B1は631万人，B2は644万人，B3は643万人となっている。AからB2を差し引くとマイナス10万人となり，改革シナリオ（B2）の方が現状投影シナリオ（A）よりも，外来・在宅医療利用者数が10万人多い。

なお，改革シナリオ（B1，B2，B3）の外来・在宅医療利用者数は，予防による患者減少を5％（1日32万人）と見込む一方，医療機関や介護施設から在宅に移る数（B1は1日29万人，B2は1日42万人，B3は1日41万人）を加えたものになっている。実際には，これらの移行者は，移行後は毎日ではなく，週数回という形で外来・在宅医療を受診すると考えられるので，外来・在宅医療の1日当たり患者数は，その分減少するだろう点にも留意すべきである。また，居住系サービス利用者では外来・在宅医療を受けている者を含んでいる点にも注意が必要である。

⑦小括

　以上から，現状投影シナリオであるAシナリオと比較しての改革シナリオ（B2）は，急性期医療の強化を著しく進める一方で，急性期医療，長期療養（医療療養），介護施設という施設系の利用者数を減少（入院・介護施設合計で1日50万人減少）させる。また，居住系，在宅介護，外来・在宅医療の利用者数を増加（居住系と在宅介護合計で43万人増加，外来・在宅医療で1日10万人増加）させることを意図したものと，その性格を規定できるように思われる。したがって，B2では，2025年にむけた今後の医療・介護の社会保障改革の方向は，明らかに在宅志向であるということができる。

(2) 入院・施設・居住系サービス基盤のシミュレーション

　入院・施設・居住系サービス基盤のシミュレーション（利用者を支えるベッド数，定員数等のシミュレーション）は，次のとおりである。なお，B2のみ扱い，これと現状（2007年）ならびに現状投影シナリオ（Aシナリオ）との比較を試みている。

①急性期，亜急性期・回復期

　現状（2007年）の整備数（一般病床）は103万床，平均稼働率は78％，平均在院日数は20.3日，退院患者数は月119万人である。これに対し，現状投影シナリオであるAは，整備数（一般病床）133万床，平均稼働率78％，平均在院日数20.3日（急性15.5日，亜急性75日，急性のうち高度急性20.1日，一般急性13.4日）となっている。退院患者数は月154万人である。

　改革シナリオであるB2では急性期の整備数67万床，平均稼働率が70％，平均在院日数10日，退院患者数が月141万人である。なお，改革のために，急性期病床では一般病床の職員の100％増が見込まれている。また，亜急性期・回復期の整備数は44万床，平均稼働率は90％，平均在院日数は60日，退院患者数は月20万人である。亜急性期・回復期ではコメディカルなどを30％増と見込んでいる。

②長期療養(医療療養)

現状は長期療養病床数は23万床で,平均稼働率は93%である。これに対し,Aは病床数39万床で,平均稼働率は93%である。B2は病床数が23万床,平均稼働率は98%である。

③介護施設

現状は84万人分(特養42万人,老健プラス介護療養42万人)が確保されているが,Aでは169万人分(特養85万人,老健プラス介護療養83万人),B2では149万人分(特養78万人,老健プラス介護療養72万人)となっている。

④居住系(グループホームなど)

現状は25万人分が用意されているが,Aでは47万人分が,B2では68万人分が確保されるように計画されている。

⑤小括

長期療養,介護施設,居住系をみれば,Aに比べたB2の特徴は,長期療養病床の減少(Aに比べ16万床減),介護施設の減少(同20万人分減),居住系の増加(同21万人分増)となっており,大きく在宅重視に舵がきられている。また,入院についても,病床数が22万床減少する一方,月当たりの退院患者数は7万人増加している。さらに,平均在院日数が減少(急性期5.5日減,亜急性期15日減)しており,改革シナリオの在宅志向は鮮明である。ただ,急性期,亜急性期・回復期医療については,マンパワーの集中投入が計画されており,医師,看護師,コメディカルの役割が大きくなっている。

5 マンパワーのシミュレーション

(1) マンパワーの必要量のシミュレーション

このシミュレーションでは,マンパワーの実数の見込みが示されるが,各職種別の実数見込みについては,次のような方法がとられている。

つまり，医師・看護職員・医療その他の職員については，非常勤の割合が現行から変動する可能性があるため，5％程度幅のある推計値となっている（ただし，本章では最大値のみを示す）。また，医師，看護職員については，病棟については病床当たりの職員配置を基本に配置増が織り込まれて推計されており，外来については患者数の伸びに比例させた推計がなされている。在宅の看取りケアの体制強化も一定程度見込まれている。

　さらに，急性期や亜急性期・回復期などの病床に勤務する医師および看護師については役割分担にともなう負担軽減が見込まれている。医師については，他の職種との役割分担により，B1では10％，B2とB3では20％の業務量の減少が見込まれ，看護職員については，医師の業務を分担する分と他の職員に分担してもらう分とが相殺されるものと仮定されている。

　介護職員は，施設・居住系については利用者数の伸びを，在宅については利用額の伸びにより推計がなされている。改革シナリオ（B）においては，施設のユニット化の推進による職員増が見込まれるとし，また，ホームヘルパーについては非正社員（1月の労働時間が61.7時間）が介護職員の非正社員（1月の労働時間が120.9時間）並みに勤務するものと仮定したうえで推計がなされている。

　では，各職種ごとに，現状（2007年），現状投影シナリオ（A），改革シナリオ（B2）の数値をみていこう。

①**医師**

　現状（2007年）は27.5万人であるが，Aでは34.3万人となり（実際は32.9万人以上34.3万人以下となっているが，本章では最大値のみを示す），B2では33.5万人となる。AからB2を差し引いた数値は0.8万人である。現状投影シナリオであるAの方が，改革シナリオであるB2よりも8,000人多い。

②**看護職員**

　現状は132.2万人，Aは176.7万人，B2は202.9万人である。AからB2を差し引くとマイナス26.2万人となる。現状投影シナリオ（A）よりも改革シナリオ（B2）の方が，看護職員は26.2万人増加となる。

③介護職員

現状は117.2万人、Aは211.7万人、B2は255.2万人である。AからB2を差し引くとマイナス43.5万人となる。改革シナリオ（B2）の方が現状投影シナリオ（A）よりも介護職員数は43.5万人上回っている。

④医療その他職員（病院・診療所に勤務するOT、PT、薬剤師、看護補助者、事務職員等）

現状は78.1万人、Aは87.6万人、B2は113.5万人である。AからB2を差し引くとマイナス25.9万人であるので、改革シナリオ（B2）の方が25.9万人多い。

⑤介護その他職員（介護支援専門員、相談員、OT、PT等）

現状は30.0万人、Aは53.5万人、B2は73.6万人である。AからB2を差し引くとマイナス20.1万人となる。したがって、現状投影シナリオ（A）よりも改革シナリオ（B2）の方が20.1万人上回っている。

⑥小括

現状投影シナリオであるAと改革シナリオであるB2とを比較すれば、医師についてはほぼ同じ数値が計上されているが、それ以外の職員についてはB2の方が高い数値となっている。現状投影シナリオに比べて在宅にシフトさせる方向性が明白な改革シナリオの方が、マンパワーを多数必要としていることが把握できるのである。

(2) マンパワーの改革を行った場合（B2）と行わなかった場合（A）の主な増減理由と影響の大きさ

Aに比べてB2の場合、具体的にどのような部分で増減となるのか、各職種ごとに検討しよう。

①医師

医師数は、Aに比してB2では0.8万人減となっている。その具体的な理由の内訳は、病床数（病院）で2.8万人減、役割分担（病院・急性期等）で3.5

万人減，専門外来としての位置づけ（病院）で2.5万人減，配置数（病院）で5.8万人増，外来患者（診療所）で2.0万人増，在宅看取りケア体制強化で0.2万人増，介護サービス（専任のみ）で0.1万人増である。

②看護職員

看護職員数は，Aに比べてB2では26.2万人増となっている。その具体的な理由の内訳は，病床数（病院）で14.9万人減，配置数（病院）で33.8万人増，役割分担（病院・急性期等）でプラスマイナス０，専門外来としての位置づけ（病院）で6.5万人減，外来患者増（診療所）で5.8万人増，在宅看取り体制強化で1.0万人増，介護サービス（専任のみ）で6.0万人増となっている。

③介護職員

介護職員数は，B2がAを43.5万人上回っている。具体的には，施設割合の低下と居住系整備で2.0万人減，在宅の単価引上げで66.9万人増，医療からの移行分で12.8万人増，施設のユニット化で6.1万人増，非正社員のホームヘルパーの勤務改善で40.3万人減である。

6 医療・介護サービスごとの単価のシミュレーション

医療・介護サービスごとの単価のシミュレーション（月単位）について検討しよう。

まず，医療であるが，現状は一般病床が月110万円である。これに対し現状投影シナリオであるAでは，一般病床が同じく月110万円で，B2シナリオでは急性期が月200万円，亜急性期・回復期が月111万円である。

長期療養（医療療養）は，現状が月50万円，Aも月50万円なのに対し，B2は６万円アップの月56万円である。

介護施設は，特別養護老人ホームと老人保健施設が別々に計算される。特別養護老人ホームは，現状とAが月29万円，B2が月31万円である。老人保健施設は，現状が月29万円，Aが月30万円，B2が月31万円である。

居住系は特定施設とグループホームに区分されて計算される。特定施設は，

現状とA，B2のいずれもが月18万円，グループホームは，現状とA，B2ともに月27万円であり，変化がみられない。

在宅介護は，現状とAが月10万円，B2が月16万円である。

外来・在宅医療は，外来と訪問診療対象者等とに区分されて計算される。外来は，現状が0.8-1.5万円（1日），Aも0.8-1.5万円（1日）である。これに対し，B2は0.9-1.5万円（1日）となっている。訪問診療対象者等は，現状，A，B2ともに月20万円である。

なお，このシミュレーションでは，次の点に留意が必要である。

まず，介護の単価は要介護度別単価であるが，加重平均値が表示されている。次に，2025年の老人保健施設は老人保健制度の近年の改革を踏まえ，介護療養型老健が含まれている。2007年の介護型療養病床は月41万円である。また，外来等の単価（診療所と病院は差があるため幅をもって表示）は受診1日当たりの費用額（薬局調剤医療費等を含む）であり，訪問診療対象者等については1人1月当たりの費用額である。さらに，入院外の1件当たり日数は，病院で1.6日程度，診療所で1.9日程度で，ある医療機関を外来受診した患者は平均的には当該医療機関を月1.6-1.9回程度受診したものと考えられるとされている。

また，やや詳しく，在宅介護の単価の計算について言及しておこう。在宅介護の単価は，B1，B2，B3とも同額である（平均単価16万円，平均要介護度1.9）。要介護4と要介護5の単身高齢者や施設から在宅へシフトした者の単価は限度額相当，要介護4と要介護5の夫婦のみの世帯，その他の世帯の者の単価は限度額の75％相当と仮定されている。要介護3以下については，2003年から2007年までの平均利用額の上昇傾向を踏まえ，2025年において限度額に対する利用割合が18％（毎年1％）ポイント上昇するものと仮定されている。認知症サービスの充実を踏まえ，施設・居住系を利用しない在宅の認知症高齢者（約169万人）については，約60万人が小規模多機能サービスを利用するなど需要が増加すると仮定され，在宅と小規模多機能サービスの平均単価の差の半分程度（約5万円）が上乗せされている。

7 医療・介護サービス費用のシミュレーション

(1) いくつかの経済前提

医療・介護サービス費用のシミュレーションでは，以下のような経済前提が設けられる。

▽足下の前提

	2006	2007	2008	2009	2010	2011
物価上昇率	0.3%	0.5%	1.2%	1.7%	1.9%	1.9%
賃金上昇率	0.0%	2.5%	3.0%	3.5%	3.8%	4.1%
運用利回り	1.7%	2.4%	3.0%	3.7%	4.1%	4.4%

▽経済前提（2012年度以降の長期の前提）

ケース	1−1	1−2	2−1	2−2
物価上昇率	1.6%	1.1%	1.0%	1.0%
賃金上昇率	3.7%	2.6%	2.1%	2.1%
運用利回り	4.9%	4.0%	3.2%	3.2%

▽名目成長率とGDP

名目成長率は，2007年度2.2％，2008年度2.8％，2009年度3.3％，2010年度3.7％，2011年度3.9％，2012年度以降は賃金上昇率マイナス0.5ポイントを仮定。GDPは2007年度が522兆円，2025年度が787兆円。

(2) 経済前提2−1の場合（医療費の伸び率は賃金と物価の平均に1％を加えたケースとする）の各シナリオの医療・介護サービス費用のシミュレーション

経済前提2−1を例にとりながら（医療費の伸び率は賃金と物価の平均に1％を加えたケース），現状（2007年），現状投影シナリオ（A），改革シナリオ（B2）のそれぞれの医療・介護サービス費用について検討すると，次のようにまとめることができる。

つまり，Aに比べてB2の方が名目額で8兆円上回り，とりわけ介護サービス費用ではAをB2が大きく上回っている。介護サービス費用は対GDP比でみると，B2は現状よりも約2.5倍増大する。また，医療プラス介護サービス費用は，対GDP比で現状の約1.5倍となっている。

▽医療プラス介護

	現状	A	B2
対GDP比	7.9%	10.9%	11.9%
名目額	41兆円	85兆円	93兆円

▽医療

	現状	A	B2
対GDP比	6.5%	8.5%	8.8%
名目額	34兆円	67兆円	69兆円

▽介護

	現状	A	B2
対GDP比	1.3%	2.4%	3.0%
名目額	7兆円	19兆円	24兆円

(3) 財源構造の粗いシミュレーション

　次に，財源構造の粗いシミュレーション（経済前提2－1，医療費の伸び率は賃金と物価の平均に1％を加えたケースの場合，対GDP比）について検討してみよう。

　このシミュレーションでは，自己負担割合は医療14％，介護7％程度と仮定する。また，給付費の保険料と公費については厚生労働省「社会保障の給付と負担の見直し」（2006年5月推計）にもとづいて計算がなされている。名目GDP額は2007年度522兆円，2025年度787兆円である。

	自己負担	保険料	公費	合計
2007年	1.0% 5兆円	3.7% 19兆円	3.1% 16兆円	7.8% 40兆円
2025年A	1.4% 11兆円	4.9% 39兆円	4.5% 36兆円	10.8% 86兆円
2025年B2	1.5% 12兆円	5.3% 42兆円	5.0% 39兆円	11.8% 93兆円

また，2025年に追加的に必要となる財源（GDP比，兆円）についても計算されているので検討しよう。

2025年に追加的に必要となる財源は次のようになる。なお，追加的に必要となる財源（対GDP比）は，2007年と2025年のGDP比の差が計上されている。

	自己負担	保険料	公費
A	―	1.2% （9兆円） 消費税2％程度	1.4% （11兆円） 消費税3％程度
B2	―	1.6% （13兆円） 消費税3％程度	1.9% （15兆円） 消費税4％程度

（4）医療・介護サービス費用にみるサービス構造の変化（B2，経済前提2-1で医療費の伸び率は賃金と物価の平均に1％を加えたケースにおける医療・介護サービス構造の変化）

医療・介護サービス費用にみるサービス構造の変化についてのシミュレーションを通じ，現状とB2の比較を行ってみよう。

まず，B2では，すでにみてきたように，総額が93兆円になる。93兆円の内訳は，医療費69兆円，介護費24兆円である。医療費（69兆円）のうち，入院が48％（34兆円），外来・訪問診療が52％（36兆円）である。介護費24兆円のうち，施設が34％（8兆円），在宅介護が47％（11兆円），居住系・小規模多機能が19％（5兆円）である。

また，B2では，69兆円の医療費のうち，急性期・亜急性期・回復期が28兆円，精神・結核が3兆円，長期療養が3兆円，外来・訪問診療が36兆円（病院6兆円，診療所30兆円）である。

これに対し，現状（2007年度）は，医療費が34兆円（入院40％，外来・訪問診療60％），介護費が7兆円（施設44％，在宅介護45％，居住系・小規模多機能11％）となっている。また，医療費34兆円のうち，一般病床が11兆円，精神・結核が2兆円，長期療養が1兆円，外来・訪問診療が20兆円（病院7兆円，診療所13兆円）となっている。

　医療費では，医療費に占める入院費の割合が増加しているが，これは平均在院日数の縮減などが図られる一方，急性期医療への厚い人的配置などにより入院費用が大きくなったことなどに帰因している。介護費用では，施設費の低下，在宅介護費の割合の増加がみられ，在宅介護への流れが費用面においてもあらわれているといえよう。

8 オプションシミュレーション

　以上のシミュレーションのほかにオプションシミュレーションとして，次のようなシミュレーションがなされている。

(1) 医療・介護予防のいっそうの進展の場合

　医療では2015年までにメタボリックシンドロームの該当者と予備軍を25％減少させる目標を踏まえ，改革シナリオにおいては2025年の外来患者数と外来医療費の現状投影シナリオからの5％程度減少を織り込んでいる。また，介護についても2006年度実施の改正介護保険法にもとづく介護予防の効果を改革シナリオにも反映させている。このような改革シナリオに織り込んだ医療・介護予防の水準よりも，生活習慣病予防や介護予防が進めば，さらなる効果が出るとするシミュレーションである。なお，2005年度の国民医療費は33.1兆円であるが，うち生活習慣病にかかわる医療費用は10.7兆円と見込まれている。

(2) 介護職員の人件費水準を一律に1割引き上げた場合

　介護職員の人件費水準を一律に1割引き上げた場合のシミュレーションである。この場合，介護費用に占める給与費（65％）が1割程度上昇し，医療・

介護費用に占める介護費用の割合を4分の1程度と仮定し，さらに他の費用には影響しないと仮定すれば，医療・介護費用に及ぼす影響は，1.6％程度増加要因となる。そこで，B2の場合，医療・介護費用の対GDP比11.9％程度に対してプラス0.2ポイント増加すると見込まれる。この場合，1兆6,000億円程度の増加が見込まれることになる。

9 改革シナリオの実現可能性と課題（1）

　以上，やや長く社会保障国民会議のシミュレーションを紹介・分析してきた。では，このような改革シナリオ（B2）の実現可能性はどの程度あるのだろうか。また，改革シナリオが実現すれば国民にどのような影響がでるのだろうか。本章では多岐にわたって述べることはできないが，いくつかの重要であると思われる点をあげておきたい。

　まず，改革シナリオでは，急性期入院医療については平均在院日数の短縮が意図されている。つまり，現在の一般病床を急性期病床と亜急性期・回復期病床とに機能分化させ，前者には人的・物的資源を集中的に投入する。後者では，回復期リハや亜急性期医療の機能強化を図る。さらに，救急医療体制の充実強化を図る。慢性期医療については，在宅医療強化，介護サービスの拡充で対応し，できるだけ住み慣れた地域での療養生活継続を実現するとしているのである。

　周知のように，北欧諸国や西欧諸国に比べ，日本では平均在院日数が長い。改革シナリオであるB2では急性期患者の平均在院日数を現状の15.5日から10日に短縮し，そのことによって1日当たりの患者数が35％減少し，短縮にともなう減少分は亜急性期病床で対応することとしている。そして，急性期の人員配置は現在の一般病床の職員配置のほぼ2倍にすることとしている。しかし，民間病院がほとんどの日本では，これがスムーズに行われることは容易なことではないし，大学の医学部・看護学部や看護学校での教育の中身も大きく変わらなければならないだろう。また，亜急性期も，リハビリの早期開始・強化，職員体制の強化で在院日数短縮を見込んでいるが，OT，PT，STの育成など課題が少なくない。さらに，亜急性期からは，24時間対応が

可能な在宅医療に5万人，介護施設へ3万人，医療療養施設に2万人，外来対応に6万人の移行が見込まれているが，重篤な患者が多いと思われる在宅医療利用者数と介護施設・医療療養施設利用者数が同数になっている。現状では，はるかに施設へのニーズの方が高いし，今後の老老介護の増加を予測すれば，施設へのニーズはいっそう高まると予想される。また，現状では訪問診療や訪問看護の担い手不足が明らかである。したがって，在宅医療ニーズはどこまで伸長するかは不透明であると言わざるを得ないのである。

　次に，改革シナリオでは，介護サービスの量的拡充を図るとともに，要介護高齢者の状態像の変化（認知症の増加，高齢単身・夫婦のみの世帯の増加，重度の要介護高齢者の増加，医療と介護の両方必要な高齢者の増加など）を踏まえたサービスの多様化と機能強化に努める。さらに，できるだけ住み慣れた地域での生活を目指し，24時間対応訪問介護・看護，グループホームやケアつき住宅などの居住系サービスを諸外国並みの水準にもっていく。また増大する認知症高齢者に対応し，グループホームや小規模多機能サービスの拡充を図る。施設については，個室・ユニット化を推進するとともに，地域に密着した小規模型施設を重点的に整備することとしている。

　要介護高齢者の状態像の変化に合わせた多様なサービスの提供や24時間対応訪問介護・看護の強化については賛成できるし，グループホームの拡充，施設の個室化，ユニット化にも賛成である。ただし，24時間対応訪問介護・看護へのニーズが，今後どの程度伸長するのか不透明であるし，事業者が採算性をとれるのか，人材が確保できるのかといった問題がある。過疎地域では，サービス提供事業者が存在するのかも危惧される。さらに，訪問看護サービスを充実させるには訪問診療の体制づくりが不可欠になると思われるが，先にも指摘したように，その展望がみえていないのが実状である。

　また，現在，グループホームの質が問われているが，改革シナリオでは単価の上昇はない。そして，介護施設へのニーズは根強いものがあり，今後いっそう進む高齢化と後期高齢者の急増（2017年には前期高齢者数を後期高齢者数が上回る）や，1人暮らし高齢者や老夫婦だけで暮らす世帯の急増を考えると，介護施設の抑制という改革シナリオの方向性は，現実的ではないように思われる。75歳以上人口に占める施設利用者の割合は，改革シナリオで

は大幅に減少することにならざるを得ない。施設と在宅は車の両輪であることや、すでに特別養護老人ホーム入所者の平均要介護度は介護保険のスタート時から比べて格段に上昇していることが注目されるべきである。

第3に、改革シナリオでは、急性期・慢性期の入院医療からの早期退院・在宅療養、在宅での緩和ケア、看取りのケアを希望する患者のニーズを満たすように、在宅医療サービスの充実強化と、地域における病院・診療所の連携強化を図るとしている。また、病院の外来を専門外来と位置づけるとともに、診療所におけるプライマリーケア機能や主治医機能の強化、訪問診療の強化を図る。さらに、医療と介護を一体的に提供する地域包括ケアマネジメント体制を整備することとしている。

改革シナリオで掲げられている地域における病院と診療所の連携強化は必要であるとともに大きな課題である。現在、有床診療所が多いことは、在宅医療が難しいケースが少なくないことを示しているのではないだろうか。また、筆者は道内外の公立病院の調査・研究を継続しているが、地域によっては開業医が少数だったり、まったくいなかったり、開業医の高齢化が著しいケースもある。そのようななかで、地域の中核病院であるにもかかわらず、開業医が不足しているため、一次医療機能も担っている公立病院もある。このような場合においては、連携自体が非現実的なものになっているのである。さらに、このような地域においては主治医機能は弱いものにならざるを得ないのである。

第4に、改革シナリオでは、急性期を軸に医療資源を集中投入する一方で、専門職種間の役割分担の見直しを行うとしている。看護職員やOT、PT、事務職員などについては、医師（看護師）業務のうち、医師（看護師）でなくても行える業務を移す前提でより大幅な増員を図り、これにより、医師や看護職員が自らの専門に特化した業務を行えることになるとしている。

急性期における厚い人員配置は歓迎されるだろうが、専門職種間の役割分担の見直しについては、各医療機関の抱えている諸事情を斟酌しながら、慎重に行われる必要があるといえるだろう。

10 改革シナリオの実現可能性と課題（2）

　なお，現状投影シナリオ（A）は85兆円，改革シナリオ（B）は93兆円と改革シナリオの方が費用がかかっている。先に，2025年に追加的に必要となる財源（公費）は，現状投影シナリオ（A）では11兆円（消費税3％程度），改革シナリオ（B2）では15兆円（消費税4％程度）に上っているが，今後は財源という場合，国と自治体の負担金だけではなく，保険料や利用者負担についても目配りしなければならないだろう。たとえば，介護保険についてみれば，介護保険の1号被保険者の保険料は，高齢者の年金状況を考えれば月5,000円程度が限度といわれている。今後も保険方式を維持した場合においても，保険料の一部は公費支出する必要可能性が増大するように思われるし，この点については高齢者の医療についてもあてはまる。

　また，経済成長率などもシミュレーションのようにはいかない場合もでてくるだろう。

　さらに，現状投影シナリオであるAは，文字どおり現状のサービス水準を踏襲するものであり，現状のサービスの充実を図るものではない。改革シナリオであるBについては在宅志向が鮮明で，急性期医療の人員増加など充実面もかなりの程度みられるのであるが，入院や施設入所については抑制基調となっている。A，B1，B2，B3のシミュレーションのほかに，公費をよりいっそう投入するシミュレーションが鮮明に打ち出されてもよかったのではないか。ともあれ，将来の医療と介護の問題は，財源をどこに求めるのかの問題とも大きく関連しながら，国民的議論が積み重ねられなければならない。施設と在宅は車の両輪であるし，高齢者のおかれた状況は多様であり，それに応じてニーズもまた多様であることが，議論する際には留意されなければならないだろう。

注

1）2011年6月末に，政府・与党は消費税率引上げを柱とする「社会保障と税の一体改革」の最終案を決定した。本書第1章を参照のこと。
2）地域包括ケアについては本書第1章を参照のこと。

第3章 介護従事者の賃金労働条件改善の取り組みと課題—介護報酬改定（2009年4月実施）と介護職員処遇改善交付金を中心に

1 よくない介護従事者の待遇

　2000年4月の介護保険スタート時から今日までずっと介護従事者の待遇がよくないといわれつづけてきた。実際、たとえば、ホームヘルパーは登録型で直行直帰が多い。財団法人介護労働安定センターの2007年度の調査によれば[1]、「登録ヘルパーがいる」と回答した事業所において、ホームヘルパーのうち登録ヘルパーの占める割合は71.1％だった。また、回答のあったホームヘルパー（9,223人）の実に8割（7,447人）が時間給のホームヘルパー（そのほとんどは登録ヘルパー）だった。同調査では、登録ヘルパーの賃金は時給で1,200円となっており、他職種のパート職員の賃金を上回ってはいるけれども、サービス提供が単発的かつ短時間であり、待機時間が換算されない場合が多いことや、利用者宅から次の利用者宅に行く移動時間は交通費しか出ない場合が多いため、手取り収入額では、それを下回るケースが少なくない。ホームヘルパー、とくに登録ヘルパーの場合、仕事の拘束感が強いにもかかわらず、それに見合う賃金体系になっていないのが実情なのである。さらに、常勤が多い月給制のホームヘルパー（深夜帯の勤務者が多い）の待遇も、他の介護職員や看護職員に比べて低く、平均賃金月額は18万6,000円だった[2]。このような状況のなかで、ホームヘルパーの定着率は低く、ホームヘルパーの平均勤続年数は3.2年になっている。

　また、特別養護老人ホームでは、業務の多忙化と賃金の抑制、正規職員の減少、パート職員や派遣職員の増大が進行している。介護保険制度が施行されたときに、「措置制度から契約制度になったので利用者が自由に施設を選ぶことができる」と喧伝されたが、当時、筆者は、需要（高齢者の入所ニー

ズ）と供給（特別養護老人ホームの総定員数）との間に大きなアンバランスがあるかぎり，利用者の自由選択の余地は限られることを指摘した[3]。今日，高齢化が進行し要介護の高齢者が増大するなか，特別養護老人ホームの待機者が急増するとともに，入居者の重度化が顕著になった。2008年の特別養護老人ホームの入居者の3分の2は要介護4と要介護5（2001年は要介護4と要介護5の占める割合は55％）で，2008年の平均要介護度は3.81（2001年は3.47）まで上がったのである[4]。2002年をピークに介護保険型の療養型病床群が減少に転じ（施設数は2001年3,792，2002年3,903，2006年2,929，在所者数は2001年109,329人，2002年126,865人，2006年111,099人），施設数を増やしてきた特別養護老人ホーム（施設数は2001年4,651，2006年5,716，在所者数は2001年309,740人，2006年392,547人）がその有力な受け皿になっているのである[5]。

そのようななかで，特別養護老人ホームがしっかりとしたケアを行おうとすれば，基準以上に介護職員や看護職員を配置しなければならない。ただ，そうなれば人件費が増えて経営が圧迫されるため，非正規職員を増やしたり，正規職員の給与を削減する必要が出てくる。さらに，特別養護老人ホームでは，2回にわたる介護報酬の引下げ（2003年改定はサービス全体の平均でマイナス2.3％，施設サービスの平均でマイナス4.0％，2006年改定はサービス全体の平均でマイナス2.4％，施設サービスの平均でマイナス4.0％，2006年改定の数値は2005年10月改定分を含めた率）を受けたことも，介護従事者の待遇悪化に拍車をかけた。こうして，結果的に，特別養護老人ホームで勤務する1人ひとりの介護従事者の待遇が悪くなっていくサイクルができあがっていったのである。常勤換算従事者数という人員配置上の計算方法が定着していくなかで[6]，非正規職員や非常勤職員が増大していったのである。また，先述した介護労働安定センターの「平成19年度介護労働実態調査」によれば，特別養護老人ホームを中軸とした月給制の介護従事者（ホームヘルパー，サービス提供責任者，看護職員，介護支援専門員を除く）の平均賃金月額は19万2,587円と低く，平均勤続年数も2.8年と短い。たとえ正社員として勤務した場合でも，他産業に比べてかなり低い給与になっていること，仕事がきついことが離職率の高さにつながっているのである。

現在,「介護保険は介護労働者の不足で崩壊する」という懸念の声が, 介護現場などから多数出てきている。実際, この数年間, 一部を除けば, 大学や短大の福祉系学部や福祉・介護の専門学校の人気が急速に落ち込んでいる。教育システムやカリキュラムなどが若者に魅力あるものになっているか否かの問題もあるだろうから, すべての原因を介護現場の賃金・労働条件に帰することはできないだろうが, 多くの若者にとって福祉の仕事が魅力のないものになってきているようで, 筆者は強い危機感を覚えざるを得ないのである。

　では, なぜこのような状況が生まれたのだろうか。介護保険（2000年4月施行）以前は, たとえば常勤的な臨時職員のホームヘルパーの年収は300万円前後, 非常勤職員のホームヘルパーの日額は身体介護11,200円, 家事援助7,440円だった[7]。ところが介護保険で介護報酬が低めに設定されたことや, 時間管理型のサービス提供やサービス提供の単発性・短時間制が強まったこと, 移動時間や待機時間への配慮がほとんどなくなったこと, 登録型のホームヘルパーを多数採用する事業者が増えたことなどにより, ホームヘルパーの労働条件は急速に悪化した。さらに, 特別養護老人ホームなどの施設職員の待遇も, 介護保険以前のいわゆる措置制度のときよりも大幅に悪化したのである。

2 介護報酬引上げとその特徴[8]

　このような介護従事者のおかれた状況に対して, 政府が手を打ってこなかったわけではない。2008年5月に「介護従事者等の人材確保のための介護従事者等の処遇改善に関する法律」が成立し, それを受けて, 自由民主党の麻生政権は, 2008年10月30日に「介護従事者の処遇改善のための緊急特別対策」として, 介護報酬の改定率をプラス3.0％とすることを決定し, 2009年4月から実施した（在宅分1.7％, 施設分1.3％）。これまでの2回の介護報酬のマイナス改定とは異なり, 介護報酬引上げで事業者の収入を増やすことにより, 介護職員の賃金引上げにつなげようとしたのである。これに加え, 2009年度補正予算においては介護職員処遇改善交付金（2009年秋実施）を計上し, いっそうの介護職員の待遇改善を目指したのである。

では，これらの施策で介護従事者の賃金労働条件は改善されたのだろうか？

　まず，介護報酬の引上げについて検討してみよう。今回の介護報酬の改定の特徴は次の5点にまとめられよう。まず，介護従事者の処遇改善・人材確保に力点がおかれたが，それだけではなく，医療との連携や認知症ケアの充実，効率的なサービスの提供や2006年の介護保険法の改正で導入された介護予防サービス・地域密着型サービスの検証という3つの基本的視点に立って，改定が行われたことである。次に，基礎報酬（基本単位）の引上げはあまりなされず，もっぱら加算を充実させたことである。したがって，全部の事業者が一律に3％の収入アップがなされたわけではなく，加算措置にほとんど該当しない事業者の場合は報酬アップの恩恵にあまり与ることができなかった。また，加算を受けるためには提出する事務書類が多いために，事務作業に人手と時間が取られることに事業者側の懸念があった。3つ目は，加算においては施設の夜勤業務負担や重度・認知症対応，訪問介護でのサービス提供責任者の緊急的な業務負担，ケアマネジャーの認知症や独居高齢者への対応など，サービスの特性に応じた業務分担に着目した評価がなされた。また，介護福祉士の資格保有者や勤続年数の長い者，常勤職員が雇用されている割合が高い事業所を優遇するなど，介護従事者の専門性などのキャリアに着目した評価が行われた（**図表3－1**）。

　4つ目は，大都市の事業所ほど給与費が高く経営を圧迫しているとして，各地域区分の報酬単価の上乗せ割合を見直し，特別区（東京23区）は12％から15％へ，乙地（札幌市，仙台市，大津市，姫路市など）は3％から5％へ引上げられた。特甲地（横浜市，川崎市，名古屋市，大阪市，京都市，神戸市，堺市，八王子市，武蔵野市，立川市，尼崎市，八尾市，寝屋川市など）は10％，甲地（さいたま市，千葉市，福岡市，岸和田市，泉佐野市，逗子市，葉山町など）は6％，その他地域（上記の地域に含まれないすべての市町村）は0％のままで据えおかれた。また，これまでは，「直接処遇職員（介護職員，看護職員等）」の人件費相当分についてのみ地域差を勘案していたが，より実態に即したものにするために，「人員配置基準において具体的に配置を規定されている職種の職員」に拡大した（ただし，医師の場合は必ずしも都市部が高いとは限らないので除外）。そして，そのうえで，サービスごとに地

図表3-1　介護報酬改定における介護従事者の専門性などのキャリアに着目した評価

サービス	要件	単位
訪問入浴介護	○ 研修等を実施しており，かつ，次のいずれかに該当すること。 ① 介護福祉士が30％以上配置されていること。 ② 介護福祉士及び介護職員基礎研修了者の合計が50％以上配置されていること。	24単位/回
夜間対応型訪問介護		12単位/回 （包括型　84単位/人・月）
訪問看護	○ 研修等を実施しており，かつ，3年以上の勤続年数のある者が30％以上配置されていること。	6単位/回
訪問リハビリテーション	○ 3年以上の勤続年数のある者が配置されていること。	6単位/回
通所介護 通所リハビリテーション 認知症対応型通所介護	次のいずれかに該当すること。 ① 介護福祉士が40％以上配置されていること。 ② 3年以上の勤続年数のある者が30％以上配置されていること。	①：12単位/回 ②：6単位/回 ※ 介護予防通所介護・介護予防通所リハビリ 　要支援1は 　　①：48単位/人・月 　　②：24単位/人・月 　要支援2は 　　①：96単位/人・月 　　②：48単位/人・月
療養通所介護	3年以上の勤続年数のある者が30％以上配置されていること。	6単位/回
小規模多機能型居宅介護	○ 研修等を実施しており，かつ，次のいずれかに該当すること。 ① 介護福祉士が40％以上配置されていること。 ② 常勤職員が60％以上配置されていること。 ③ 3年以上の勤続年数のある者が30％以上配置されていること。	①：500単位/人・月 ②・③：350単位/人・月
認知症対応型共同生活介護 地域密着型介護老人福祉施設 介護老人福祉施設 介護老人保健施設 介護療養型医療施設 短期入所生活介護 短期入所療養介護	次のいずれかに該当すること。 ① 介護福祉士が50％以上配置されていること。 ② 常勤職員が75％以上配置されていること。 ③ 3年以上の勤続年数のある者が30％以上配置されていること。	①：12単位/人・日 ②・③：6単位/人・日

(注1)　訪問介護および居宅介護支援については，特定事業所加算の見直しを行う。
(注2)　表中①・②・③の単位設定がされているものについては，いずれか1つのみを算定することができる。
(注3)　介護福祉士に係る要件は「介護職員の総数に占める介護福祉士の割合」，常勤職員に係る要件は「看護・介護職員の総数に占める常勤職員の割合」，勤続年数に係る要件は「利用者にサービスを直接提供する職員の総数に占める3年以上勤続職員の割合」である。
出所：介護保険研究会編『平成21年介護報酬改定のポイント』中央法規，2009年6月より作成。

図表3-2 介護報酬改定による人件費の見直し

	改定前		改定後
60%	訪問介護／訪問入浴介護／通所介護／特定施設入居者生活介護／夜間対応型訪問介護／認知症対応型通所介護／小規模多機能型居宅介護／認知症対応型共同生活介護／地域密着型特定施設入居者生活介護／居宅介護支援	70%	訪問介護／訪問入浴介護／夜間対応型訪問介護／居宅介護支援
		55%	訪問看護／訪問リハビリテーション／通所リハビリテーション／認知症対応型通所介護／小規模多機能型居宅介護
40%	訪問看護／訪問リハビリテーション／通所リハビリテーション／短期入所生活介護／短期入所療養介護／介護老人福祉施設／介護老人保健施設／介護療養型医療施設／地域密着型介護老人福祉施設入所者生活介護	45%	通所介護／短期入所生活介護／短期入所療養介護／特定施設入居者生活介護／認知症対応型共同生活介護／介護老人福祉施設／介護老人保健施設／介護療養型医療施設／地域密着型特定施設入居者生活介護／地域密着型介護老人福祉施設入居者生活介護

(注) 介護予防サービスのある居宅サービスおよび地域密着型サービスについては，いずれも介護予防サービスを含む。
出所：図表3-1に同じ。

域差を勘案する職員の人件費の割合を見直すとともに，人件費割合を現行区分から3区分に変更した。多くのサービスにおいて，それぞれの率を上昇させたが，デイサービス（通所介護）やグループホーム（認知症対応型共同生活介護）のように60％（改定前）から45％（改定後）に引下げられたものもある（**図表3-2**）。以上にもとづく介護報酬1単位当たりの単価の見直しの全体像と見直し後の単価は**図表3-3**のようになる。

5つ目は，中山間地域における小規模事業所や中山間地域に居住する利用者にサービスを提供した事業所の評価を行ったことである。これは，中山間地域の小規模事業所の場合，規模の拡大や経営の効率化を図ることが難しいため人件費の割合が高くなって経営が厳しくなることや，訪問系の事業者が中山間地域の居住者にサービスを提供した場合には移動費用がかかることを踏まえて評価を行ったものである。つまり，これまで中山間地域の事業所が訪問介護などのサービスを行った場合，特別地域加算としてサービス費用の15％が加算され，その対象地域は840保険者（市町村，広域連合）にのぼっていたが[9]，特別地域加算の対象となる地域以外にも，人口が少ないなど特

図表3-3　介護報酬1単位当たりの単価の見直しの全体像と見直し後の単価

〈現行〉

		特別区	特甲地	甲地	乙地	その他
上乗せ割合		12%	10%	6%	3%	0%
人件費割合	60%	10.72円	10.60円	10.36円	10.18円	10円
	40%	10.48円	10.40円	10.24円	10.12円	10円

⬇

〈見直し後〉

		特別区	特甲地	甲地	乙地	その他
上乗せ割合		15%	10%	6%	5%	0%
人件費割合	70%	11.05円	10.70円	10.42円	10.35円	10円
	55%	10.83円	10.55円	10.33円	10.28円	10円
	45%	10.68円	10.45円	10.27円	10.23円	10円

出所：図表3-1に同じ。

図表3-4　中山間地域などにおける小規模事業所の評価（新たな加算の創設）

	特定農山村法	半島振興法	山村振興法	離島振興法	沖縄振興法	奄美群島振興法	小笠原諸島振興法	過疎地域自立促進特別措置法	豪雪地帯対策特措法	辺地に係る公共的施設総合整備特措法
中山間地域	○	○	○	○	○	○	○	○	×	×
特別地域加算	×	×	○	○	○	○	○	一部※	一部※	一部※
新たに創設する加算	○	○	×	×	×	×	×	一部※以外	一部※以外	一部※以外

※一部指定については，各保険者へのアンケート調査によって指定地域を限定したもの。

〈イメージ〉

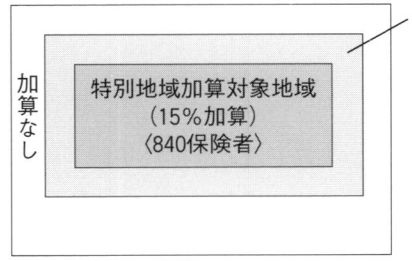

加算なし
　特別地域加算対象地域
　　（15%加算）
　　〈840保険者〉

新たな加算の対象地域〈328保険者〉
（特別地域加算の対象地域を除く）
・特定農山村法の指定地域
・半島振興法の指定地域
・過疎地域自立促進特別措置法の指定地域の一部
・豪雪地帯対策特別措置法の指定地域の一部
・辺地に係る公共的施設総合整備特措法の指定地域の一部

出所：図表3-1に同じ。

図表3−5　中山間地域などに居住する者にサービス提供した事業所への評価

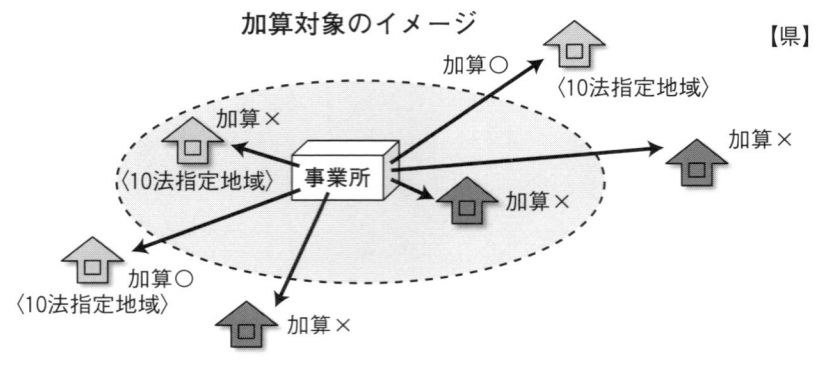

加算対象のイメージ　　　　　　　　　　　【県】

※ ⬭：通常の事業の実施地域　　🏠：10法指定地域に住む利用者　　🏠：10法指定地域外に住む利用者

> 中山間地域等にサービスを提供する場合　→　所定単位数の5％を加算
>
> 【算定要件】
> ① 対象となるサービスは，移動費用を要する訪問介護（予防含む），訪問入浴介護（予防含む），訪問介護（予防含む），訪問リハビリテーション（予防含む），通所介護（予防含む），通所リハビリテーション（予防含む），居宅介護支援及び福祉用具貸与（予防含む）
> ② 「中山間地域等」とは，半島振興法，特定農山村法，山村振興法，離島振興法，沖縄振興特別措置法，奄美群島振興開発特別措置法，小笠原諸島振興開発特別措置法，過疎地域自立促進特別措置法，豪雪地帯対策特別措置法，辺地に係る公共的施設の総合整備のための財政上の特別措置等に関する法律に指定されている地域をいう。
> ③ 各事業者が，運営規程に定めている通常の事業実施地域を越えてサービスを提供する場合に認める。

出所：図表3−1に同じ。

別地域加算の対象地域とほぼ同様な事情を抱えている地域が存在するため，このような地域への支援を行うために，今回の改定で新たな加算措置（所定単位数の10％）がとられるようになった。特別地域加算の対象となっていなかった特定農山村法の指定地域，半島振興法の指定地域，過疎地域自立促進特別措置法の指定地域，豪雪地帯対策特別措置法の指定地域，辺地に係る公共的施設総合整備特別措置法の指定地域が該当し，その数は328保険者である（**図表3−4**）。対象となるサービスは，訪問介護，訪問入浴介護，訪問看護，

居宅介護支援，福祉用具貸与で，対象となる事業所は，訪問介護が訪問回数月200回以下，訪問入浴介護が訪問回数月20回以下，訪問看護が訪問回数月100回以下，居宅介護支援が実利用者数月20人以下，福祉用具貸与が実利用者数月15人以下の小規模事業所である。また，事業所そのものは中山間地域以外にあるが，その事業所が中山間地域の居住者にサービスを提供する場合には，移動費用がかかることを考慮して，移動に要するコストを新たな加算として評価した（所定単位数の5％）。この算定要件は図表3−5のようになる。

3 介護報酬引上げの内容[10]

　介護報酬の引上げは，各サービスごとに，その特性に応じて行われた。重要なことは，基礎報酬（基本単位）の引上げは一部のサービスでのみ行われたのに対し，加算は新設，既存加算の単位数アップ，仕組みの変更など多岐にわたって行われた点である。以下，注目すべき報酬引上げが行われたサービスを中心にみていくことにしたい。なお，介護予防サービスについては，紙数の関係上，本章では扱わない。

(1) 訪問介護

　訪問介護における介護報酬改定前と後の比較表をみてみよう（図表3−6）。
　まず，短時間の訪問介護サービスなどで基礎報酬が引上げられて単位数増加がなされた。改定以前は身体介護（30分未満）が1回231単位，生活援助（30分以上1時間未満）が1回208単位だったが，改定後は身体介護が254単位，生活援助が229単位となった。しかし，利用者要望が高い身体介護の延長分の介護報酬は83単位のまま据えおかれ，生活援助の2時間枠も見送られた。短時間型の訪問介護サービスがいっそう奨励される基礎報酬引上げだったということができるだろう。
　次に，ホームヘルパーやサービス提供責任者について介護福祉士の資格取得など段階的なキャリアアップを推進するため，特定事業所加算（所定単位数の10-20％加算）に必要な人材要件，体制要件，重度要介護者対応要件の見直しが行われた（事業所がこの3つの要件のどれか1つもしくは2つを満

図表3-6　訪問介護費・介護予防訪問介護費の改定前・後の比較表

				改定前	改定後	差　異
基本単位	訪問介護	身体介護	30分未満	231単位	254単位	23単位
			30分以上1時間未満	402単位	402単位	0単位
			1時間以上1時間30分未満	584単位	584単位	0単位
		生活援助	30分以上1時間未満	208単位	229単位	21単位
			1時間以上1時間30分未満	291単位	291単位	0単位
		通院等乗降介助		100単位	100単位	0単位
	介護予防訪問介護	介護予防訪問介護Ⅰ		1,234単位	1,234単位	0単位
		介護予防訪問介護Ⅱ		2,468単位	2,468単位	0単位
		介護予防訪問介護Ⅲ		4,010単位	4,010単位	0単位
加　算	訪問介護	特定事業所加算	特定事業所加算（Ⅰ）	20%	20%	0%
			特定事業所加算（Ⅱ）	10%	10%	0%
			特定事業所加算（Ⅲ）	10%	10%	0%
		緊急時訪問介護加算			100単位	100単位
	共　通	初回加算			200単位	200単位
		中山間地域等の小規模事業所がサービスを提供する場合			10%	10%
		中山間地域等にサービスを提供する場合			5%	5%
地域区分	特別区			10.72円	11.05円	0.33円
	特甲地			10.60円	10.70円	0.10円
	甲　地			10.36円	10.42円	0.06円
	乙　地			10.18円	10.35円	0.17円
	その他			10.00円	10.00円	0.00円

出所：祐川尚素・安永享紀編『2009年介護報酬改定ポイント解説と経営シミュレーション』日本医療企画，2009年3月より作成。

たせば特定事業所加算を受けられる）。たとえば，人材要件では，事業所において，これまでホームヘルパー総数のうち介護福祉士が30％以上とされていたが，今回の介護報酬改定では，これに加えて，「介護福祉士・介護職員基礎研修課程修了者・1級ホームヘルパーの合計が50％以上」の場合でも，事業所は人材要件を満たすとされた。また，同じく人材要件で，これまでは「すべてのサービス提供責任者が5年以上の実務経験を有する介護福祉士」となっていたものを改定し，「すべてのサービス提供責任者が3年以上の実務経験を有する介護福祉士または5年以上の実務経験を有する介護職員基礎研修課程修了者・1級訪問介護員である」場合も，事業所は人材要件をクリアーできるとされた（ただし，サービス提供責任者を複数配置しなければならない事業所においては2人以上を常勤）。重度要介護者対応要件では，これまでは「前年度または前3ヵ月の利用者のうち，要介護4と要介護5の利

用者が利用者総数の20％以上あること」とされていたが，今回の改定では「要介護4と要介護5，認知症日常生活自立度Ⅲ以上の利用者が利用者総数の20％以上」で要件をクリアーできることとなった。体制要件では，これまでになかった「緊急時などにおける対応方法が利用者に明示されていること」が，新たに加えられた。他の多くのサービスとは異なり，訪問介護サービスでは「段階的なキャリアアップの推進」ということで，介護従事者の専門性等については改定前よりも緩和されたということができるのである。

　3つ目は，サービス提供責任者の役割を評価し，とくに労力のかかる初回時と緊急時の対応についての加算が新設された。つまり，新規に訪問介護計画を作成した利用者に対して，初回に実施した訪問介護と同月内にサービス提供責任者が自ら訪問介護を行う場合か，もしくは他のホームヘルパーが訪問介護を行う際にサービス提供責任者が同行訪問した場合に月200単位の加算（初回加算）が行われる。また，利用者・家族からの要請を受けてサービス提供責任者がケアマネジャーと連携を図り，ケアマネジャーが必要と認めたときに，サービス提供責任者か他のホームヘルパーが居宅サービス計画にない訪問介護（身体介護）を行った場合には，緊急時訪問介護加算（1回100単位）が受けられることになった。サービス提供責任者は，現場のホームヘルパーとは異なり，同一の利用者を担当するホームヘルパー間で利用者へのサービスや言動などについて対応が異なることを防ぐための調整，新規のホームヘルプサービス提供先の状況調査（ホームヘルパー派遣前の利用者の身体の状態，病歴，必要なサービス内容の確認），ホームヘルプサービスの初回時の訪問，ホームヘルパーに対する具体的な援助目標や援助内容の指示などの幅広い業務を行うとともに重い責任をもっている[11]。このため，サービス提供責任者の多くは常勤職員であるにもかかわらず，これまでの報酬改定で配慮されることがなかったため，事業所にとっては厳しい経営を余儀なくされる要因の1つになっていた。今回の介護報酬改定では，サービス提供責任者の仕事の重要性を認め，ある程度の改善がなされたということができる。ただし，課題もある。というのは，サービス提供責任者の配置に関する規定が改定され，これまでの常勤要件が緩和され，「常勤職員を基本としつつ非常勤職員の登用を一定程度可能にすること」ができるとされた。サー

ビス提供責任者の業務内容を考えれば，サービス提供責任者の水準が下がる可能性が高くなり，結果，サービス提供のレベルが低下することが懸念されるのである。

なお，3級ホームヘルパーについては，原則として2009年3月末で報酬上の評価を廃止したが，現在従事しているホームヘルパーについては，事業者が当該ホームヘルパーに対して2級課程など上位の資格を取得するように通知することを条件に，1年間の経過措置（2010年3月末まで）が設けられることとなった。また，すでに2.で述べたように，中山間地域などにおける地域加算の新設と，地域区分ごとの報酬単価の見直しが行われた。

訪問介護では，従事者（ホームヘルパー）385,668人のうち介護福祉士は13％（52,775人）にすぎず，ホームヘルパー2級の者が70％（268,620人）を占めるとともに[12]，50歳代以上の登録ヘルパーが多く，他のサービスの介護従事者よりも勤務者の平均年齢が高い[13]。すでにみたように，今回の改定でも，これまでよりも緩和されたとはいえ，介護福祉士等の有資格者重視が行われている。このような資格重視の考えに対しては，改定以前から「国家資格ありきの発想で一元化すれば人材の多様性を失う」[14]との懸念が表明されている。処遇改善の根拠として資格は外せないが，ホームヘルパーの現状を踏まえた処遇改善をいかに図るかが重要で，段階的なステップアップは欠かせないだろう。ただし，サービスを提供する場合に事務所に立ち寄らない直行直帰型勤務形態が多い現状は，サービスの質の向上のネックになっていると筆者は考える。ホームヘルパーについては，段階的な資格重視，直行直帰型の改善，深夜ホームヘルプの2人勤務の強化，登録ヘルパーの段階的な廃止など，単に介護報酬の改定にとどまらない，抜本策が求められているのであろう。

(2) 訪問看護

基礎報酬の引上げは行われなかったが，多数の加算措置の新設と既存の加算措置の充実が行われた（**図表3－7**）。まず，サービス提供体制強化加算（1回6単位）が新設された。これは，職員の専門性と一定以上の勤続年数のある職員が多いことを評価し，看護師への研修や技術指導を目的とした定期会

図表3-7　訪問看護費・介護予防訪問看護費の改定前・後の比較表

				改定前	改定後	差　異
基本単位	共　通	訪問看護ステーション	20分未満	285単位	285単位	0単位
			30分未満	425単位	425単位	0単位
			30分以上1時間未満	830単位	830単位	0単位
			1時間以上1時間30分未満	1,198単位	1,198単位	0単位
		病院または診療所	20分未満	230単位	230単位	0単位
			30分未満	343単位	343単位	0単位
			30分以上1時間未満	550単位	550単位	0単位
			1時間以上1時間30分未満	845単位	845単位	0単位
加　算	訪問看護費	ターミナルケア加算		1,200単位	2,000単位	800単位
	共　通	複数名訪問加算	所要時間30分未満		254単位	254単位
			所要時間30分以上		402単位	402単位
		長時間訪問看護加算			300単位	300単位
		サービス提供体制強化加算			6単位	6単位
		中山間地域等の小規模事業所がサービスを提供する場合			10%	10%
		中山間地域等にサービスを提供する場合			5%	5%
地域区分	特別区			10.48円	10.83円	0.35円
	特甲地			10.40円	10.55円	0.15円
	甲　地			10.24円	10.33円	0.09円
	乙　地			10.12円	10.28円	0.16円
	その他			10.00円	10.00円	0.00円

出所：図表3-6に同じ。

議の開催等をしており，かつ3年以上の勤続年数のある者が30％以上配置されている事業所の場合に加算がなされるものである。さらに，長時間訪問看護加算（1回300単位），複数名訪問加算（30分未満1回254単位，30分以上1回402単位）が新設されるとともに，ターミナルケア加算の改定（1,200単位から2,000単位にアップ）が行われた。また，訪問看護において特別な管理を必要とする利用者の状態に重度の褥瘡（真皮を越える褥瘡の状態）が追加された。

　長時間訪問看護加算は，特別な管理を必要とする利用者（在宅自己腹膜灌流指導管理や在宅血液透析指導管理を受けている者，気管カニューレや留置カテーテルを使用している者等）に1回1時間30分を超過する訪問看護を行った場合に訪問看護の所定サービス費（1時間以上1時間30分未満）に1回300単位を加算するものである。複数名訪問加算は，利用者の身体的理由により1人の訪問看護師での訪問看護サービス提供が難しい場合や，暴力行為

や著しい迷惑行為，器物破損行為が認められる場合に，利用者や家族の同意を得たうえで，複数の訪問看護師による訪問看護サービスの提供が行われたときに加算が行われるものである。また，ターミナルケア加算の改定は，ターミナルケアの充実と医療保険との整合性を図る観点から行われたもので，単位数のアップとともに，これまでの算定要件が緩和された。つまり，死亡日前14日以内に2回以上ターミナルケアを実施していること，主治医との連携のもとで訪問看護におけるターミナルケアにかかわる計画や支援体制について利用者と家族に説明を行い，同意を得たうえでターミナルケアを実施していることというふうに算定要件が変更されたのである。

また，中山間地域などにおける地域加算が新設されるとともに，地域区分ごとの報酬単価の見直しが行われた。

(3) 居宅介護支援

居宅介護支援では，他のサービスよりも新規の加算措置が多くとられるとともに，既存の加算措置についても，報酬アップが行われた（**図表3－8**）。

まず，ケアマネジャー1人当たりの担当件数が40件以上となる場合に，すべての担当件数に適用されるこれまでの逓減制の仕組みが，超過部分にのみ適用される仕組みに変更された。つまり，取扱件数が40件未満の場合（「居宅介護支援費Ⅰ」），要介護1と要介護2は月1,000単位，要介護3と要介護4と要介護5は月1,300単位という仕組みは改定後も維持された。これに対し，これまで取扱件数が40件以上60件未満の場合（「居宅介護支援費Ⅱ」）は，すべてのケースにおいて要介護1と要介護2が月600単位，要介護3と要介護4と要介護5が月780単位であったものを，今回の改定で，40件以上60件未満の部分についてのみ要介護1と要介護2が月500単位，要介護3と要介護4と要介護5が月650単位となった。この場合の40件未満の部分については「居宅介護支援費Ⅰ」を適用することとなったのである。また，取扱件数が60件以上の場合（「居宅介護支援費Ⅲ」）は，すべてのケースにおいて要介護1と要介護2が月400単位，要介護3と要介護4と要介護5が月520単位だったものを，改定後は40件以上の部分についてのみを要介護1と要介護2が月300単位，要介護3と要介護4と要介護5が月390単位とし，40件未満の部分

図表3-8　居宅介護支援費・介護予防居宅介護支援費の改定前・後の比較表

				改定前	改定後	差異
基本単位	居宅介護支援費	居宅介護支援（Ⅰ）（40件未満）	要介護1，2	1,000単位	1,000単位	0単位
			要介護3，4，5	1,300単位	1,300単位	0単位
		居宅介護支援（Ⅱ）（40件以上60件未満）	要介護1，2	600単位	500単位	-100単位
			要介護3，4，5	780単位	650単位	-130単位
		居宅介護支援（Ⅲ）（60件以上）	要介護1，2	400単位	300単位	-100単位
			要介護3，4，5	520単位	390単位	-130単位
	介護予防居宅介護支援費			400単位	412単位	12単位
加算	居宅介護支援費	初回加算	初回加算（Ⅰ）→初回加算に改定	250単位	300単位	50単位
			初回加算（Ⅱ）	600単位		-600単位
		特定事業所加算	特定事業所加算→特定事業所加算（Ⅰ）に改定	500単位	500単位	0単位
			特定事業所加算（Ⅱ）		300単位	300単位
		医療連携加算			150単位	150単位
		退院・退所加算	退院・退所加算（Ⅰ）		400単位	400単位
			退院・退所加算（Ⅱ）		600単位	600単位
		認知症加算			150単位	150単位
		独居高齢者加算			150単位	150単位
		中山間地域等の小規模事業所がサービスを提供する場合			10%	10%
		中山間地域等にサービスを提供する場合			5%	5%
	介護予防居宅介護支援費	初回加算		250単位	300単位	50単位
	共通	小規模多機能型居宅介護事業所連携加算			300単位	300単位
地域区分	特別区			10.72円	11.05円	0.33円
	特甲地			10.60円	10.70円	0.10円
	甲地			10.36円	10.42円	0.06円
	乙地			10.18円	10.35円	0.17円
	その他			10.00円	10.00円	0.00円

出所：図表3-6に同じ。

については「居宅介護支援費Ⅰ」を適用するものとした。

　居宅介護支援については，要介護度が低くてもきめ細かく多様にサービスの組み合わせを作る必要があるため要介護度にかかわらず同一報酬にすべきであると筆者は考えるが，今回の改定でも，この点の改善策はなされなかった。今回の改定で，逓減制については担当件数が超過した部分についてのみ逓減する変更がなされたが，40件を超過すると半分もしくは3割に単位数が減少となり，逓減幅が大きくなった。しかし，たとえば1人のケアマネジャーで45人の高齢者（全員要介護3）のケアプランを作った場合，改定前は，月35,100単位だったが，改定後は，月54,600単位になる。また，1.5人（常勤

換算）で取扱件数が80件（全員要介護2）の場合，改定前は48,000単位，改定後は69,500単位になる。現在，ケアマネジャーの多くは40件未満を担当しているが，40件を超過しているケアマネジャーもいる。また，居宅介護支援事業所の運営とくに独立系の居宅介護支援事業所において，現行の逓減制では，運営が厳しいこともずっといわれてきた。その意味では，今回の改定で一応の改善がなされるが，やはり，ケアマネジャーの担当件数は40件以内が基本であるべきで，運営の厳しさの改善策は，それを前提にして考えられるべきものであろう。

なお，居宅介護支援事業所については，このほかに次のような改定が行われた。まず，特定事業所加算（月500単位）の算定要件を緩和して特定事業所加算Ⅰ（月500単位）とするとともに，これよりもいっそうの緩和を行った特定事業所加算Ⅱ（月300単位）が新設された。これまでの特定事業所加算では，利用者のうち要介護3と要介護4と要介護5の者の占める割合が60％以上であったことや，主任介護支援専門員である管理者を配置していること等の要件があったため，事業所が加算を取りにくかった。今回の改定では，要介護3と要介護4と要介護5の者の占める割合を50％以上に引下げるとともに，介護支援専門員1人当たりの利用者数が35名以内だったものを40名未満に改めて加算適用をされやすくした。さらに，常勤の介護支援専門員の配置をこれまでの3名以上ではなく2名以上とするとともに，利用者の要介護度を問わないなど，算定要件をいっそう緩和した特定事業所加算Ⅱがつくられたのである。

つまり，事業所は次の10項目の要件を満たせば特定事業所加算Ⅰが適用されることになった。(ア)主任介護支援専門員が配置されていること，(イ)常勤かつ専従の介護支援専門員が3名以上配置されていること，(ウ)算定日が属する月の利用者総数のうち要介護3と要介護4と要介護5の高齢者の割合が5割以上あること，(エ)介護支援専門員1人当たりの利用者の平均件数が40件未満のこと，(オ)24時間連絡体制の確保ならびに必要に応じての利用者などの相談に対応する体制が確保されていること，(カ)介護支援専門員への計画的な研修が実施されていること，(キ)利用者に関する情報またはサービス提供にあたっての留意事項の伝達を目的とした会議が定期的に開催されてい

ること，(ク)地域包括支援センターから支援困難事例を紹介された場合も居宅介護支援を提供していること，(ケ)地域包括支援センターなどが実施する事例検討会へ参加していること，(コ)運営基準減算や特定事業所集中減算の適用を受けていないこと，以上の要件を満たした場合に加算が受けられるのである。特定事業所加算Ⅱについては，上記の（エ）（オ）（キ）（コ）を満たすとともに，主任介護支援専門員等を配置していることと，常勤かつ専従の介護支援専門員を2名以上配置していれば，加算が受けられることになった。

　また，医療と介護の連携を強化する観点から，新しく，入院時や退院・退所時に，病院と利用者に関する情報共有を行う際の評価が導入された。これが，医療連携加算（月150単位，利用者1人につき1回を限度）と退院・退所加算（退院退所加算Ⅰ，月400単位，退院退所加算Ⅱ，月600単位）である。さらに，認知症加算（月150単位），独居高齢者加算（月150単位）が新設された。これは，ケアマネジメントを行う際に，とくに労力がかかる認知症日常生活自立度Ⅲ以上の認知症高齢者，独居高齢者に対する業務について評価がなされたものである。また，小規模多機能型居宅介護事業所連携加算（300単位）が新設された。これは，居宅介護支援を受けていた利用者が居宅サービスから小規模多機能型居宅介護の利用へと移行する際に，居宅介護支援事業者がもっている利用者情報を小規模多機能型居宅介護支援事業所に提供した場合に評価がなされるものである。また，ケアマネジメントの初回が労力を要するために，初回加算Ⅰ（月250単位）の報酬アップが行われた。これは新規に居宅サービス計画を策定した場合と要介護状態区分の2段階以上の変更認定を受けた場合に評価を行うもので，これまで月250単位だったものが月300単位に改定されたのである。一方，初回加算Ⅱ（月600単位）が，退院・退所加算の新設と連動して廃止されたため，初回加算は1本にまとめられた。

　さらに，中山間地域などにおける地域加算の新設と地域区分ごとの報酬単価の見直しが行われた。

　以上のように，ケアマネジャーの業務への評価が多様に行われたのであるが，実態を踏まえ，負担が多い現場への配慮が行われたといってよいだろう。

2006年度実施の改正介護保険法にあたり，最も大きな課題の1つとして，議論の俎上にのせられていたのが，ケアマネジメントをめぐる課題の多さとその見直しの方向性だった[15]。併設事業所が9割を占める，多職種連携・継続的マネジメントが不十分，特定のサービスへの偏りや単品プランが多いことなどが指摘され，ケアマネジャーの担当件数の見直し（40件未満にする）や，ケアマネジメントプロセスに応じた報酬体系，医療と介護の連携の強化，独立性・中立性の確保などが見直しの方向性だった。今回の改定で行われた新設の加算措置により，医療と介護の連携の強化やケアマネジメントプロセスに応じた報酬体系については，一歩前進したといえるだろうし，独立的な居宅介護支援事業所の安定的な運営についても即座に実現できるわけではないが，前進したことは間違いないだろう。しかし，特定のサービスへの偏りや単品プランが多いことへの対策には必ずしもなっていないし，ケアマネジャーの担当件数を40件未満に抑える方向とは逆向きになっているといえるだろう。

なお，筆者は，現在の要介護認定審査には，労力と金額がかかりすぎることや高齢者のニーズを正確に反映していないことなど問題が多いため，近い将来には要介護認定審査をやめ，ケアマネジャーが個々の高齢者のニーズを判定してケアプランをつくる仕組みを導入すべきであると考える。この方法ではケアマネジャーの権限と責任が大きくなるため，ケアマネジャーのレベルアップのための研修と教育が欠かせない。そのために大学教育の場で保健医療と福祉の両方に精通した学生を育てあげることが必要である。現在は，福祉系の学部では学生はほとんど保健・看護・医療の科目は勉強していない。また，保健・看護系の学部では福祉系の科目がほとんど配置されていない。大学教育の場で保健・看護・医療・福祉の総合的な学習機会を設けることが必要なのである。

(4) グループホーム（認知症対応型共同生活介護）

グループホームでは，基礎報酬の改定はなかったが，加算の新設が多様に行われた（**図表3－9**）。まず，有資格者や常勤職員の多い事業所について評価が行われ，サービス提供体制強化加算が新設された。つまり，介護職員総

図表3-9 認知症対応型共同生活介護費・介護予防認知症対応型共同生活介護費の改定前・後の比較表

				改定前	改定後	差異
加算	認知症対応型共同生活介護費	看取り介護加算			80単位	80単位
	共通	夜間ケア加算			25単位	25単位
		認知症行動・心理症状緊急対応加算			200単位	200単位
		若年性認知症利用者受入加算			120単位	120単位
		退居時相談援助加算			400単位	400単位
		認知症専門ケア加算	認知症専門ケア加算（Ⅰ）		3単位	3単位
			認知症専門ケア加算（Ⅱ）		4単位	4単位
		サービス提供体制強化加算	サービス提供体制強化加算（Ⅰ）		12単位	12単位
			サービス提供体制強化加算（Ⅱ）		6単位	6単位
			サービス提供体制強化加算（Ⅲ）		6単位	6単位
地域区分	特別区			10.72円	10.68円	-0.04円
	特甲地			10.60円	10.45円	-0.15円
	甲　地			10.36円	10.27円	-0.09円
	乙　地			10.18円	10.23円	0.05円
	その他			10.00円	10.00円	0.00円

出所：図表3-6に同じ。

数のうち介護福祉士が50％以上配置されている場合にはサービス提供体制強化加算Ⅰ（1人当たり1日12単位）が，看護・介護職員の総数のうち常勤職員が75％以上配置されている場合にはサービス提供体制強化加算Ⅱ（1人当たり1日6単位）が，サービスを提供する職員総数のうち勤続年数3年以上の者が30％以上配置されている場合にはサービス提供体制強化加算Ⅲ（1人当たり1日6単位）が講ぜられる。

　また，認知症専門ケア加算，退去時相談援助加算，看取り介護加算，夜間ケア加算，若年性認知症利用者受入加算，認知症行動・心理症状緊急対応加算などが新設された。

　認知症専門ケア加算は，重い認知症の者（認知症日常生活自立度Ⅲ以上の者）が入居者数に占める割合が半分以上であり，認知症介護実践リーダー研修修了者を認知症日常生活自立度Ⅲ以上の者が20人未満の場合1名以上配置し（20人以上の場合は10またはその端数を増すごとに1名以上を配置），職員間での認知症ケアに関する留意事項の伝達や技術的指導会議を定期的に実施した場合（認知症専門ケア加算Ⅰ，1日3単位）と，認知症専門ケア加算

Ⅰの要件を満たすとともに，認知症介護指導者研修修了者を1名以上配置し（認知症日常生活自立度Ⅲ以上の者が10人未満の場合は実践リーダー研修修了者と指導者研修修了者は同一人で可），介護・看護職員ごとの研修計画を作成し実施した場合（認知症専門ケア加算Ⅱ，1日4単位）に加算措置がとられるもので，専門的な認知症ケアを普及するための加算である[16]。

　また，グループホームを退去する利用者（利用期間が1ヵ月以上）が自宅や地域での生活を継続できるように，グループホームが利用者と家族に相談援助し，かつ利用者の同意を得て退去日から2週間以内に市町村や地域包括支援センターに利用者の介護状況を示す文書を添えて利用者の認知症ケアサービスに必要な情報を提供した場合に退去時相談援助加算（1回400単位，1回を限度）が，夜勤職員の手厚い配置を行った場合（夜間と深夜の勤務を行わせるために必要な数に1を加えた数以上の介護従事者を配置した場合）に夜間ケア加算（1日25単位）が，利用者の重度化や看取りにも対応できるようにした場合（医師が回復の見込みがないと判断し，利用者と家族の同意を得て利用者の介護計画が作成され，医師，看護師，介護職員が共同して，随時，本人と家族に説明を行い，同意を得て介護が行われている場合）には看取り介護加算（1日80単位，死亡日以前30日を上限）が，新規にそれぞれ創設された。

　さらに，若年性認知症利用者受入加算（宿泊による受け入れ1日120単位，通所による受け入れ1日60単位）が新設された。これは，グループホームだけではなく，施設系サービスや通所系サービス，短期入所系サービスにも適用されるもので，若年性認知症患者や家族に対する支援を進める観点から，本人や家族の希望を踏まえた介護サービスを提供したことへの評価を行うものである（ただし，次に述べる認知症行動・心理症状緊急対応加算を算定している場合は算定されない）。なお，この加算の新設にともない，通所介護と通所リハビリテーションにおける若年性認知症ケア加算は廃止された。また，在宅生活を支援する観点から，家族関係やケアが原因で認知症の行動・心理症状が出たことにより在宅での生活が難しくなった者をグループホームがショートステイとして緊急受け入れをした場合に評価を行うということで，認知症行動・心理症状緊急対応加算（1日200単位，入所日から7日を上限）

が行われる（算定要件は認知症日常生活自立度Ⅲ以上であって，認知症行動・心理症状が認められ，在宅生活が困難であると医師が判断した者）。

グループホームにおいても，地域単価の見直しが行われたが，他の介護サービス事業に比べて地域差を勘案する職員の人件費の割合が低く抑えられたため，特別区，特甲地，甲地では改定前に比べて改定後の単価が引下がった（**図表3－2，図表3－3**）。グループホームでは施設サービス事業に比べて参入が容易なこともあり，株式会社やNPO法人の参入が多く，グループホーム間のサービスの格差も大きい。今回の改定で地域単価が低く抑えられるとともに基礎報酬が引上がらなかったため，積極的に加算を受ける必要がある。とくにサービス提供体制強化加算Ⅰと夜間ケア加算が重要である。このような加算に積極的に対応するなかで，サービスの質の向上を図っていくことが望まれるのである。

(5) 特別養護老人ホーム

特別養護老人ホームでは，基礎報酬の引上げと多様な加算措置が講ぜられた（**図表3－10**）。とくに加算では，夜勤体制の充実や看護体制の強化，介護福祉士などの有資格者重視が打ち出されており，それらをとおしてサービスの質向上と介護従事者の待遇改善につなげていこうとする厚生労働省の姿勢がよく読み取れる。

基礎報酬は介護福祉施設サービス費とユニット型介護福祉施設サービス費に分けられ，そのなかが多床室と従来型個室，ユニット型準個室とユニット型個室にそれぞれ区分される。さらに，いずれにおいても，要介護度別に報酬が異なっている。今回の改定では，どのケースにおいても，12単位のアップとなった。

次に加算であるが，入所者のうち要介護4と要介護5の割合が65％以上または認知症日常生活自立度Ⅲ以上の者が60％以上で，かつ介護福祉士の配置が充実している場合（介護福祉士を入所者数が6またはその端数を増すごとに1以上配置している場合）に，1日22単位の日常生活継続支援加算（新設）が講ぜられることになった。また，夜勤職員配置加算が新設され，夜勤を行う介護職員・看護職員の数が最低基準を1人以上上回っていれば適用される。

図表3-10 介護福祉施設サービス費の改定前・後の比較表

				改定前	改定後	差異
基本単位	介護福祉施設サービス費	多床室	要介護1	639単位	651単位	12単位
			要介護2	710単位	722単位	12単位
			要介護3	780単位	792単位	12単位
			要介護4	851単位	863単位	12単位
			要介護5	921単位	933単位	12単位
		従来型個室	要介護1	577単位	589単位	12単位
			要介護2	648単位	660単位	12単位
			要介護3	718単位	730単位	12単位
			要介護4	789単位	801単位	12単位
			要介護5	859単位	871単位	12単位
	ユニット型介護福祉施設サービス費	ユニット型準個室	要介護1	657単位	669単位	12単位
			要介護2	728単位	740単位	12単位
			要介護3	798単位	810単位	12単位
			要介護4	869単位	881単位	12単位
			要介護5	929単位	941単位	12単位
		ユニット型個室	要介護1	657単位	669単位	12単位
			要介護2	728単位	740単位	12単位
			要介護3	798単位	810単位	12単位
			要介護4	869単位	881単位	12単位
			要介護5	929単位	941単位	12単位
加算	重度化対応加算			10単位		-10単位
	日常生活継続支援加算				22単位	22単位
	看護体制加算	入所定員31人以上50人以下	看護体制加算（Ⅰ）イ		6単位	6単位
			看護体制加算（Ⅱ）イ		13単位	13単位
		入所定員30人又は51人以上	看護体制加算（Ⅰ）ロ		4単位	4単位
			看護体制加算（Ⅱ）ロ		8単位	8単位
	夜勤職員配置加算	介護福祉施設サービス費を算定	夜勤職員配置加算（Ⅰ）イ		22単位	22単位
			夜勤職員配置加算（Ⅰ）ロ		13単位	13単位
		ユニット型介護福祉施設サービス費を算定	夜勤職員配置加算（Ⅱ）イ		27単位	27単位
			夜勤職員配置加算（Ⅱ）ロ		18単位	18単位
	若年性認知症入所者受入加算				120単位	120単位
	常勤医師配置加算			20単位	25単位	5単位
	外泊時費用			320単位	246単位	-74単位
	栄養管理体制加算	管理栄養士		12単位		-12単位
		栄養士		10単位		-10単位
	栄養マネジメント加算			12単位	14単位	2単位
	口腔機能維持管理加算				30単位	30単位
	看取り介護加算	看取り介護加算（Ⅰ）		160単位		-160単位
		看取り介護加算（Ⅱ）		80単位		-80単位
		死亡日以前4日以上30日以下			80単位	80単位
		死亡日の前日及び前々日			680単位	680単位
		死亡日			1,280単位	1,280単位
	認知症専門ケア加算	認知症専門ケア加算（Ⅰ）			3単位	3単位
		認知症専門ケア加算（Ⅱ）			4単位	4単位
	サービス提供体制強化加算	サービス提供体制強化加算（Ⅰ）			12単位	12単位
		サービス提供体制強化加算（Ⅱ）			6単位	6単位
		サービス提供体制強化加算（Ⅲ）			6単位	6単位
地域区分	特別区			10.48円	10.68円	0.20円
	特甲地			10.40円	10.45円	0.05円
	甲地			10.24円	10.27円	0.03円
	乙地			10.12円	10.23円	0.11円
	その他			10.00円	10.00円	0.00円

出所：図表3-6に同じ。

つまり，定員31－50人の施設は1日22単位，30人または51人以上の施設は1日13単位，地域密着型老人ホームは1日41単位[17]で，これに，ユニット型施設は1日5単位上乗せされる。

　さらに，常勤の看護師を配置しているなど看護体制の充実を図った場合に看護体制加算（新設）がとられた。つまり，常勤の看護師を1名以上配置していれば看護体制加算Ⅰ（定員31－50人の施設1日6単位，定員30人または51人以上の施設1日4単位，地域密着型老人ホーム1日12単位）が，看護職員を常勤換算方法で入所者数が25またはその端数を増すごとに1名以上配置するとともに，最低基準を1人以上上回って看護職員を配置し，かつ当該施設の看護職員が病院・診療所・訪問看護ステーションの看護職員との連携により，24時間の連絡体制を確保している場合には看護体制加算Ⅱ（定員31－50人の施設1日13単位，定員30人または51人以上の施設1日8単位，地域密着型老人ホーム1日23単位）を受けることができることになった。また，これまで常勤医師を配置した場合は1日20単位だったが，常勤医師配置加算の見直しがなされて25単位にアップした。

　さらに，看取り介護加算の見直しが行われた。これまでは重度化対応加算（1日10単位）を算定している施設で，医師が回復の見込みがないと判断した入所者で，入所者・家族の同意を得て介護にかかわる計画が作成されていて，医師，看護師，介護職員が共同で，本人と家族の同意を得て看取り看護を行った場合には，死亡前30日を限度として看取り介護加算が算定されていた（看取り介護加算Ⅰ，施設・居宅で死亡した場合1日160単位，看取り介護加算Ⅱ，施設・居宅以外で死亡した場合1日80単位）。今回の改定では，事業者からの，死亡直前まで施設で介護したにもかかわらず死亡した場所が施設や居宅外のために単位数が半減となることへの不満に対応し，重度化対応加算を廃止し，重度化対応加算のうち看取りに関する要件を統合するとともに，看取りの労力を適切に評価するため，看取りに向けた体制の評価と看取りの際のケアの評価を別個に行うこととなった（看取り介護加算，死亡日以前4－30日1日80単位，死亡日の前日・前々日1日680単位，死亡日1日1,280単位）。

　また，外泊時費用については単位数の削減での方向での見直しが行われた

(1日320単位が1日246単位に変更,算定日数にかかわる要件である1月に6日を限度とすることは変更しない)。これは,入所者の外泊について,1ヵ月に6日を限度として,所定単位数の代わりに1日320単位を算定できるシステムであったが,外泊期間中に利用者のために居室が確保されている場合は,外泊時費用(保険給付)に加え,居住費(保険外)を利用者から徴収できるため,実際にかかる施設のコストを勘案して報酬の引下げが行われたものである。ただし,外泊中の利用者からの居住費徴収は利用者の負担を大きくする。介護給付費の抑制効果をもたらすだろうが,利用者サービスの根本的な問題でもあり,再見直しが必要だろうと考える。

このほかにも,介護職員が入所者に対して計画的な口腔ケアができるように,歯科医師や歯科衛生士が介護職員に入所者の口腔ケアに関する技術的助言と指導を行う際の加算措置として口腔機能維持加算(30単位)が新設された。また,認知症専門ケア加算(認知症専門ケア加算Ⅰが3単位,認知症専門ケア加算Ⅱが4単位),若年性認知症入所者受入加算(宿泊による受け入れ1日120単位),サービス提供体制強化加算が新設された。認知症介護についての専門的な研修については,これまで介護報酬上特別な評価がなされてこなかったが,これを評価し,認知症日常生活自立度Ⅲの入所者1人1日当たり3単位もしくは4単位を加算することになったものである。また,これまでは,若年性認知症の受け入れについては,通所系サービスにおいて若年性認知症ケア加算(1日60単位)があったが利用者数は少なく,一方,施設や入居系サービスにおいては加算対象になっていなかったため,若年性認知症の受け入れは進んでいなかった。今回,加算を新設することによって,施設や入居系サービスでの若年性認知症の受け入れを促進しようとしたものである。サービス提供体制強化加算は介護従事者の専門性等のキャリアに注目した評価であるが,サービス提供体制強化加算Ⅰ(介護職員総数のうち介護福祉士が50％以上配置している場合,1日1人当たり12単位),サービス提供体制強化加算Ⅱ(看護・介護職員の総数のうち,常勤職員が75％以上配置されている場合,1日1人当たり6単位),サービス提供体制強化加算Ⅲ(サービスを提供する職員のうち3年以上の勤続年数のある者が30％以上配置されている場合,1日1人当たり6単位)の3つに分かれる。ただし,日常生

活継続支援加算を算定している場合は算定できない。

さらに，栄養マネジメント加算が1日12単位から1日14単位に引上げられたが，栄養管理体制加算（管理栄養士配置加算12単位，栄養士配置加算10単位）は廃止された。栄養管理体制加算は，2006年10月に食費の自己負担化が始まった際に基本食事サービス費が切り離され，これに代わって創設されたものだが（管理栄養士または栄養士が入所者の状態に応じて適切な食事を提供した場合に加算措置がとられる），100％近い算定があるため基礎報酬に包括して算定されることになったため廃止された。基礎報酬が12ポイント引上げになったことを先述したが，この12ポイント引上げ分は，ちょうど栄養管理体制加算分に等しいのである（栄養管理体制加算のうち管理栄養士配置加算が85％を占める）。また，地域区分ごとの報酬単価の見直しが行われた。

特別養護老人ホームでは，サービスの質向上をとおして介護従事者の待遇改善を目指した加算措置が多くみられる。このこと自体は賛成だが，大規模修繕を行って借金が多い施設も散見され，介護報酬引上げ分が職員にあまりまわらず借金返済にまわってしまうケースも多いと推測できる。また，地方の特別養護老人ホームでは，有資格者が少ないため加算をあまり受けられない施設も少なくない。有資格者（介護福祉士など）を募集しても応募者がないケースもある。このような地方の特別養護老人ホームでは，現在勤めている職員に介護福祉士などの資格をとってもらうことが重要で，そのための勉強や研修のための時間を，施設側が職員のために提供する工夫が必要である。

(6) 老人保健施設

老人保健施設の介護報酬を論ずる際には，まず，近年の厚生労働省による療養型病床群の再編成とそれにともなう介護療養型老人保健施設の創設について述べておかなければならない[18]。厚生労働省は療養型病床群の再編成の方針を打ち出し，2006年に健康保険法などの一部改正が行われた。具体的には，2011年度末までに介護保険適用の療養型病床群（13万床）は廃止し，医療保険適用の療養型病床群（25万床，回復期リハ病床2万床を含む）は15万床に縮小し，計23万床を老人保健施設やケアハウスなどに転換を図るとした。その後，リハビリ専門の病床の必要性や都道府県の療養病床転換推進計画（「地

図表3-11　介護療養型老人保健施設等の人員配置

療養病床				介護老人保健施設	
医療保険適用	介護保険適用				
(医師3名)	(医師3名)【通常型】	(医師2名)【経過型】（～H23）	(医師1+α名)【介護療養型】		(医師1名)【従来型】
看護 4:1 介護 4:1				※1	
看護 5:1 介護 5:1	看護 6:1 介護 4:1	看護 6:1 介護 4:1	看護 6:1 介護 4:1		
	看護 6:1 介護 5:1	看護 8:1 介護 4:1			
	看護 6:1 介護 6:1		看護 6:1 介護 4:1		看護・介護 3:1
	【ユニット型】	【経過型ユニット型】（～H23）	【療養病床から転換・ユニット型】		【ユニット型】
：新規に報酬を創設する類型	ユニット型の報酬※2	経過型ユニット型の報酬※2	転換型ユニット型の報酬※2		ユニット型の報酬

※1　今後，介護療養型老人保健施設の入所者の介護ニーズの実態を把握し，平成24年4月以降の対応を検討。
※2　ユニット型施設については，①日中はユニットごとに常時1人以上の介護職員または看護職員を配置すること，②ユニットごとに，常勤のユニットリーダーを配置すること，③2のユニットごとに夜勤を行う看護職員または介護職員の数が1以上，とされており，看護職員・介護職員については，概ね2:1の配置が評価されている。
出所：全国老人保健施設協会編『介護白書（平成20年版）』TAC出版，2008年10月より作成。

域ケア体制整備構想」）の策定により，22万床程度は必要な医療病床として残ることとなった。療養型病床群の転換では，最も有力な受け皿として期待されたのが老人保健施設で，このような転換を行った老人保健施設は，既存の老人保健施設と区別して介護療養型老人保健施設と呼ぶことになった。

　介護療養型老人保健施設は入所者の医療ニーズに適切に対応することと，夜間の日常的な医療措置や医師による医療的管理，看取りへの対応を行うことが必要とされ，そのために介護報酬上の評価を行うものとされ，2008年5月から介護療養型老人保健施設に関する新たな介護報酬と指定基準が実施に移されている。介護療養型老人保健施設と療養型病床群（医療保険型，介護保険型）の人員配置の比較表を**図表3-11**に示した。また，**図表3-12**で今

回の介護報酬改定前の既存の老人保健施設と介護療養型老人保健施設，既存の介護療養型医療施設（療養型病床群）の介護報酬の比較を示した。施設サービス費が介護療養型老人保健施設の方が既存の老人保健施設よりも高いが，既存の療養型病床群に比べて低いこと，介護療養型老人保健施設は既存の老人保健施設と個別の加算では同一の数値になっているが，介護療養型老人保健施設にのみ適用されるいくつかの加算（ターミナルケア加算，療養体制維持特例加算，リハビリテーション指導管理加算・薬剤管理指導加算・初期入所診療管理加算・精神科作業療法加算などの特定療養費加算）があることが把握できる。

　2009年の介護報酬の改定では，基礎報酬の引上げと多様な加算措置の新設がある一方，加算の廃止もいくつかみられた。また，介護療養型老人保健施設と既存の老人保健施設の間での加算での相異を少なくするとともに，基礎報酬（介護保健施設サービス費）で差を設けた（**図表3－13**）。

　まず，基礎報酬の引上げが行われた。介護保健施設サービス費Ⅰが適用される既存の老人保健施設においては，多床室，従来型個室，ユニット型準個室，ユニット型個室のいずれの場合でも，入所者の要介護度に関係なく32単位アップした。介護保健施設サービス費ⅡもしくはⅢが適用となる介護療養型老人保健施設については，最大197単位の増加となったが，ユニット型で入所者の要介護度が高いほど上昇した。

　次に加算だが，まず，夜勤職員配置加算（1日24単位）が新設された。これは，現在の夜間における職員の配置実態を踏まえ，夜間の介護サービスの質の向上と職員の負担軽減の観点から，基準を上回っている施設を評価するとともに，老人保健施設における実態を勘案して看取りの際のケアについて評価を行ったものである。入所者数が20またはその端数を増すごとに1以上の数の夜勤を行う介護職員・看護職員を配置していることが算定要件になる。また，介護療養型老人保健施設のターミナルケア加算は，これまで1日240単位だったが，これを改定し，死亡日以前15－30日は1日200単位，死亡日以前14日までは1日315単位とした（算定要件は，医師が回復見込みがないと判断した者で，入所者と家族の同意を得て入所者のターミナルケアにかかわる計画が作成されていて，かつ医師・看護師・介護職員が共同して随時説

図表3-12 既存の介護老人保健施設と介護療養型老人保健施設，既存の介護療養型医療施設の介護報酬の比較（2009年改定前の介護報酬）

		既存の老健施設		転換型老健施設（介護療養型老健施設）					既存介護療養型医療施設 看護6:1		
			（既存老健と介護療養型老健との差）(A)	※夜勤あり。41床以上	療養体制維持特別加算（27単位＋(A)）(B)	（既存療養と介護療養型老健との差）		（既存療養と介護療養型老健との差）	介護4:1	介護5:1	介護6:1
						既存療養4:1との比較	療養体制維持特別加算を含む比較 (C)	既存療養5:1との比較	既存療養6:1との比較			
従来型個室	要介護1	702	1	703	28	32	59	92	122	671	611	581
	要介護2	751	35	786	62	5	32	66	94	781	720	692
	要介護3	804	56	860	83	-159	-132	-20	17	1,019	880	843
	要介護4	858	56	914	83	-206	-179	-122	-86	1,120	1,036	1,000
	要介護5	911	56	967	83	-244	-217	-111	-74	1,211	1,078	1,041
多床室	要介護1	781	1	782	28	0	27	60	90	782	722	692
	要介護2	830	35	865	62	-27	0	34	-62	892	831	803
	要介護3	883	56	939	83	-191	-164	-52	-15	1,130	991	954
	要介護4	937	56	993	83	-238	-211	-154	-118	1,231	1,147	1,111
	要介護5	990	56	1,046	83	-276	-249	-143	-106	1,322	1,189	1,152

既存の老健施設		転換型老健施設		既存介護療養型医療施設	
身体拘束廃止未実施減算	-5	身体拘束廃止未実施減算	-5	身体拘束廃止未実施減算	-5
外泊時費用	444	外泊時費用	444	外泊時費用	444
試行的退所サービス費	800	試行的退所サービス費	800	他科受診時費用	444
初期加算	30	初期加算	30	初期加算	30
退所時指導等加算：退所前後訪問指導加算	460	退所時指導等加算：退所前後訪問指導加算	460	退所時指導等加算：退所前後訪問指導加算	460
退所時指導等加算：退所時指導加算	400	退所時指導等加算：退所時指導加算	400	退所時指導等加算：退所時指導加算	400
退所時指導等加算：退所時情報提供加算	500	退所時指導等加算：退所時情報提供加算	500	退所時指導等加算：退所時情報提供加算	500
退所時指導等加算：退所前連携加算	500	退所時指導等加算：退所前連携加算	500	退所時指導等加算：退所前連携加算	300
退所時指導等加算：老人訪問看護指示加算	300	退所時指導等加算：老人訪問看護指示加算	300	退所時指導等加算：老人訪問看護指示加算	300
栄養管理体制加算：管理栄養士配置加算	12	栄養管理体制加算：管理栄養士配置加算	12	栄養管理体制加算：管理栄養士配置加算	12
栄養管理体制加算：栄養士配置加算	10	栄養管理体制加算：栄養士配置加算	10	栄養管理体制加算：栄養士配置加算	10
栄養マネジメント加算	12	栄養マネジメント加算	12	栄養マネジメント加算	12
経口移行加算	28	経口移行加算	28	経口移行加算	28
経口維持加算：経口維持加算（I）	28	経口維持加算：経口維持加算（I）	28	経口維持加算：経口維持加算（I）	28
経口維持加算：経口維持加算（II）	5	経口維持加算：経口維持加算（II）	5	経口維持加算：経口維持加算（II）	5
療養食加算	23	療養食加算	23	療養食加算	23
在宅復帰支援機能加算	10	在宅復帰支援機能加算	10	在宅復帰支援機能加算	10

既存の老健施設			転換型老健施設（介護療養型老健施設）			既存介護療養型医療施設	
緊急時施設療養費	緊急時治療管理	500	緊急時施設療養費	緊急時治療管理	500	特定診療費	
	特定治療			特定治療			
リハビリテーションマネジメント加算		25	リハビリテーションマネジメント加算		25		
短期集中リハビリテーション実施加算		60	短期集中リハビリテーション実施加算		60		
認知症短期集中リハビリテーション実施加算		60	認知症短期集中リハビリテーション実施加算		60		
認知症ケア		76	認知症ケア		76		
			ターミナルケア加算		240	療養環境減算	-25
			療養体制維持特別加算		27	医師配置	-12
			特別療養費	感染症対策指導管理	5	夜間勤務等看護職（Ⅰ）	23
				褥瘡対策指導管理	5	夜間勤務等看護職（Ⅱ）	14
				初期入所診療管理	250	夜間勤務等看護職（Ⅲ）	7
				重度療養管理	120		
				特定施設管理	250		
				重傷皮膚潰瘍管理指導	18		
				薬剤管理指導	350		
				医学情報提供	250		
				リハビリテーション指導管理加算	10		
				言語聴覚療法	180		
				摂食機能療法	185		
				精神科作業療法	220		
				認知症入所精神療法	330		

出所：図表3-11に同じ。

明を行い，入所者と家族の同意のもとでターミナルケアが行われている場合）。また，今回の改定で，これまではターミナルケア加算の対象となっていなかった既存の老人保健施設にも，同様の内容で適用されることになった。

さらに，在宅復帰支援機能加算（在宅復帰率が50％以上が算定要件）が見直され，これまで1日10単位だったものを，在宅への退所者の割合に応じた段階的な仕組みに変更され，在宅復帰支援機能加算Ⅰ（在宅復帰率が50％以

図表3-13 介護保健施設サービス費の改定前・後の比較表

				改定前	改定後	差異	備考
基本単位	介護保健施設サービス費(Ⅰ)	多床室	要介護1	781単位	813単位	32単位	
			要介護2	830単位	862単位	32単位	
			要介護3	883単位	915単位	32単位	
			要介護4	937単位	969単位	32単位	
			要介護5	990単位	1,022単位	32単位	
		従来型個室	要介護1	702単位	734単位	32単位	
			要介護2	751単位	783単位	32単位	
			要介護3	804単位	836単位	32単位	
			要介護4	858単位	890単位	32単位	
			要介護5	911単位	943単位	32単位	
		ユニット型準個室	要介護1	784単位	816単位	32単位	
			要介護2	833単位	865単位	32単位	
			要介護3	886単位	918単位	32単位	
			要介護4	940単位	972単位	32単位	
			要介護5	993単位	1,025単位	32単位	
		ユニット型個室	要介護1	784単位	816単位	32単位	
			要介護2	833単位	865単位	32単位	
			要介護3	886単位	918単位	32単位	
			要介護4	940単位	972単位	32単位	
			要介護5	993単位	1,025単位	32単位	
	介護保健施設サービス費(Ⅱ)(療養型)	多床室	要介護1	782単位	814単位	32単位	
			要介護2	865単位	897単位	32単位	
			要介護3	939単位	1,012単位	73単位	
			要介護4	993単位	1,088単位	95単位	
			要介護5	1,046単位	1,164単位	118単位	
		従来型個室	要介護1	703単位	735単位	32単位	
			要介護2	786単位	818単位	32単位	
			要介護3	860単位	933単位	73単位	
			要介護4	914単位	1,009単位	95単位	
			要介護5	967単位	1,085単位	118単位	
		ユニット型準個室	要介護1	785単位	896単位	111単位	
			要介護2	868単位	979単位	111単位	
			要介護3	942単位	1,094単位	152単位	
			要介護4	996単位	1,170単位	174単位	
			要介護5	1,049単位	1,246単位	197単位	
		ユニット型個室	要介護1	785単位	896単位	111単位	
			要介護2	868単位	979単位	111単位	
			要介護3	942単位	1,094単位	152単位	
			要介護4	996単位	1,170単位	174単位	
			要介護5	1,049単位	1,246単位	197単位	
	介護保健施設サービス費(Ⅲ)(療養型)	多床室	要介護1	782単位	814単位	32単位	
			要介護2	859単位	891単位	32単位	
			要介護3	912単位	985単位	73単位	
			要介護4	966単位	1,061単位	95単位	
			要介護5	1,019単位	1,137単位	118単位	
		従来型個室	要介護1	703単位	735単位	32単位	
			要介護2	780単位	812単位	32単位	
			要介護3	833単位	906単位	73単位	
			要介護4	887単位	982単位	95単位	
			要介護5	940単位	1,058単位	118単位	

				改定前	改定後	差異	備考
基本単位	介護保健施設サービス費(Ⅲ)（療養型）	ユニット型準個室	要介護1	785単位	896単位	111単位	
			要介護2	862単位	973単位	111単位	
			要介護3	915単位	1,067単位	152単位	
			要介護4	969単位	1,143単位	174単位	
			要介護5	1,022単位	1,219単位	197単位	
		ユニット型個室	要介護1	785単位	896単位	111単位	
			要介護2	862単位	973単位	111単位	
			要介護3	915単位	1,067単位	152単位	
			要介護4	969単位	1,143単位	174単位	
			要介護5	1,022単位	1,219単位	197単位	
加算	夜勤職員配置加算				24単位	24単位	
	リハビリテーションマネジメント加算			25単位		-25単位	
	短期集中リハビリテーション実施加算			60単位	240単位	180単位	
	認知症短期集中リハビリテーション実施加算			60単位	240単位	180単位	
	若年性認知症入所者受入加算				120単位	120単位	
	外泊時費用			444単位	352単位	-82単位	
	試行的退所サービス加算			800単位		-800単位	
	ターミナルケア加算	死亡日以前30日を上限		240単位		-240単位	療養型老人保健施設のみ算定
		死亡日以前15日以上30日以下			200単位	200単位	
		死亡日以前14日まで			315単位	315単位	
	栄養管理体制加算	管理栄養士		12単位		-12単位	
		栄養士		10単位		-10単位	
	栄養マネジメント加算			12単位	14単位	2単位	
	口腔機能維持管理加算				30単位	30単位	
	在宅復帰支援機能加算	在宅復帰支援機能加算		10単位		-10単位	
		在宅復帰支援機能加算(Ⅰ)			15単位	15単位	
		在宅復帰支援機能加算(Ⅱ)			5単位	5単位	
	認知症専門ケア加算	認知症専門ケア加算(Ⅰ)			3単位	3単位	
		認知症専門ケア加算(Ⅱ)			4単位	4単位	
	認知症情報提供加算				350単位	350単位	
	サービス提供体制強化加算	サービス提供体制強化加算(Ⅰ)			12単位	12単位	
		サービス提供体制強化加算(Ⅱ)			6単位	6単位	
		サービス提供体制強化加算(Ⅲ)			6単位	6単位	
地域区分	特別区			10.48円	10.68円	0.20円	
	特甲地			10.40円	10.45円	0.05円	
	甲地			10.24円	10.27円	0.03円	
	乙地			10.12円	10.23円	0.11円	
	その他			10.00円	10.00円	0.00円	

出所：図表3-6に同じ。

上）は1日15単位，在宅復帰支援機能加算Ⅱ（在宅復帰率が30％以上）は1日5単位となった。また，入所まもない期間に集中的に行うリハビリテーションを推進する観点から，短期集中リハビリテーション実施加算が大幅に改定され，1日60単位から1日240単位になった。これにともない，リハビリテーションマネジメント加算については，本体報酬に包括化されることになったため廃止された。さらに，外泊時費用の見直しが行われた。これは，利

用者が外泊期間中に居室が当該利用者のために確保されている場合は，引き続き居住費を徴収できることや，必要なコスト実態を踏まえて1日444単位から1日362単位に引下げられたものである。外泊期間中の利用者からの居住費徴収については問題が多いことを，特別養護老人ホームのところですでに述べた。

このほかに，認知症短期集中リハビリテーション実施加算が見直され，加算の対象者を中重度まで拡大するとともに，これまで1日60単位だった単位数を1日240単位にアップさせた。また，若年性認知症受入加算（1日120単位）の新設，試行的退所サービス加算の廃止と退所時指導加算の算定要件見直し，栄養管理体制加算の廃止，栄養マネジメント加算の報酬引上げ（1日12単位から1日14単位に改定）と算定要件の見直し，口腔機能維持管理加算の新設（月30単位），認知症専門ケア加算の新設（認知症専門ケア加算Ⅰが1日3単位，認知症専門ケア加算Ⅱが1日4単位），認知症情報提供加算の新設（認知症確定診断の促進，1回350単位），サービス提供体制強化加算の新設（1日1人当たり12単位もしくは6単位）が行われた。さらに，老人保健施設の人員配置基準上，言語聴覚士が理学療法士と作業療法士と同等に位置づけられることになった。これは，老人保健施設において言語聴覚士が増えてきていることに対応するものであるが，人員不足により70％減算になる職種が1つ増えたことになる。

さらに，特別養護老人ホームと同様に地域区分ごとの報酬単価の見直しが行われた。

4 今回の介護報酬引上げの利用者への影響

(1) 介護報酬引上げと保険料，利用者負担

今回の介護報酬改定の利用者に及ぼす影響を考察してみよう。日本の介護制度は社会保険方式で行われているため，介護報酬を引上げれば利用者負担や保険料に必然的に跳ね返ることになる。これまでは介護報酬が引下げられてきたため，介護報酬との関連においては利用者負担や保険料についての問

題がほとんど生じなかったが，今回は引上げ改定である。そうなれば当然，保険料の引上げ，利用者負担の増大，もしくは利用者が負担の増大を嫌うことによる利用の抑制につながることになるのである。

　そこで，政府は緊急特別対策を実施し，2009年度は報酬改定による介護保険料上昇分の全額が，2010年度は半分が軽減される仕組みを作った。つまり，65歳以上の者の保険料については，介護従事者処遇臨時特例交付金を各市町村に交付し，各市町村は交付された介護従事者処遇臨時特例交付金を基金として積み立て（特例基金条例に基づく），保険料軽減に充当するのである。また，40－64歳の者の保険料については，財政の厳しい組合などに限定して交付金を交付して軽減することになったのである。このための所要額は約1,200億円である。

　しかし，利用者負担については対策がとられなかった。介護報酬の引上げにあわせて要介護度別の支給限度額の引上げが行われないので，これまで支給限度額いっぱい使ってきた利用者は，介護報酬改定により支給限度額を上回ることになるため，上回った分が全額自己負担となって大幅に利用者負担が増大することになる。利用者が負担の増大を避けるにはサービスを減らすしかないのである。また，限度額いっぱい使っていない利用者においても，もちろん負担は上昇する。たとえば，東京都23区内に居住する高齢者が，身体介護（30分未満）の訪問介護サービスを月に30回，生活援助（30分以上1時間未満）の訪問介護サービスを月15回利用すれば，改定前は10,773円（231×1.072×30＋208×1.072×15）の自己負担だったが，改定後は12,215円（254×1.105×30＋229×1.105×15）と11％増加する。さらに，2009年4月からの要介護認定の見直しで要介護度が下がった利用者も多いので，介護報酬の引上げが利用者に与える影響は，かなり大きかったといえるだろう。このような利用者負担の現状を踏まえて，たとえ加算の要件を満たしていても加算の取得を躊躇している事業所もあるのである。

(2) 今回の改定の評価と抜本的解決策の展望

　政府は，介護従事者の待遇改善を目的として，介護報酬を引上げた。基礎報酬ではなく加算措置を重視したのは，資格取得者や勤続年数の長い者が多

い事業所や,看護体制が充実している事業所を重視するなど,サービスの質を重視したからである。この方向性は間違ってはいないだろう。今後の介護従事者の待遇改善は,基本的には,サービスの質の向上との関連で実現していくしかないからである。問題は,今回の報酬アップ分がどの程度介護従事者に回るかが不透明なことである。これまで介護報酬の引下げが続いたのだから,増えた介護報酬をこれまでの赤字分の穴埋めに使いたいと考える事業所が多数出る可能性があるのである。

このようななか,介護報酬アップを今回の改定のような小幅ではなく大幅にするべきだったとの意見もある。なるほど,そうすれば介護従事者の待遇改善にプラスに働くかもしれないが,すでにみたように,利用者負担や保険料に必ず跳ね返るのが社会保険方式である。そこで,介護保険のシステム上,報酬アップは小幅にとどめざるを得なかったのである。その意味では,社会保険方式の限界が露呈されたとみることができよう。

5 介護職員処遇改善交付金事業について

(1) 介護職員処遇改善交付金事業について

すでに述べたように,介護従事者80万人(常勤換算)の給与を月額2万円増やすことを意図して,介護報酬の初めてのプラス改定(3%)が行われ,2009年4月から実施に移された。しかし,課題もあった。つまり,介護報酬は事業者に入るため,報酬引上げ分が介護従事者に回らないケースが出てくることである。これまでの2回のマイナス改定で事業所経営が厳しくなったため,引上げ分が運転資金や赤字分を埋めることに使われる可能性が高いのである。また,今回の改定では基礎報酬の引上げはあまり行われず,加算措置の新設や充実が図られた。勤続年数が長い職員や介護福祉士などの有資格者が多い事業所,夜間に手厚い職員配置を行っている事業所などが評価されたのである。これらの加算の多くはサービスの質向上につながるだろうが,中小事業所や地方の事業所を中心に加算をあまり受けられない事業所もあり,これらの事業所の介護職員の待遇改善は容易ではない。実際,加算をかなり

受けられる事業所でも月数千円の賃金アップにとどめているところが少なくないのである。

　このようななかで，政府は2009年度補正予算で，新たに介護職員（常勤換算）1人当たり月額平均15,000円の賃金引上げを目指した介護職員処遇改善交付金事業を打ち出した。介護報酬の引上げでは介護従事者ということで，介護に携わるすべての職員（介護職員，看護職員，理学療法士・作業療法士等）が対象だったが，介護職員処遇改善交付金事業は介護職員のみを対象としているところに特徴がある。したがって，介護職員以外は介護職員処遇改善交付金による待遇改善を行うことはできないが，後述するように，確実に賃金引上げを行う事業所にのみ交付されるので，介護職員については介護報酬の引上げよりも賃金の引上げに確実に寄与するものになると思われる[19]。

（2）介護職員処遇改善交付金事業の執行の仕組み

　介護職員処遇改善交付金事業は，賃金の確実な引上げなど介護職員の処遇改善に取り組む事業者に助成を行うもので，予算額は約4,000億円（国費10分の10）で2009年10月サービス分からの実施とし，2.5年分を予算計上した。一定の要件を満たした事業者が都道府県から交付を受けるが，実際に交付金の支払を行うのは都道府県から委託された国保連合会である。交付金の支払開始は2009年12月からで，交付金執行の仕組みは次のとおりである。

①準備

　まず，事業開始前の準備として，都道府県は国から交付を受けた介護職員処遇改善交付金をもって基金を設置し，あわせてこのための条例（介護職員処遇改善等臨時特例基金条例，2012年3月31日失効）を整備しなければならない。また，事業者を審査するのは都道府県のため，都道府県は対象となる全事業所を把握する必要があり，市町村の指定を受けた地域密着型サービス事業者について市町村から情報提供を受ける。さらに，2009年10月から事業者が提供したサービスが助成のための算定対象となるため，基本的に都道府県は8月に事業者からの申請受付を始め，9月には交付する事業所を認定する。そこで，申請事務を円滑に進めるために7月中に事業者説明会を行い，

事業者に申請手続や承認要件，交付額などについての事前の周知を徹底する。

②事業者からの申請と処遇改善計画書，都道府県による事業者審査と承認

　事業者は申請書と処遇改善計画書を都道府県に提出して交付申請を行う。申請は事業所単位で受け付けるが，事業所単位の受付が実態にそぐわない場合は，事業者単位（法人単位）での申請も可能である。

　処遇改善計画書では，事業所は賃金改善について具体的に記載しなければならない。つまり，交付金の1ヵ月当たり交付見込額，介護職員1人当たりの賃金改善見込額（月額），改善しようとする給与項目（たとえば基本給の増額，各種手当の増額，賞与または一時金の新設など）と改善対象期間，前年度の介護職員の常勤換算の総数，前年度の介護職員に支払った賃金などの総額を記載しなければならない（賃金改善額には，基本給や各種手当，賞与などのほかに定期昇給の実施，健康保険料や介護保険料，厚生年金保険料などの法定福利費における，交付金による賃金上昇分に応じた事業主負担増加分や，法人事業税における，交付金による賃金上昇分に応じた外形標準課税の付加価値額増加分を含む）。なお，実際の賃金改善額は実績報告の段階（事業者は実績報告書を提出）で確認するものとされているので，事業者は計画の策定時点に見込額の積算内訳を求められないが，実現可能性のある金額設定が必要である。

　また，処遇改善計画書には労働保険に加入していることが確認できる書類と就業規則を添付しなければならない（就業規則を改正した場合は，その都度，改正後のものを都道府県に提出）。申請は通年で受け付け，承認についてはその決定がなされた年度の末日まで有効とするが，承認を得られなかった事業所については再申請が認められる。

　事業者を審査するのは都道府県である。処遇改善計画書で各事業所における介護職員1人当たりの交付金の交付見込額を上回る賃金改善を行うことが示されるとともに，事業者が処遇改善計画を職員に周知のうえ提出した場合に，都道府県は当該事業者を交付金の対象事業者として承認する[20]。ただし，2010年度以降はキャリア・パス要件（ポストに応じた給与水準など）を加えることとし，この要件を満たさない事業所は交付額が減額される。

③国保連合会へのデータ送付と国保連合会への資金移動

　都道府県は，承認した事業者の経営する事業所（交付対象事業所）を国保連合会に通知する。一方，国保連合会は交付対象事業所について，事業所異動連絡票情報の受付・登録や，通常の介護報酬の請求時における介護職員処遇改善交付金事業の交付金額の算定を毎月行うとともに，都道府県に対して全交付対象事業所への交付金の支払額の請求を行う。

　都道府県は，国保連合会からの全交付対象事業所への支払額の通知（伝達）を受け，当該額を基金から支出して国保連合会に支払う。これを受けて国保連合会は，2009年12月から，各事業所に介護職員処遇改善交付金の支払いを開始する。つまり，10月のサービス提供分から対象になるため，まず，12月末日に10月サービス提供分の介護報酬総額（利用者負担分を含む）に交付率を乗じた金額が支払われることになるのである。

(3) 介護職員処遇改善交付金の都道府県への配分方法，事業者への交付と交付率

　各都道府県への介護職員処遇改善交付金の配分額は，4,000億円に各都道府県の第4期における交付金所要見込額を乗じた額を，全国の第4期における交付金所要見込額で除した額である。交付金所要見込額は，各都道府県が第4期の介護報酬総額に当該交付金の交付率を乗じて算出するが，実際の交付額はこのように算出された額と事業に要する費用のいずれか低い方の額になる。2009年6月までに各都道府県の交付金所要見込額を調査し，7～9月に交付額の配分を決定し，そのうち7割を内示する。そして，2010年1～3月には，各都道府県の10月以降の執行状況を踏まえた交付金所要見込額を調査するとともに，残りの額（全体の3割）を内示し，交付を決定する。

　重要なのは交付率である。実際に事業者にわたる助成額は介護報酬総額にサービスごとに定める交付率を乗じた金額となるからである（介護報酬総額には利用者負担を含み，補足給付を含まない）。当該サービスの交付率は，常勤換算での当該サービスの介護職員数（全国計）に15,000（円）と12（ヵ月）を乗じた額を当該サービスの総費用額（全国計）で除した額となる。交付率は，当初，サービスごとの介護職員の人件費比率に応じたものとする予定だ

図表3-14　サービスごとの交付率

サービス名		交付率
・（介護予防）訪問介護	・夜間対応型訪問介護	4.0%
・（介護予防）訪問入浴介護		1.8%
・（介護予防）通所介護		1.9%
・（介護予防）通所リハビリテーション		1.7%
・（介護予防）特定施設入居者生活介護	・地域密着型特定施設入居者生活介護	3.0%
・（介護予防）認知症対応型通所介護		2.9%
・（介護予防）小規模多機能型居宅介護		4.2%
・（介護予防）認知症対応型共同生活介護		3.9%
・介護福祉施設サービス ・（介護予防）短期入所生活介護	・地域密着型介護老人福祉施設	2.5%
・介護保健施設サービス	・（介護予防）短期入所療養介護（老健）	1.5%
・介護療養施設サービス	・（介護予防）短期入所療養介護（病院等）	1.1%
【助成対象外】 ・（介護予防）訪問看護 ・居宅介護支援 ・（介護予防）福祉用具貸与	・（介護予防）訪問リハビリテーション ・介護予防支援 ・（介護予防）居宅療養管理指導	0%

※当該サービスの交付率 ＝ $\dfrac{\text{当該サービスの介護職員数（常勤換算）（全国計）} \times 15{,}000\text{円} \times 12\text{ヵ月}}{\text{当該サービスの総費用額（全国計）}}$

出所：厚生労働省資料。

ったが，これでは給与水準が高くなるほど交付額が多くなるため，介護職員の賃金水準の底上げを図る趣旨が徹底されない。そこで，サービス間で1人当たり交付額の相異が生じないように，給与水準にかかわらずサービスごとに1人当たり15,000円となるように，サービスごとの介護職員数を反映した方式に変更されたのである（**図表3-14**）。

　主なサービスの交付率は，訪問介護4.0％，通所介護1.9％，通所リハビリテーション（デイケア）1.7％，認知症対応型共同生活介護（グループホーム）3.9％，特別養護老人ホーム2.5％，老人保健施設1.5％である。介護職員のみが助成の対象で，看護師，ケアマネジャーなどは助成対象にならないため，居宅介護支援，訪問看護，訪問リハビリテーション，福祉用具貸与などのサービスには，交付金は適用されない。

　なお，注意すべきは，すべての事業者に介護職員1人当たり月額15,000円の助成が行われるわけではないことである。たとえば，実際の賃金改善額が計画における見込額を下回る場合も想定される。この場合，事業者は，交付金の受給総額から当該賃金改善にかかった費用の差額を年度ごとに都道府県に返還しなければならない[21]。また，事業者は全職員一律に交付金を分配す

る必要はない。賃金改善見込額は処遇改善計画書の作成単位全体の平均でみているため，事業者は全介護職員同額の賃金引上げを行わなくてもよいのである。また，労働基準法，労働安全衛生法，最低賃金法などの違反で罰金刑以上の刑に処せられた事業所に，都道府県は助成金の支給停止と支給済みの助成金の返還を行うことができるとされている。

6 むすびにかえて

　介護職員処遇改善交付金事業は介護報酬の引上げによる処遇改善方法とは異なり，全額が国の予算のため，利用者負担や保険料の引上げに直結しないし，介護報酬の引上げほどには事業所間の制度の恩恵を受ける度合に差はない。ただし，すべての事業者に介護職員1人当たり月額15,000円が支払われるわけではないこと，事業者は全職員に一律に交付金を分配する必要がないことに注意しなければならない。

　また，交付金事業は介護分野での緊急経済対策である。このため，限定的な期間（2009年10月から2012年3月まで）における対策であって恒久措置ではない。そこで，2012年4月以降の扱いがどうなるかが注目される。

　2012年4月から介護保険の第5期が始まる。そこで，交付金事業での介護職員の処遇改善は，第5期の介護報酬を引上げて引き継ぐことも一方法として考えられる[22]。しかし，この方法は保険料や利用者負担に確実に跳ね返る。第1章でみてきたように，第4期の1号保険料基準額（月額）の全国平均は4,160円であり，1,628の保険者（市町村，広域連合）のうち5,000円を超過した保険者は60にのぼっている（図表1－4，1位は青森県十和田市5,770円，2位は長崎県江迎町5,750円）。また，青森県のように1号保険料基準額（月額）の県内平均が5,000円（正確には4,999円）に到達した県もある（図表1－4）。さらに，1号保険料基準額（月額）の県平均が4,000円台の都府県が都道府県全体の実に4分の3を占めている。現在の高齢者の年金水準を考えれば，65歳以上の保険料が月額5,000円を超過すれば，一部の富裕な高齢者を除いた大部分の高齢者には厳しいといえるだろう。

　また，今回（第4期）の介護報酬改定でも指摘されたことだが，利用者負

担への跳ね返りは高齢者の負担増と受けるサービス量の減少につながる。そのようななか，2011年度に基金が終了した途端に介護職員の待遇が引下がることがあってはならない。その意味で介護職員処遇改善交付金事業をどう引き継ぐかは重要な課題である。

　介護保険については，さまざまな面で制度のゆがみが目立ってきた。介護従事者の処遇改善策を通じて，改めて保険方式の限界がみえてきたといえるのではないか。このように問題のある介護保険制度について，たとえば，20歳からの保険料徴収などのパッチワーク的な見直しを行っても，あまり意義をもたない。さらに，今後は次の点も考慮に入れる必要がある。つまり，今後いっそう高齢化が進展する。年金，医療，介護の給付費は増加し，国民負担率は上昇せざるを得ない。その際に社会保険料雇用主負担の上昇についても目を向けていかなければならない。現在，赤字や黒字がわずかしか出ない中小零細企業が少なくないなかで，これら企業にとって社会保険料の雇用主負担は今後ますます重くなることは間違いない。そして，それは労働コストが増えることによる雇用の抑制と正規社員の非正規社員への置き換えにつながる懸念がある。したがって，年金を保険方式として基本的に維持する一方で，高齢者医療や介護のようなlong-term insuranceは税方式に切り換えることが，この面でも模索されなければならないのである。筆者がかねてから主張している「保険料をやめて税に転換させる」介護の抜本的解決策[23]が，今日さまざまな面で，とくに地方分権推進との連関のなかで必要になってきているといえるのであろう。

注

1）財団法人介護労働安定センター『平成19年度介護労働実態調査』2007年。なお，介護従事者の賃金・労働条件については，本書の第1章も参照のこと。
2）同上。
3）横山純一「第2章　介護保険法の全面改定を―地方分権をめざした税方式へ―」神野直彦・金子勝編『「福祉政府」への提言』岩波書店，1999年12月，67-68頁。
4）介護保険研究会編『平成21年介護報酬改定のポイント』中央法規，2009年6月，181頁。
5）社団法人全国老人保健施設協会編『介護白書（平成20年版）』TAC出版，2008年10月，59-61頁。

6）常勤換算従事者数とは，常勤者（当該施設・事業所において定められている勤務時間数のすべてを勤務している者）の兼務および非常勤者について，その職務に従事した1週間の勤務時間を当該施設・事業所の通常の常勤者の1週間の勤務時間で除し，小数点以下第1位でもとめた数（小数点第2位以下は切り捨て）と常勤者の専従職員数の合計をいう。つまり，常勤職員の週の労働時間が40時間の場合，たとえば非常勤職員5名の週の合計勤務時間数が110時間であれば110÷40＝2.75人となって，非常勤職員5名の常勤換算は2.7人になる。常勤換算については，注5），91頁を参照。
7）横山純一「第3章 高齢者福祉を担う人材は確保できるのか」『高齢者福祉と地方自治体』同文舘出版，2003年4月，92-95頁。
8）介護報酬については，厚生労働省老健局出所の資料のほかに，注4）と注5）ならびに祐川尚素・安永亭紀編『2009年介護報酬改定ポイント解説と経営シミュレーション』日本医療企画，2009年3月を参照。
9）注4），23-24頁を参照。
10）注8）に掲げたすべての文献を参照。
11）ヘルスケア総合政策研究所編『ホームヘルパーの悲鳴』日本医療企画，2005年5月，123-127頁。
12）注4），31頁を参照。
13）注1）を参照。
14）注11），7頁を参照。
15）横山純一「第5章 介護保険制度の大幅見直しと介護財源問題」『現代地方自治の焦点』同文舘出版，2006年2月，126-128頁。
16）認知症専門ケア加算が，特別養護老人ホーム，老人保健施設，療養型病床群においても，2009年の介護報酬改定で同じ算定要件と単位数で新設された。
17）2006年度実施の改正介護保険法で地域密着型サービスが創設された。地域密着型の特別養護老人ホームは，老人福祉法に規定する特別養護老人ホーム（入所定員が29人以下）で，かつ介護保険法による市町村長の指定を受けた施設で，入所者に地域密着型サービス計画に基づいてケアを行うことを目的とする施設である。注15），129頁を参照。
18）注5），25-29頁を参照。なお，2011年の介護保険法の改正により，現存する介護保険適用の療養型病床群（介護療養病床，2010年6月現在8.6万床）の転換期限は2011年度末から6年間延長されて2018年3月となった。この点については第1章を参照のこと。
19）なお，介護職員以外は交付金による処遇改善はできない。一方，介護職員である派遣労働者や外部サービス利用型施設における委託サービスの介護職員は交付金の対象となる。そこで，事業者は派遣元と相談のうえ交付金を派遣料金の値上げ分に充当したり，委託費の上乗せに充当することが可能である。また，介護職員が不足しているため看護職員の余剰分を，人員基準の介護職員としている場合も交付金の

対象となる。以上は，厚生労働省「介護職員処遇改善交付金Q&A」ならびに，北海道医療新聞社「介護新聞」2009年7月16日号（毎週木曜日発行）を参照。
20）やや詳しく述べれば，賃金改善額は「比較対象年度である2008年度に適用されていた賃金算定ルールを当該年度に勤務している介護職員に適用した場合の賃金総額」と「当該年度に受給した交付金の総額」の合計額を，「実際に当該年度に支給した賃金総額」が上回っていればよい。その際に，たとえば，手当を新設した場合や昇給額が計算できる場合など，賃金改善の方法によって明確に賃金改善額が区分できる場合は，当該改善額の総額が，交付金の総額を上回っていればよい。したがって，雇用する職員数や個別の職員の入れ替わりがあったとしても，以上のような賃金改善額の考え方で行われるので，職員構成の変化が生じても問題はおきないことになる。以上は注19）の「介護職員処遇改善交付金Q&A」ならびに「介護新聞」2009年7月16日号を参照。
21）注19），「介護新聞」2009年7月16日号を参照。
22）介護職員処遇改善交付金事業は2012年3月までで打ち切られ，交付金の部分は第5期の介護報酬の引上げで対応することとなった。詳しくは本書第1章を参照。
23）注3），78-91頁を参照。

第4章 後期高齢者医療制度の創設と課題
――必要な公費負担と消費税をめぐる状況

1 ほころびが見え始めた年金，医療，介護などの社会保障制度

　少子・高齢社会や雇用の流動化が進むなかで，年金，医療，介護の各保険制度のほころびが見え始めている。社会保険庁の前代未聞の年金事務不祥事に国民の怒りが爆発した。また，年金制度の持続や将来の年金額が保障されるのかについての不安が広範囲な世代で高まっている。さらに，雇用の流動化による派遣労働者やフリーターの増加などとも関係しながら，国民年金の納付率は20歳代を中心にきわめて低くなっている[1]。

　医療では，近年，高齢者の医療費が大幅に増加し，2002年度の国民医療費は31.0兆円で老人医療費（原則70歳以上の高齢者の医療費）は11.7兆円（国民医療費に占める割合は37.9％），2003年度の国民医療費は31.5兆円で老人医療費（制度改正により原則71歳以上の高齢者の医療費）は11.7兆円（国民医療費に占める割合は36.9％），2004年度の国民医療費は32.1兆円で老人医療費（制度改正により原則72歳以上の高齢者の医療費）は11.6兆円（国民医療費に占める割合は36.1％），2005年度の国民医療費は33.1兆円で老人医療費（制度改正により原則73歳以上の高齢者の医療費）は11.6兆円（国民医療費に占める割合は35.1％）となっている[2]。また，2007年度の国民医療費は34.1兆円だが，実にその52％（17.7兆円）が65歳以上の医療費であった。さらに，70歳以上の者の医療費が14.2兆円（42％），75歳以上の者の医療費が10.1兆円（30％）であった[3]。高齢者は入院，外来ともに受診率が高いため診療費が高く，年間の受診回数（日数）も多い。そして，それが医療費全体を伸長させ，医療保険財政を厳しいものにしているのである。

　介護では，受益と負担との関係から疑問を呈さざるを得ない20歳からの介

図表4－1　高齢者関係給付費の推移

(億円，％)

年　　度	社会保障給付費	うち高齢者関係給付費	年金保険給付費	老人保健(医療分)給付費	老人福祉サービス給付費	高年齢雇用継続給付費	社会保障給付費に占める割合
昭和48年度 (1973)	62,587	15,641	10,756	4,289	596	－	25.0
50 (1975)	117,693	38,754	28,924	8,666	1,164	－	32.9
55 (1980)	247,736	107,514	83,675	21,269	2,570	－	43.4
60 (1985)	356,798	188,287	144,549	40,070	3,668	－	52.8
平成2年度 (1990)	472,203	279,262	216,182	57,331	5,749	－	59.1
7 (1995)	647,314	407,109	311,565	84,525	10,902	117	62.9
8 (1996)	675,475	430,784	326,713	92,166	11,537	369	63.8
9 (1997)	694,163	451,401	341,699	96,392	12,743	567	65.0
10 (1998)	721,411	478,041	362,379	101,092	13,797	773	66.3
11 (1999)	750,417	503,564	378,061	109,443	15,106	954	67.1
12 (2000)	781,272	531,982	391,729	103,469	35,698	1,086	68.1
13 (2001)	814,007	559,517	406,178	107,216	44,873	1,250	68.7
14 (2002)	835,666	584,379	425,025	107,125	50,792	1,437	69.9
15 (2003)	842,668	593,178	429,959	106,343	55,387	1,489	70.4

出所：内閣府『高齢社会白書（平成18年版）』15頁，2006年6月。

護保険料徴収の主張が，介護給付費の伸長と介護保険財政の悪化のなかで勢いを強めている。また，福祉現場で働く人々の賃金労働条件が劣悪なため，介護サービスの担い手不足を懸念する声が高まるとともに，介護サービスの質の低下も心配されている[4]。

　少子・高齢社会は今後いっそう進むだろう。そこで，現在，持続可能な社会保障制度をどのように再構築するかが問われていると考える。筆者も含めた研究者グループが，かつてパッチワーク的な社会保障制度改正を批判し，年金，医療，介護，生活保護などを相互に関連づけながら，抜本的な社会保障制度改革を提起したが，基本的に今もこの考えに変わりはない[5]。

　年金，医療，介護などの給付合計額である社会保障給付費は94兆848億円（2008年度）で，国民所得に占める社会保障給付費の割合は5.8％（1970年度）から26.8％（2008年度）に上昇した[6]。なかでも高齢者関係給付費（年金保険給付費，老人保健医療分給付費，老人福祉サービス給付費＝介護対策給付費など，高年齢雇用継続給付費を合計した金額）の伸びが著しく，**図表4－1**に示したように，2003年度の高齢者関係給付費の総額は59兆3,178億円，社会保障給付費に占める高齢者関係給付費の割合は25.0％（1973年度）から70.4％（2003年度）に増加している。さらに，2008年度には65兆3,597億円に

増加し,社会保障給付費に占める割合は69.5%となっている[7]。明らかに,負担と給付の関係,社会保障財政や制度のありかたが課題になっているのである。本章では,高齢社会の急速な進行を統計数値にもとづいて明らかにするとともに,2008年4月実施の後期高齢者医療制度の内容とその問題点を,今後の高齢者医療のありかたや消費税引き上げ,税制改革の議論と連関させながら論じることにしたい。

2 高齢社会の進行[8]

2010年10月1日現在,65歳以上の高齢者人口は過去最高の2,958万人(男性1,264万人,女性1,693万人),総人口に占めるその割合は23.1%となっている。このうち前期高齢者(65～74歳)は1,528万人(男性720万人,女性808万人),後期高齢者(75歳以上)は1,430万人(男性545万人,女性885万人)である(**図表4-2**)。65歳以上の高齢者人口は1950年に総人口のわずか4.9%

図表4-2 高齢化の現状

単位:万人(人口),%(構成比)

		2010年10月1日			2009年10月1日		
		総数	男	女	総数	男	女
人口(万人)	総人口	12,806	6,236 (性比)94.9	6,570	12,751*	6,213 (性比)95.0	6,538
	高齢者人口(65歳以上)	2,958	1,264 (性比)74.7	1,693	2,901	1,240 (性比)74.7	1,661
	65～74歳人口(前期高齢者)	1,528	720 (性比)89.0	808	1,530	720 (性比)89.0	809
	75歳以上人口(後期高齢者)	1,430	545 (性比)61.5	885	1,371	520 (性比)61.0	852
	生産年齢人口(15～64歳)	8,152	4,102 (性比)101.3	4,050	8,149	4,101 (性比)101.3	4,048
	年少人口(0～14歳)	1,696	869 (性比)105.2	827	1,701	872 (性比)105.1	829
構成比	総人口	100.0	100.0	100.0	100.0	100.0	100.0
	高齢者人口(高齢化率)	23.1	20.3	25.8	22.7	20.0	25.4
	65～74歳人口	11.9	11.5	12.3	12.0	11.6	12.4
	75歳以上人口	11.2	8.7	13.5	10.8	8.4	13.0
	生産年齢人口	63.7	65.8	61.6	63.9	66.0	61.9
	年少人口	13.2	13.9	12.6	13.3	14.0	12.7

(注1) 2009年は「2005年国勢調査」,2010年は「2010年国勢調査人口速報集計」による人口を基準としている。
(注2) 「性比」は,女性人口100人に対する男性人口
(注3) 2010年国勢調査人口速報集計結果をもとに遡及的に補正した暫定値は12,803(万人)
出所:内閣府『高齢社会白書(平成23年版)』2011年7月。

図表4-3　都道府県別高齢者比率の推移

(%)

	1975	2009	2035		1975	2009	2035
全国	7.9	22.7	33.7	三重県	9.9	23.8	33.5
北海道	6.9	24.2	37.4	滋賀県	9.3	20.2	29.9
青森県	7.5	24.9	38.2	京都府	9.0	23.1	32.3
岩手県	8.5	26.8	37.5	大阪府	6.0	22.0	33.3
宮城県	7.7	22.1	33.8	兵庫県	7.9	22.8	34.3
秋田県	8.9	28.9	41.0	奈良県	8.5	23.5	36.8
山形県	10.1	27.0	36.3	和歌山県	10.4	26.7	38.6
福島県	9.2	24.7	35.5	鳥取県	11.1	25.9	34.5
茨城県	8.4	22.0	35.2	島根県	12.5	29.0	37.3
栃木県	8.3	21.7	33.6	岡山県	10.7	24.9	33.4
群馬県	8.8	23.1	33.9	広島県	8.9	23.7	34.5
埼玉県	5.3	20.0	33.8	山口県	10.2	27.5	37.4
千葉県	6.3	21.0	34.2	徳島県	10.7	26.6	36.7
東京都	6.3	20.9	30.7	香川県	10.5	25.4	35.9
神奈川県	5.3	20.0	31.9	愛媛県	10.4	26.2	37.0
新潟県	9.6	26.1	36.6	高知県	12.2	28.4	37.4
富山県	9.5	26.0	36.0	福岡県	8.3	22.0	32.6
石川県	9.1	23.5	34.5	佐賀県	10.7	24.3	34.2
福井県	10.1	24.8	34.0	長崎県	9.5	25.7	37.4
山梨県	10.2	24.3	35.3	熊本県	10.7	25.5	35.6
長野県	10.7	26.2	35.6	大分県	10.6	26.4	35.6
岐阜県	8.6	23.6	33.6	宮崎県	9.5	25.6	36.9
静岡県	7.9	23.3	34.6	鹿児島県	11.5	26.3	35.9
愛知県	6.3	19.8	29.7	沖縄県	7.0	17.5	27.7

出所：図表4-2に同じ。

にすぎなかったが，1970年に7％を超過して日本はいわゆる高齢化社会に入った。そして，1994年に高齢社会（総人口に占める高齢者の割合が14％以上）に突入した。以後，少子化の進行とも関連しながら高齢化のテンポは加速している[9]。

　国立社会保障・人口問題研究所の推計[10]では，高齢者比率は2013年に25.2％で4人に1人となり，2015年に26.9％，2025年に30.5％，2035年に33.7％になる見込みである。2035年には3人に1人が高齢者になる計算である。また，前期高齢者人口は2016年の1,744万人をピークにその後は2032年まで減少を続けるが，後期高齢者人口は増加し続け，2017年には前期高齢者数を上回り，以後ずっと後期高齢者人口が前期高齢者人口を上回る予定である。

図表4-4　高齢者比率が高い市町村および低い市町村 (%)

	市		町　村	
高い市町村	北海道夕張市	39.7	群馬県南牧村	53.4
	北海道三笠市	38.3	三重県紀和町	53.4
	大分県竹田市	38.0	福島県昭和村	52.4
	石川県珠洲市	37.3	山梨県芦川村	51.8
	北海道歌志内市	36.8	福島県金山町	51.8
	市		町　村	
低い市町村	千葉県浦安市	9.1	東京都小笠原村	8.5
	埼玉県和光市	11.9	愛知県三好町	10.5
	埼玉県戸田市	12.0	愛知県長久手町	11.0
	茨城県守谷市	12.1	宮城県富谷町	11.4
	滋賀県栗東市	12.2	沖縄県西原町	11.9

(注)　数値は2005年国勢調査による。
出所：内閣府『高齢社会白書（平成20年版）』2008年6月。

　なお，都道府県別に高齢者比率をみてみると（**図表4-3**），2009年では，島根県が29.0％と最も高く，秋田県（28.9％）がこれに続いている。最も低いのは沖縄県の17.5％である。2035年には，秋田県が41.0％と最も高くなることが予想され，10人に4人が65歳以上の高齢者となる見込みである。2035年には埼玉県が33.8％，千葉県が34.2％となり，都市圏においても3人に1人が高齢者になるものと予想されている。

　市町村のなかで高齢者比率が最も高いのは（2005年国勢調査にもとづく），群馬県南牧村と三重県紀和町で，いずれも53.4％となっている（**図表4-4**）。続いて，福島県昭和村（52.4％），山梨県芦川村（51.8％），福島県金山町（51.8％）となっていて，これに高知県大豊町（50.8％）を加えた6町村では総人口の過半数が65歳以上の高齢者となっている（ただし，その後，市町村合併により紀和町と芦川村は消滅）。市だけでみれば，北海道夕張市が最も高く39.7％，続いて北海道三笠市（38.3％），大分県竹田市（38.0％），石川県珠洲市（37.3％），北海道歌志内市（36.8％）の順になっている。北海道の3市はいずれも旧産炭地である。

　次に，高齢者のいる世帯についてみてみると，2009年現在，65歳以上の者

図表4−5　65歳以上の者のいる世帯数および構成割合（世帯構造別）と全世帯に占める65歳以上の者がいる世帯の割合

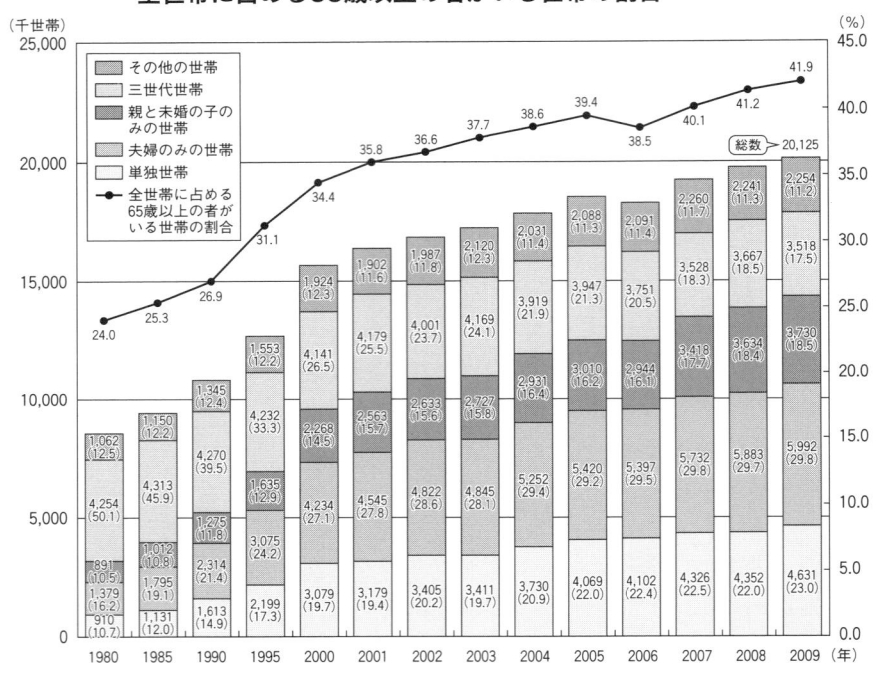

（注1）1995年の数値は、兵庫県を除いたものである。
（注2）（　）内の数字は、65歳以上の者のいる世帯総数に占める割合（％）
（注3）四捨五入のため合計は必ずしも一致しない。
出所：図表4−2に同じ。

のいる世帯は2,013万世帯で全世帯の41.9％を占めている。このうち、「単独世帯」が463万世帯（23.0％）、「夫婦のみの世帯」が599万世帯（29.8％）、「親と未婚の子のみの世帯」が373万世帯（18.5％）、「3世代世帯」が351万世帯（17.5％）となっている。1980年には「単独世帯」と「夫婦のみの世帯」の合計が65歳以上の者のいる世帯の27％を占めていたが、1990年に36％、2000年に47％、2005年に51％、2006年に52％、2009年に53％と大きく上昇しているのである（**図表4−5**）。一方、1980年には過半数を占めていた3世代同居世帯は、近年、その占める割合が低下し、2002年から2006年にかけては20％台前半、2007年以降は10％台後半で推移している。

1人暮らしの高齢者数は，1980年に88万人（男性19万人，女性69万人，高齢者人口に占める割合は男性4.3％，女性11.2％）だったが，2000年に303万人（男性74万人，女性229万人，高齢者人口に占める割合は男性8.0％，女性17.9％），2005年に386万人（男性105万人，女性281万人，高齢者人口に占める割合は男性9.7％，女性19.0％）になった。今後1人暮らしの高齢者は，未婚率や離婚率の上昇，配偶者との死別後も子と同居しないケースが増えることなどから増加の一途をたどり，とくに男性の1人暮らし高齢者の割合が大きく伸びることが見込まれている。さらに，現在，女性高齢者のほぼ2人に1人が配偶者なしであるが，そのいっそうの低下が予想されている。そして，2020年には，65歳以上の「単独世帯」の割合は33.2％になると見込まれ，「単独世帯」数が「夫婦のみの世帯」数を上回ることが予想されている。このまま推移すれば，高齢期を1人で暮らすことが一般的な姿になるということができるのである。2025年に1人暮らしの高齢者は男性249万人，女性423万人，高齢者人口に占める割合は男性15.5％，女性22.5％となる見込みである。

　このようななかで高齢者の子どもとの同居率が低下し，2006年には43.9％，2009年には43.2％になった（1980年は約7割）。また，内閣府の『高齢者の生活と意識に関する国際比較調査』（2010年）によれば，60歳以上の者の別居している子どもとの接触頻度は「週1回以上」（「ほとんど毎日」「週に1回以上」の割合の合計）が52％，「月に1～2回」「年に数回」「ほとんどない」の合計が48％で，欧米諸国に比べ後者の割合が高い。前者の割合はアメリカで81％，ドイツで63％，スウェーデンで80％，韓国で62％となっているのである。

　高齢者世帯（65歳以上の者のみで構成するか，またはこれに18歳未満の者が加わった世帯）の年間所得（2008年の平均所得）は297万円である。高齢者世帯の年間所得分布をみれば「100～200万円」が27.1％と最も多く，続いて「200～300万円」が18.5％，「300～400万円」が16.9％，「100万円未満」が15.7％の順になっている。その約43％が200万円未満，約61％が300万円未満である（2005年）。これは，高齢者世帯の所得のほとんど（約70％）が「公的年金・恩給」であることと関係している。また，高齢者世帯の世帯人員1人当たりの平均所得金額も，1996年に206.6万円だったものが，2008年には

192.9万円にまで減少している。さらに，生活保護受給者のうち65歳以上の者は69万人で（2009年），前年より増加している。65歳以上人口に占める65歳以上の生活保護受給者数の割合は2.37％であり，全人口に占める生活保護受給者の割合（1.31％）より高くなっている。また，生活保護受給者のうち65歳以上の者の割合は約41％であり，単身世帯が多い（2009年）。

　世帯主の年齢が65歳以上の無職世帯の可処分所得（実収入から税・保険料などの非消費支出を差し引いたもの）は，2007年において16万3,023円，消費支出は20万3,567円で，可処分所得が4万544円下回っている。不足分は貯蓄の取り崩しなどで賄われていると推測される。また，ジニ係数を当初所得でみると一般世帯が0.4252，高齢者世帯が0.8223，再分配所得でみると一般世帯0.3618，高齢者世帯0.4129となっており，高齢者間の所得格差が大きいことが把握できる。社会保障給付などの所得の再分配で格差は小さくなるとはいうものの，一般世帯に比べて格差が大きいことが把握できるのである。高齢者富裕論の主張が一部で行われているが，なるほど，ごく少数の高齢者はきわめて豊かであることは否定しないけれども，多数の高齢者は慎ましやかな生活を送っていることが理解できるのである。

　このような高齢者の状況をみたとき，注目されるべきは後期高齢者の動向であり，その急速な増加である。加齢とともに医療や介護のサービスを受ける必要度合が高まることは自明である。その一方で，1人暮らし高齢者数の増加，子どもとの同居率の低下や接触頻度の少なさ，老後の蓄えへの不安など，後期高齢者をとりまく環境は厳しいものがある。後期高齢者数は2017年に前期高齢者数を上回り，2025年に2,167万人，2035年に2,235万人，2045年に2,247万人，2055年に2,387万人に増大すると予想されている。そこで，医療給付の増大が避けられないし，高齢者の医療費は今後いっそう増大することになるだろう。したがって，持続可能な医療制度の再構築が必要であるし，高齢者の安心を保障する「給付」と，「給付」のために必要な「負担」の問題を，どのように関係づけるのかが，現在問われているのである。2008年4月からスタートした後期高齢者医療制度は，このような観点からの改革であったともいえるが，問題点や課題が少なくない。以下，後期高齢者医療制度の概要を示すとともに，課題を明らかにしていくことにしよう。

3 後期高齢者医療制度の創設[11]

(1) 後期高齢者医療制度の内容

　後期高齢者医療制度が創設され，2008年4月から実施されることとなった。その内容は次のようになる。

　①　これまで，75歳以上の高齢者（後期高齢者）は国民健康保険または被用者保険に加入して各保険に保険料を払う一方で，市町村が運営（国民健康保険・被用者保険からの拠出金と公費を財源に運営）する老人保健制度に加入して給付を受けていたが（**図表4-6**），2008年4月からは，

図表4-6　老人保健制度の構造

- 高齢者は各医療保険制度に加入するが，給付については各保険者の共同事業として，市町村において統一的に行われる。
- 高齢者は各医療保険制度の保険料を負担するが，若年者の保険料と一括して保険者の収入とされている。
- 給付主体（市町村）と財政主体（保険者）が分離している。

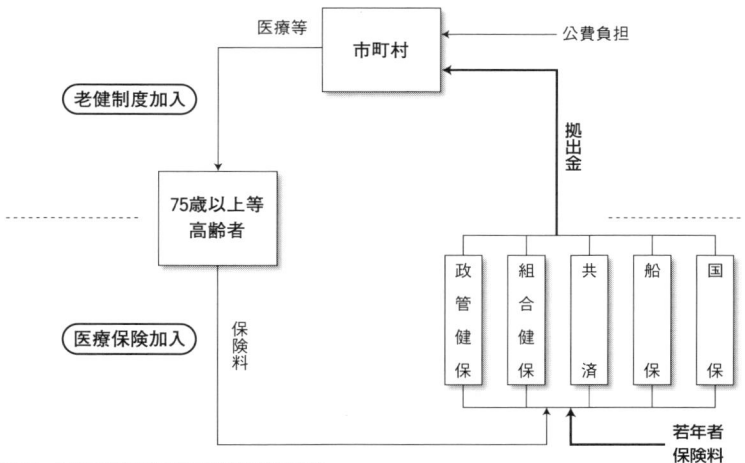

（注）市町村は、40歳以上等の者を対象に保健事業を実施。
　　　老人の医療保険加入形態
　　　①　国　保（世帯主）　　高齢者本人が保険料納付
　　　②　国　保（世帯員）　　世帯主が高齢者の分も納付
　　　③　被用者（本人）　　　高齢者本人が保険料納付
　　　④　被用者（被扶養者）　保険料負担なし

出所：内閣府『高齢社会白書（平成18年版）』2006年6月。

それらを脱退し，後期高齢者医療制度という独立した制度に加入することになった。また，一定の障がいのある65歳以上の高齢者も後期高齢者医療制度の対象となる（認定基準は現行の老人保健制度と同様）。

② 後期高齢者医療制度の対象者1人ひとりには後期高齢者医療被保険者証が交付され，これまで医療機関で受診する際，市町村から交付される老人保健制度の老人医療受給者証と，国民健康保険や被用者保険の被保険者証の2枚を医療機関に提示しなければならなかったが，後期高齢者医療被保険者証1枚の提示でよくなった。

③ 65歳から74歳までの高齢者（前期高齢者）は，これまでどおり国民健康保険や被用者保険に加入することになるが，退職者が国民健康保険に大量に加入することから，保険者間の医療費負担不均衡を調整する制度が創設された。

④ 退職者医療制度が廃止されることになった。退職者医療制度は，サラリーマンの期間が20年以上の退職者で国民健康保険に加入している者の医療費について被用者保険が市町村国保に拠出金を出す仕組みであるが，これが廃止されることになったのである。ただし，経過措置が講ぜられ，2014年度までの間における65歳未満の退職者を対象に現行の退職者医療制度存続の措置がとられる。

⑤ 後期高齢者医療制度の運営主体は，全市町村加入の都道府県単位の広域連合（後期高齢者医療広域連合）である。保険料や賦課限度額は広域連合で設定し2年ごとに見直される。また，市町村が主に窓口業務を行う。

⑥ 後期高齢者に対する医療給付（法定給付）の種類は，これまでの老人保健および国民健康保険で支給されてきたものと基本的には同じである。このうち病気やけがの治療を受けたときに受けられる療養給付は，被保険者が後期高齢者医療広域連合の発行する被保険者証を医療機関に提出して受けることになるが，療養給付に要する費用の額の1割（現役並み所得者は3割）を患者負担として保健医療機関等に支払う。また，医療機関は療養の給付に要する費用額から患者負担部分を控除した金額を広域連合に請求する。

(2) 後期高齢者医療制度の運営の仕組みと保険料，患者負担

　後期高齢者医療制度の財源は，公費（約5割），現役世代からの支援（約4割），後期高齢者からの保険料（1割）である。現役世代からの支援は国民健康保険（加入者4,200万人），被用者保険（組合管掌健康保険，政府管掌健康保険，共済組合など，加入者7,100万人）の加入者数に応じた支援とする。2008年度においては，後期高齢者数は約1,300万人で，後期高齢者医療費は11兆4,000億円，給付費は10兆3,000億円，患者負担は1兆1,000億円と見込まれている。

　公費の負担割合は，国4対都道府県1対市町村1である。これ以外に，国と都道府県は広域連合への高額医療費（レセプト1件当たり80万円超）についての財政支出（事業規模1,000億円，国と都道府県が各4分の1，広域連合が2分の1を負担），都道府県と市町村は低所得者などの保険料軽減分の補填のための財政支出を行う（保険基盤安定制度，事業規模1,700億円，都道府県が4分の3，市町村が4分の1を負担）。さらに，保険料未納や給付の見込み違いなどによる広域連合の財政リスクに対応するため，基金を設置して貸付を行うものとし，国，都道府県，広域連合がそれぞれ3分の1ずつ拠出する（財政安定化基金制度，事業規模2,000億円，2008年度から4年間で積立）。なお，国庫負担分の一部（後期高齢者医療財政の8％，約8,000億円）は調整交付金とされ，広域連合間の財政力の不均衡を調整したり，災害などの事態が発生した際の財源に使われることになっている。

　保険料は，介護保険の1号被保険者と同様に被保険者1人ひとりに賦課される。したがって，これまで被用者保険の被扶養者で保険料納入の必要がなかった者も含め，すべての75歳以上の者が保険料を納付しなければならない。年金が年額18万円以上で，医療保険料と介護保険料の合計額が年金額の2分の1未満の後期高齢者は年金から保険料が天引きされ，それ以外の後期高齢者は市町村の発行する納入通知書や口座振替などによって銀行などで保険料を納付することになる[12]。

　保険料の計算は，均等割（＝応益割，受給者全員の頭割りによる負担）と所得割（＝応能割，受給者の所得に応じた負担）で行われる。均等割につい

図表4－7　保険料軽減措置

総所得金額の合計が下記の金額以下の世帯	軽減割合
33万円	7割
33万円＋24万5千円×世帯に属する被保険者数 （被保険者である世帯主を除く）	5割
33万円＋35万円×世帯に属する被保険者数	2割

（注）65歳以上の者の公的年金等に係る所得については，その所得から15万円を差し引いて判定する。
出所：北海道後期高齢者医療広域連合資料，2007年11月。

ては低所得者対策として低所得世帯に属する被保険者を所得によって3段階に分け，軽減割合を7割，5割，2割にする措置がとられる（**図表4－7**）。軽減は被保険者と世帯主の所得の合計で判定され，世帯主が被保険者でなくてもその所得は判定対象となる[13]。また，後期高齢者医療制度に加入する直前に被用者保険の被扶養者であった者については，これまで保険料負担がなかったことを斟酌し，激変緩和の観点から後期高齢者医療制度加入時から2年間は所得割がかからず，均等割額も5割軽減する措置がとられる。なお，健康保険組合に加入していた世帯主が後期高齢者医療制度に加入した場合は，被扶養者であった家族の者は被用者保険から脱退して国民健康保険に加入することになる。

　保険料は広域連合内で統一される。たとえば，北海道後期高齢者医療広域連合の2008年度と2009年度の保険料は，被保険者均等割額が43,143円，所得割率は9.63％，したがって所得割額は前年の収入から必要経費（公的年金控除額や給与所得控除額など）を差し引いた金額（＝所得）から33万円を差し引いた金額に9.63％を乗じた金額になる。なお1年間の保険料額には最高限度額（50万円）が設けられている。また，医療の確保が著しく困難な地域（離島など）や老人医療費の低い市町村には配慮がなされ，不均一保険料の設定が認められる。たとえば，北海道の場合，2003～2005年度の3年間の1人当たり平均老人医療給付費実績が広域連合全体よりも20％以上低い市町村の2008年度，2009年度の年間保険料は，**図表4－8**のように広域連合の均一保険料よりも低く設定されているのである。

　さらに，2年ごとの保険料率の改定に際しては，後期高齢者と現役世代の

図表4−8　保険料率の暫定的特例

当該市町村	2008・2009年度	
	被保険者均等割額（円）	所得割率（％）
中　川　町	34,959	7.81
黒　松　内　町	36,327	8.11
利　尻　富　士　町	36,953	8.25
礼　文　町	36,983	8.26
名寄市（合併後）	37,116	8.29
更　別　村	37,164	8.30
利　尻　町	37,263	8.32
西　興　部　村	37,591	8.40
清　里　町	37,876	8.46
占　冠　村	38,027	8.49
陸　別　町	38,126	8.52
島　牧　村	38,165	8.52
初　山　別　村	38,173	8.53
美　深　町	38,592	8.62
鶴　居　村	38,734	8.65

出所：北海道後期高齢者医療広域連合資料，2007年11月。

人口構成に占める比率の変化に応じて，それぞれの負担割合を変えていく仕組みが導入される。つまり，現役世代が減少することによる現役世代1人当たりの負担の増加については，現役世代の1人当たり負担が大きく上昇しないように，後期高齢者と現役世代とで半分ずつ負担するように後期高齢者の保険料の負担割合を引き上げ，現役世代の支援の割合は4割を上限として減少させるシステムが導入されたのである（**図表4−9**）。

　病院で診療を受ける場合の窓口負担（患者負担）は，これまでと同様に1割（現役並み所得者は3割）だが，高額療養費の限度額が設けられる（**図表4−10**）。つまり，医療機関窓口で支払った自己負担額が，**図表4−10**の後期高齢者医療制度で定められた自己負担限度額を超過した場合は，その超過分が本人の請求にもとづいて各医療保険者が払い戻すことになっているのである（申請は初回のみ。以降に発生した高額療養費については申請した口座へ自動振り込み）。現役並み所得者となるのは，同一世帯に住民税の課税所得

図表4-9　後期高齢者保険料の負担割合の改定計算式

(1) 2008・2009年度における後期高齢者の負担割合：10％
(2) 2010年度以降の後期高齢者の負担割合：2年ごとに，以下のとおり改定
    10％ ＋ 2008年度の若人負担割合（約4割）
    　　　　　　　　　× 2008年度から改定年度までの若人減少率 × 1／2

$$*若人減少率 = \frac{2008年度の若人人口 - 改定年度の若人人口}{2008年度の若人人口}$$

出所：社会保障審議会後期高齢者医療の在り方に関する特別部会資料，2006年10月。

図表4-10　月単位の自己負担限度額表

区　　　　分	1ヵ月の自己負担限度額	
	外来（個人単位）	外来＋入院 （世帯単位）
① 現役並み所得者	44,400円	80,100円＋1％ （44,400円）
② 一般	12,000円	44,400円
③ 市町村民税非課税の世帯に属する者で④以外の者	8,000円	24,600円
④ 市町村民税非課税の世帯に属する者で，年金受給額80万円以下等の者		15,000円

(注1)「1％」とは，一定限度額を超えた医療費（医療費総額－267,000円）の1％。
(注2)（ ）内の金額は，多数該当（過去12ヵ月に3回以上の高額医療費の支給を受け，4回目の支給に該当）の場合の自己負担限度額。
(注3) 入院したときの食事代や保険が適用されない差額のベッド代等は支給の対象とはならない。
(注4) 月の途中で75歳の誕生日を迎えて加入する者は，加入した月の自己負担限度額が2分の1に調整される。
出所：北海道後期高齢者医療広域連合資料，2011年4月。

が145万円以上の後期高齢者医療の被保険者がいる場合で，かつ，その世帯に被保険者が1人の場合は被保険者の収入が383万円以上，被保険者が複数の場合は被保険者の収入の合計額が520万円以上の場合である。ただし，現行の老人保健制度では，同一世帯の国民健康保険や被用者保険に加入する70歳以上の所得と収入で判定しているため，課税所得が145万円以上，年収が383万円以上の被保険者で，その世帯に属する70〜74歳の者の収入と合わせた合計収入が520万円未満となる場合には激変緩和措置がとられ，2008年8月から2年間は，月単位の自己負担限度額は**図表4-10**の一般区分が適用される（医療機関受診の際の窓口負担は3割）。

また，医療の患者負担と介護保険サービスでの利用者負担の両方の負担があり，合計額が著しく高額になる後期高齢者の場合，合計額に年単位での限度額を設けて負担を軽減する高額介護合算療養費制度が新設される。合算した場合の限度額（年額）は，現役並み所得者67万円，一般56万円，市町村民税世帯非課税者31万円，市町村民税世帯非課税で年金受給総額が80万円以下の者は19万円で，合算額は8月1日から翌年度の7月31日までで計算される。超過額は後期高齢者医療制度および介護保険から支給される。

4 医療費負担増の凍結の動きと後期高齢者の保険料問題

　後期高齢者医療制度は，現役世代に比べて医療費がかかる後期高齢者に一定程度の負担をしてもらう，現役世代と高齢世代の負担の明確化を図る（老人保健制度のもとでは高齢者が各医療保険制度の保険料を負担したが，現役世代の保険料と一括して保険者の収入とされる仕組みだった），保険料の決定者（各医療保険者）と医療給付者（市町村）が異なるため財政運営責任が不明確であった点を改善する，これまで所得が同じでも加入する医療保険ごとに，また同じ国民健康保険でも市町村ごとに保険料額に高低の差があったこと（市町村によって最大5倍の格差が存在）を改める，などの目的で設立された。そこで，先にみたように，これまで子どもの扶養家族として保険料を支払わなくてよかった後期高齢者（該当者は200万人）が全員保険料を支払うようになることや，現役世代の財政支援が4割を上限として減少する仕組みが導入されたのである。また，広域連合方式を採用して同一の算定方法で保険料が定められることによって，都道府県内では同じ所得であれば同額の保険料となったのである。

　このような後期高齢者医療制度改革以外にも，2008年4月から70〜74歳の高齢者（「現役並み所得」を有する高齢者以外の者。一般高齢者と略す）の窓口負担を1割から2割に引き上げることが予定されていた。現行の窓口負担は65歳未満は全員3割，65〜69歳は全員3割，70〜74歳は「現役並み所得」のある世帯は3割，一般は1割，75歳以上は「現役並み所得」のある世帯は3割，一般は1割となっている。したがって，70〜74歳の一般高齢者（約

500万人)をターゲットにし，窓口負担を引き上げようとするものであった。

ところが，2007年秋に，政府はこのような高齢者の負担増の施策の一部を凍結する方針を決めた。つまり，①70〜74歳の窓口負担を1割から2割に引き上げることを1年間凍結する②後期高齢者医療制度では子どもの扶養家族として保険料を負担してこなかった被用者保険の被扶養者の保険料について特例措置（法改正をともなわない時限措置）を講じ2008年4月1日から9月末までは全額免除，10月1日から2009年3月末までは均等割が9割軽減されることになった。当然，このような措置の実施には財源がともなうが，厚生労働省の試算では①で1,300億円，②の保険料徴収の6ヵ月間凍結で200億円程度必要となる。財源の手当は当初予算ではなく2007年度補正予算での対応することになった。政府は健康保険法などの関連法の改正をせず，あくまで時限的な特例措置としての税金投入を目指したのである。

なるほど，65〜69歳や現役世代は3割負担なのだから2割の窓口負担は受け入れるべきだとの主張や，後期高齢者医療制度の保険料についても，これまで国民健康保険に加入していた後期高齢者（時限措置の対象外）とのバランス上，全員が負担する必要があるとの考え方もあるだろう。筆者も後期高齢者医療における保険料の全員負担自体には賛成するが，政府の高齢者負担増の凍結策（時限措置）には次の理由から賛成である。

つまり，近年，急速に高齢者の負担が増加している点が注目されなければならないのである。近年の税制改正によって年金課税の見直し（2004年度税制改正，2005年度分所得税から公的年金控除の引き下げと老年者控除の廃止）が行われたことにより，市町村民税非課税となる年金収入額は，2006年度より，夫婦の場合はそれまでの266万円が212万円に，独身の場合（寡婦，寡夫の場合）は266万円が245万円に，その他の独身の場合は266万円が155万円に引き下がった。そこで，市町村民税非課税から課税に変化した高齢者が多数生まれた。そればかりではない。市町村民税非課税から課税になった本人や，新たに課税となった者が同世帯にいる市町村民税非課税者の場合は，介護保険料の段階区分が上昇して介護保険料負担が高くなった。実際，たとえば，奈井江町，新十津川町，歌志内市など1市5町で構成されている空知中部広域連合（北海道）では，介護保険料の基準額を上回る負担をする高齢者（2006

年4月実施の改正介護保険法以前の第4段階と第5段階，つまり2006年4月実施の改正介護保険法のもとでの第5段階と第6段階）の全高齢者に占める割合は，税制改正前に比べて10ポイント以上増加しているのである[14]。新聞報道では，実際，厚生労働省などの試算で，世帯収入が379万円の高齢者の場合，2007年度の税と保険料の合計額は2001年度より年間で20万5,000円程度増えたのである（『朝日新聞』2007年10月10日朝刊）。これに加え，加齢とくに70歳をすぎたあたりから病気になりやすくなり，医療の自己負担が増える点も考慮に入れられなければならない。70～74歳の窓口負担問題や後期高齢者医療の保険料負担は以上のような脈絡のなかで理解されなければならないのである。

さらに，2007年秋の政府の見直し策には入らなかったが，後期高齢者医療制度で抜本的見直しが必要な課題や，問題点を内包している仕組みについて言及しなければならない。

まず，現役世代の支援は4割を上限とし，現役世代の減少分を後期高齢者の負担増で今後賄う方針が示された点である。これでは後期高齢者医療制度の保険料は上昇の一途をたどることになる。たとえば，北海道後期高齢者医療広域連合の保険料では所得割率が高く，平均的な厚生年金受給者の場合（年額201万円）でみれば全国のなかでも高い部類にはいるため，後期高齢者のおかれた状況の厳しさが懸念されるのである。公費の割合を5割に固定するのではなく，公費の割合を増やすような施策の展開が望まれるのである。

次に，これまで後期高齢者の約8割が加入していた国民健康保険加入の後期高齢者の問題がある。市町村ごとの国保料額（国保税額）の相違，その賦課方法の違い（均等割，資産割，所得割，平等割などの比重が市町村ごとで異なる）などがあるため単純にいうことはできないが，後期高齢者医療制度になって保険料がアップするケースがかなり出てきていると思われる。実際，2008年4月施行後，後期高齢者の負担増加が指摘され，高齢者や医療関係者を中心に後期高齢者医療制度への反対の声も相次ぎ，厚生労働省は改めて再調査を各市町村を通じて行うことを余儀なくされたのである[15]。

5 後期高齢者医療制度と後期高齢者終末期相談支援料，後期高齢者医療診療料，「担当医」制

　後期高齢者医療制度では，後期高齢者終末期相談支援料が導入された。後期高齢者終末期相談支援料とは，診療報酬の１項目として新設されたものである。つまり，回復の見込みが難しいと医師が判断した後期高齢者について，患者の同意を得たうえで，医師，看護師などの医療関係者が，患者や家族と終末期における診療方針を話し合い，その内容を文書によって示した場合に，200点が算定できるというものである。しかし，これまで後期高齢者の延命治療の是非について国民的議論がなされてこなかったなかで，いきなり終末期相談支援料が新設されたことや，患者や家族に延命治療をあきらめさせる意思決定をさせることにもつながりかねないなど，課題は少なくない。単に医療費抑制だけを目的とするのでは国民の共感は得られない。終末期医療費がどのくらいかかるのか，それがどのくらい老人医療費の増大につながっているのかのデータが示されないまま，また，後期高齢者の人権への配慮が不十分なまま，終末期相談支援料が導入されたことに懸念を示したい。

　また，後期高齢者医療制度における医療機関に支払われる診療報酬については，後期高齢者医療診療料という包括定額制が導入された。後期高齢者医療診療料とは，具体的には，糖尿病，高血圧，高脂血症などの慢性疾患の患者を，１人の医師が継続的に診療を提供するとともに，計画的に医学的管理することへの報酬である。患者の同意のもとで「担当医」が決められた場合，「担当医」が診療計画を立てたり，服薬状況を確認するなどすると，月額一定の包括払いで6,000円（患者負担は月600円）が支払われるのである。この「担当医」には，原則として診療所の医師（開業医）しかなることができない。総合病院の医師は，近く（半径４キロメートル以内）に診療所の医師がいない場合にのみ「担当医」になることができる。この後期高齢者医療診療料には，医学管理料のほかに，検査や画像診断，処置に対する報酬も含まれているが，「担当医」は，同一月内においては，何度検査や処置などを行っても同じ報酬（6,000円）しか得られない。このような後期高齢者医療診療料は，過少診療につながる可能性を内包している。というのは，月6,000円しか医

療機関には入らないので，医療機関が処置や検査を手控えることにつながる可能性が生ずるからである。

ただし，日本医師会などの強い反対があり，このような包括定額制の導入は，全面的に行われることには至らなかった。患者が「担当医」をもつことを希望しないならば「担当医」をもたなくてもよいし，患者が「担当医」をもった場合でも他の医療機関に自由にかかることができる。また，医療機関が従来の診療制度を選択すれば，従来通りの出来高払いとなるからである。その意味では，包括定額制や「担当医」制について，今のところ，医療現場で大きな変化や混乱が生じているわけではない。筆者は「担当医」制に反対はしていない。ただし，包括定額制のもつ過少診療への懸念は払拭されなければならないし，患者と家族の意思が尊重される必要がある。また，「担当医」制度は都市部では機能するかもしれないが，医師不足に悩む農村部への配慮もなされなければならない。包括定額制への完全移行には課題が山積しているのである。

なお，後期高齢者医療制度にともなって市町村国保財政では，後期高齢者の脱退による国保料（税）減少と医療費の減少，老人保健拠出金がなくなる，新たに後期高齢者医療支援金支出が生ずる等の影響を受ける。詳細な財政面への影響は筆者の今後の課題であるが，少なくとも一定期間は市町村の国民健康保険財政の安定に寄与することになるだろう。実際，2008年度の市町村の国民健康保険の拠出金は，前年度に比べて4,500億円減少した[16]。75歳以上の国民健康保険加入者が後期高齢者医療制度に移行したため国民健康保険加入者が大幅に減少し，加入者数に応じ負担する支援金が減少したからである。

6 2008年の実施直後の後期高齢者医療制度への国民の不満噴出と政府の新たな改善策

2008年4月に施行された後期高齢者医療制度については，2007年秋に激変緩和措置がとられたにもかかわらず，本章4.と5.で述べたように，課題は山積していた。そして，スタートとともに，高齢者や医療関係者を中心に不満が渦巻くことになった。浮き上がってきた課題は，これまでよりも低所得

図表4-11 長寿医療制度（後期高齢者医療制度）の保険料と国保保険料との比較（北海道A町）

整理番号	賦課方式	所得割算定方式	国保料率等（2007年度）				基礎賦課総額における割合（％）			長寿医療料率（2008年度）			その他	
			保険料計算における料率等				所得割率	均等割率	資産割率	所得割率（％）	均等割額（円）	国保被保険者数（2007年度末、人）	国保特会への法定外の一般会計繰入（2006年度、千円）
			所得割率	均等割額	平等割額	資産割率							
	4方式	旧ただし書	8.50%	28,500	38,300	18,973	40.1	27.6	19.9	12.4	9.63	43,143	10,015	0

世帯区分	収入区分	国保			長寿医療制度移行後			
		軽減割合	独自減免	国保保険料（円）	軽減割合	独自減免	保険料（円）	合計額（円）
単身世帯（75歳以上）	年金79万	7	—	39,000	7	—	12,900	12,900
	年金201万	2	—	113,200	2	—	80,700	80,700
	年金400万	—	—	280,800	—	—	264,100	264,100
夫婦世帯（夫婦ともに75歳以上）	夫：年金79万	7	—	47,600	7	—	夫の長寿保険料 12,900	25,800
					7	—	妻の長寿保険料 12,900	
	夫：年金201万	2	—	136,000	2	—	夫の長寿保険料 80,700	115,200
					2	—	妻の長寿保険料 34,500	
	夫：年金400万	—	—	309,300	—	—	夫の長寿保険料 264,100	307,200
					—	—	妻の長寿保険料 43,100	
夫婦世帯（夫：75歳以上、妻：75歳未満）	夫：年金79万	7	—	47,600	7	—	夫の長寿保険料 12,900	27,200
					—	—	妻の国保保険料 14,300	
	夫：年金201万	2	—	136,000	2	—	夫の長寿保険料 80,700	118,800
					—	—	妻の国保保険料 38,100	
	夫：年金400万	—	—	309,300	—	—	夫の長寿保険料 264,100	311,800
					—	—	妻の国保保険料 47,700	
同居世帯（計3人：高齢者1人（75歳以上）、子供夫婦（夫ともに75歳未満））	高齢者：年金79万（世帯主：子供夫婦の夫）	—	—	267,700	—	—	長寿保険料 43,100	263,400
					—	—	国保保険料 220,300	
	高齢者：年金201万（世帯主：子供夫婦の夫）	—	—	308,500	—	—	長寿保険料 89,400	309,700
					—	—	国保保険料 220,300	
	高齢者：年金400万（世帯主：高齢者）	—	—	462,800	—	—	長寿保険料 264,100	484,400
					—	—	国保保険料 220,300	

備考

（記入要領）
(1) 「国保保険料等」については、2007年度の保険料等を記入すること。
(2) 「長寿医療保険料」については、2008年度の保険料等を記入すること。
(3) 「賦課方式」については、「4方式」、「3方式」、「2方式」の別を記入すること。
(4) 「所得割算定方式」については、「旧ただし書」、「本文」、「市町村民税方式」の別を記入すること。また、「住民税」の別を記入すること。
(5) 「所得割率」については、％を示すこと。
(6) 「資産割率」については、1人あたりの金額を記入すること。(計算方式を採用している市町村にあっては、資産割課税総額÷総世帯数であること。)
(7) 「基礎賦課総額」に掛ける割合については、2007年度実績の保険者数を記入すること。
(8) 「国保被保険者数」については、2007年度末現在の数値を記入すること。
(9) 「国保特会への法定外の一般会計繰入」については、2006年度の決算額を記入すること。
(10) 「軽減割合」については、「7割」、「5割」、「2割」、「6割」、「4割」の別を記入すること。
(11) 「独自減免」については、独自減免がある場合は「有」、ない場合は「—」と記載すること。また、軽減が適用されない場合は、「—」と記載すること。
(12) 「国保保険料」については、2007年度の料率を使用して計算し、年額を記入すること。
(13) 「長寿保険料」については、住民税においては、妻の収入は基礎年金を153万以下とし、夫が特金の一部を持ち、高齢者が資産全部を持ち、基礎控除（33万）+配偶者控除（38万）のみを考慮すること。
(14) 太線世帯については、夫の収入は基礎年金を153万以下とし、夫が特金の一部を持ち、高齢者が資産全部を持ち、基礎控除（33万）+配偶者控除（38万）のみを考慮すること。
(15) 同居世帯（計3人）については、子供夫婦の所得は夫のみ夫婦所得180万円のみとし、子供夫婦の所得全部を持ち、世帯状況に変化しないものとして計算すること。
出所：北海道A町資料

図表4−12 北海道の4町村（B町，C町，D町，E村）の国保税の比較

		【保険料率の現況（2008年度）】			
		B町	C町	D町	E村
医療給付分	所得割	5.50%	6.00%	3.80%	4.50%
	資産割	40.00%	50.00%	30.00%	31.00%
	均等割	29,000円	15,500円	23,000円	9,700円
	平等割	35,000円	29,000円	22,000円	25,500円
支援金分	所得割	1.15%	1.90%	1.20%	6.00%
	資産割	10.55%	10.00%	10.00%	40.00%
	均等割	7,700円	6,600円	7,000円	6,300円
	平等割	6,800円	5,000円	6,000円	16,500円
介護納付金分	所得割	0.62%	0.91%	0.35%	1.90%
	資産割	5.40%	—	—	12.00%
	均等割	5,300円	12,100円	5,000円	4,800円
	平等割	4,000円	—	3,000円	8,700円

【賦課方式の現況（介護納付金分）】	
4方式（所得割，資産割，均等割，平等割）	B町，E村
3方式（所得割，均等割，平等割）	D町
2方式（所得割，均等割）	C町

【賦課限度額の現況（医療給付費分）】	
法定限度額上限（470,000円）	B町，C町
法定限度額未満（460,000円）	D町，E村

【滞納繰越額（2006年度末時点）】※千円				
	B町	C町	D町	E村
滞納繰越額	16,035	2,386	40,846	702

（注）4町村はいずれも国保税を徴収している。
出所：北海道4町村（B町，C町，D町，E村）資料。

者の後期高齢者医療保険料が高くなるケースが少なくないこと，公的年金からの保険料の天引きが問題であること，包括定額制導入にともなう過少診療への懸念があること，終末期医療相談料の設定は高齢者の尊厳を傷つけるものであること，2年ごとの保険料の見直しで保険料が高くなっていくこと等であった。

　このうち，最も大きな問題となったのは，保険料の問題であった。そこで，厚生労働省は2008年5月下旬に保険料の調査を全市町村において実施することとした。調査は，後期高齢者の世帯を，75歳以上の単身世帯，夫婦ともに75歳以上の世帯，夫が75歳以上で妻が75歳未満の世帯，75歳以上の親と子ども夫婦との同居世帯に区分し，それぞれの世帯を「低所得」（夫婦とも年79万円の基礎年金受給），「中所得」（夫の年金年201万円，妻の年金年79万円受給），「高所得」（夫の年金年400万円，妻の年金年79万円受給）に3分類した12モデルを示し，国民健康保険料（2007年度）に対して，後期高齢者保険料（2008年度）がどの程度増減したかを調査したものである（**図表4−11**）。しかし，このような調査を行っても，簡単に一般的な傾向を示すことは難しいと考える。というのは，国民健康保険料（税）の賦課方式が自治体でまちまちであるからである。図表4−11の北海道のA町の数値のように，町村部の国民健康保険料（税）の賦課方式は，所得割，均等割，平等割，資産割の4つで行うところが多いが，都市部では資産割と平等割をはずし，所得割と均

等割の2つの賦課方式で行うケースが多い。また、一口に町村といっても、4つの賦課方式をとっていても所得割の比重が高い町村がある一方で、均等割や平等割の比重が高い町村もみられる（**図表4-12**）。また、医療給付分と支援金分については4つの賦課方式を用いていても、介護納付分には3つもしくは2つの賦課方式を採用している町村も数多くみられるのである。また、賦課限度額が町村間で異なるし、保険給付費の充当財源が各町村間でかなり違いが生じている。

したがって、たとえば、厚生労働省が実施した後期高齢者医療制度の保険料調査の北海道内の全容をみても[17]、町村の間で後期高齢者の負担の増減は大きく異なったのである（対象は合併をした旧14町村を含む188市町村と大雪地区広域連合の189団体、このうち35が市）。つまり、苫小牧市と北斗市の2市と32町村（木古内町、島牧村、南幌町、羅臼町など）においては12モデルすべてで負担減になる一方で、北海道内の後期高齢者の4分の3が集中する35の市のうち、「低所得」層において、「夫婦とも75歳以上の世帯」で13市、「夫のみが75歳以上の夫婦世帯」で12市、「子どもとの同居世帯」で30市において、負担が増加したのである。苫小牧市をはじめとした12モデルすべて負担減になった市町村は、いずれも4方式の賦課方式を用いていた。詳細な分析が必要であるが、都市部において負担増の傾向がみられるのは、「資産割」を含まない方式を採用しているケースが少なくないこと、若年層が比較的多いため、国民健康保険料が比較的低く抑えられてきたことなどがあげられよう。また、「子どもとの同居世帯」においては、「低所得」層で48％、「中所得」層で58％、「高所得」層で64％の市町村・広域連合で負担増になった。

そして、この調査をもとにしながら、政府は、いっそうの低所得者対策を行うことになった。つまり、2008年7月25日から改正された政令が施行され、これによって、2008年度と2009年度以降の保険料の軽減幅の拡大が行われることになった。政令の改正により、各都道府県の後期高齢者医療広域連合が関連条例を改正し、4月の制度発足時までさかのぼって再計算がなされ、対象者には、8月以降に改めて通知されることになったのである。具体的な措置は次のとおりである[18]。つまり、たとえば夫婦2人とも年金収入のみの夫婦2人世帯で夫の年金収入が168万円以下、妻の年金収入が135万円以下の世

図表4-13 2009年度以降の長寿医療制度（後期高齢者医療制度）の保険料の概要

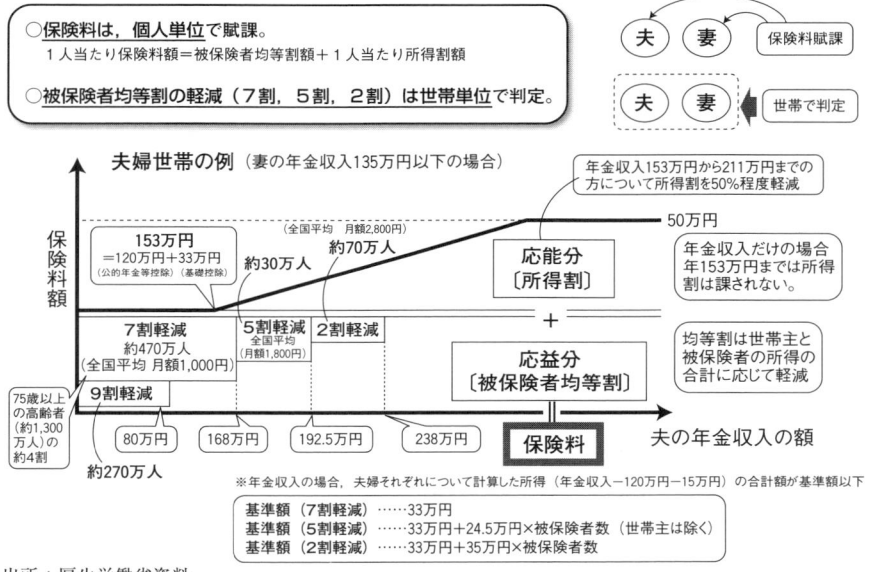

○ 保険料は、個人単位で賦課。
　1人当たり保険料額＝被保険者均等割額＋1人当たり所得割額
○ 被保険者均等割の軽減（7割, 5割, 2割）は世帯単位で判定。

夫 → 妻　保険料賦課
夫 ─ 妻　世帯で判定

夫婦世帯の例（妻の年金収入135万円以下の場合）

保険料額

153万円
＝120万円＋33万円
（公的年金等控除）（基礎控除）

（全国平均　月額2,800円）

年金収入153万円から211万円までの方について所得割を50%程度軽減

50万円

応能分〔所得割〕

年金収入だけの場合年153万円までは所得割は課されない。

7割軽減
約470万人
（全国平均 月額1,000円）

5割軽減
全国平均
月額1,800円

2割軽減

約30万人　約70万人

＋

応益分〔被保険者均等割〕

均等割は世帯主と被保険者の所得の合計に応じて軽減

9割軽減

保険料

75歳以上の高齢者（約1,300万人）の約4割

80万円　168万円　192.5万円　238万円

約270万人

夫の年金収入の額

※年金収入の場合、夫婦それぞれについて計算した所得（年金収入－120万円－15万円）の合計額が基準額以下

基準額（7割軽減）……33万円
基準額（5割軽減）……33万円＋24.5万円×被保険者数（世帯主は除く）
基準額（2割軽減）……33万円＋35万円×被保険者数

出所：厚生労働省資料。

帯は、2008年度の均等割額が7割軽減されていたが（**図表4-7**），2008年度のみ均等割額を8.5割軽減する措置がとられることになった。また、2009年度以降の均等割の軽減措置として、これまで用意されていた「収入に応じて7割，5割，2割の軽減措置」に加え、「9割軽減」を新たに設け，後期高齢者医療制度の被保険者全員が年金収入年額80万円以下の世帯の場合については「9割軽減」を適用することになった。これにより、7割軽減の均等割保険料額（全国平均）が年額12,450円だったのが、9割軽減で年額4,150円に引き下がることになった。なお、2008年度に均等割額について8.5割の軽減を受ける世帯のうち収入が80万円以上の後期高齢者世帯については2009年度から7割に戻される予定であったが、現在も8.5割の軽減が続けられている。さらに、所得割額の負担が生じない年金収入年額153万円以下の後期高齢者に加え、2008年度には、年金収入153万円超211万円以下の後期高齢者についても、「所得割額の5割を軽減する」措置が設けられ、2009年度以降も継続

とされた。その実施については，各広域連合の判断となるが，たとえば，北海道の広域連合では，これにもとづいて，「賦課の基となる所得金額」が58万円以下の後期高齢者（年金年額収入211万円以下）については，所得割額が5割軽減される措置がとられることになったのである。以上のような，保険料にかかわる軽減措置の見直し後の保険料の仕組みは**図表4-13**に示した。

では，このような保険料の軽減措置の効果は，どの程度のものだったろうか。佐賀県では，被保険者総数は10万8,000人であったが，2008年度の2つの措置のうち，均等割額を7割軽減されている世帯（負担額14,200円）の軽減率を8.5割にする措置（負担額6,900円）の該当者は3万8,000人（35％），所得割額の5割軽減の該当者は8,500人（8％）であった。均等割の軽減措置の該当者が35％あったことはかなりの数値であり，政策効果は大きい。そして，このために不足する金額は3億7,700万円となったが，全額を国の交付金で賄うことになったのである[19]。

さらに，保険料の支払において，年金からの天引き以外に，口座振替が可能になった。つまり，国民健康保険料（税）を世帯主として確実に納入（過去2年間未納がない）している後期高齢者は本人の口座から，世帯主もしくは配偶者がいる年金収入180万円未満の後期高齢者については，世帯主もしくは配偶者が本人に代わって，世帯主もしくは配偶者の口座から，保険料を納めることが可能になったのである。ただし，保険料の徴収方法の変更にあたっては，本人からの申請が必要である。8月上旬までに申請すれば，10月分からの保険料支払いを口座振替にすることができる。また，世帯主や配偶者が代わりに納める場合，本人の後期高齢者医療保険料の金額を，世帯主・配偶者の社会保険料として確定申告時に控除することができるという，税制上の処遇が行われることになった[20]。

また，2008年7月1日から，後期高齢者終末期相談支援料を凍結することとなった。これにより後期高齢者終末期相談支援料は算定できなくなった。ただし，6月30日において，すでに患者およびその家族に対して文書などの提供を行った医療機関については，経過措置として，当該患者にかぎり，7月1日以後も後期高齢者終末期相談支援料を算定できるものとした。

7 後期高齢者医療制度の課題

　以上，後期高齢者医療制度について，さまざまな角度から論じてきた。そこで，後期高齢者医療制度の課題を改めて提起するとともに，今後の制度の展望を示しておきたい。

(1) 独立方式の意義

　高齢者医療の改革をめぐっては，この10年余り，医師会，健保連，経団連，連合などが，それぞれの主張を展開してきた（**図表4－14**）。これを大きく分けると，独立方式，突き抜け方式，リスク構造調整方式，一元化方式の4つになる。どれも全面的に賛成できるものはないが，筆者は，次に述べる理由から，独立方式が相対的に優れていると考える。

　突き抜け方式は，企業の定年退職者の受け皿としてサラリーマンOBが加入する新しい保険制度を設け，これに現役のサラリーマンが支援金を出すものである。したがって，サラリーマンだった定年退職者は国民健康保険に加

図表4－14　高齢者医療制度の各類型

①【独立方式】（支持団体：日医，健保連，経団連）

高齢者	
国保	被用者

③【(年齢)リスク構造調整方式】

国保　⇔　被用者

②【突き抜け方式】（支持団体：連合）

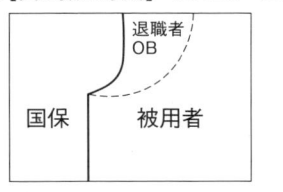

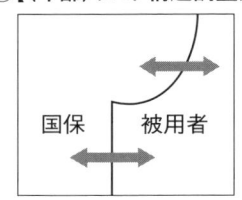

退職者OB／国保／被用者

④【一本化（一元化）方式】

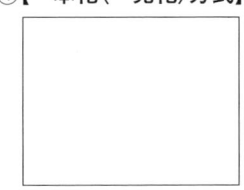

出所：厚生労働省資料より作成。

入しないことになる。現役世代は同じサラリーマンだった退職者にのみ拠出金を出し，自らも将来に制度の恩恵を受けることができるために，現役世代の合意が得られやすい。また，企業の負担も求めやすいだろう。しかし，国民健康保険財政は，高齢化のいっそうの進行，ならびに安定的な財源（国民健康保険料もしくは国民健康保険税）を支払うはずのこれら退職者が国民健康保険に加入しないことによって，厳しい状況になることが予想される。また，近年，雇用の流動化が進み，派遣労働者やパート労働者など非正規雇用の労働者が増大している。このような大企業の正社員中心に囲い込む保険制度では，労働者の差別・分断につながる可能性もある。

　また，リスク構造調整方式は，2002年に公明党の坂口元厚生労働大臣が私案として出したもので，加入者の所得の違いに基づく被用者保険間の構造上の問題や，加入者における高齢者数の多寡に基づく国民健康保険と被用者保険間の構造上の問題を，いずれも財政調整でならしていく方式である。ただし，この方式は，被用者保険の持ち出しが多くなる点や，いわゆるクロヨン問題を考えていない点で課題が残る。また，効率的な運営に保険者が努力するインセンティブが弱くなるという批判が，健保連や連合などにある。

　一元化方式は職域保険と地域保険を1つの単位（たとえば都道府県単位）で一元化するものである。この方式は完成型の1つであるし，理想的にはそうあるべきだと筆者も考えているが，実現性の点では最も乏しい。というのは，数千もある保険者をまとめることは至難の業であるし，リスク構造調整方式と同様に，クロヨン問題の存在を考えれば，公平に保険料を決めることができるのかが課題となるからである。

　独立方式は，一定の年齢以上の高齢者を，国民健康保険と被用者保険から切り離し，新たに作られた独自の保険に加入させる方式である。公費，現役世代からの支援，高齢者の保険料を財源とする方式で，現行の後期高齢者医療制度が，これにあてはまる。医師会，健保連，経団連などが独立方式を支持しているが，公費負担割合や対象年齢などで，見解はさまざまに分かれる。

　現行の後期高齢者医療制度は75歳以上の高齢者が加入し，公費5割，現役世代からの支援4割，後期高齢者の保険料1割でスタートした。そして，2年ごとに保険料の見直しが行われるシステムとなっているが，見直しのたび

に，公費5割は固定させておいて，現役世代と後期高齢者医療世代との人口比で，負担割合を変えていこうとするものである。現行の後期高齢者医療制度には「うば捨て山」批判が強いが，後期高齢者医療制度の制度設計がもともと財政緊縮を進める意図で行われたところに無理があったのである。高齢になるほど病気になりやすいし，糖尿病，高脂血症などの慢性疾患の割合も高くなる。また，他の方式には課題が山積している。そこで，現役世代とは別の制度に高齢者が加入することに筆者は反対ではないが，公費負担割合は高めなければならない。医療の質と量の充実にはカネがかかることが認識されなければならないのである。そのうえでならば独立方式に賛成したい。そして，将来的には，独立方式は税方式で営まれることが最も望ましいと考えるのである。

今回の後期高齢者医療制度については，高齢者を差別分断するものとの批判が根強い。しかし，年齢で分けることが問題なのではない。財政緊縮を意図した点にこそ問題があったのである。高齢になれば病気しやすくなり，医療費がかかるようになることは自明である。そこで，独立方式にし，公費投入を強める必要が出てくるのである。独立方式はこのような観点で意義があるのである。

(2) 後期高齢者医療制度や政府の見直し策で評価できる点等

2007年秋ならびに2008年4月施行後に行われた政府の後期高齢者医療制度の見直しについては一定程度評価したい。なるほど，老人保健制度から後期高齢者医療制度への変更を決めた際に，後期高齢者1人ひとりの負担がどのように変わるのかについての説明が不足していたし，実際，負担が増加した後期高齢者が少なからず存在した事実はあるけれども，先に指摘したように，国民健康保険料の賦課方法が市町村によって大きく異なるし，家族構成や収入によっても変化の度合いが著しく違うことを考えれば，制度施行前後の低所得者対策の実施はやむを得なかっただろう。また，一定所得以上の後期高齢者に口座振替を認めたことも評価したい。ただし，後期高齢者医療保険料の口座振替を認めておきながら，介護保険料のほうは一定所得（年金年額18万円以上）を超える層への口座振替えが認められなかった。普通徴収か特別

徴収のどちらを選ぶかは納付する側の権利とすべきである。

　さらに，これまでの老人保健制度では，子どもの被扶養になっている被用者保険の後期高齢者から保険料を徴収することはなかった。しかし，国民健康保険に加入している後期高齢者が保険料支払いを続けていたことを考えれば，公平性に欠けていると言わざるを得なかった。後期高齢者医療制度では，子どもの被扶養になっている被用者保険の後期高齢者からも保険料を徴収することになったが，これは，公平性の観点から評価できる。なお，後期高齢者医療制度に加入する前日において被用者保険の被扶養者であった後期高齢者については，所得割がかからず，均等割が5割軽減される仕組みとなっていたが，特例措置として均等割が9割軽減され，現在もそれが継続されている。

　また，これまで市町村の国民健康保険料の格差が5倍あったものを，後期高齢者医療制度では2倍まで縮小した。また，市町村によって賦課方法がまちまちだったものを，均等割と所得割に統一したことも，公平性の確保につながるので評価したい。

　さらに，後期高齢者の窓口負担を1割とした点を評価したい。ただし，70～74歳の窓口負担は2割（当初の予定，現在も未実現），70歳未満の窓口負担は3割とされている現状についてはどう考えたらよいのだろうか。65歳以上の高齢者の窓口負担を，介護保険と合わせる形で1割負担にする方法も検討に値するし，前期高齢者の窓口負担を2割にする方法もあると思われる。また，後期高齢者医療制度の対象年齢は75歳以上であるが，別の対象年齢の設定はできないのだろうか。検討の余地がありそうである。

(3) 終末期相談支援料，包括定額制などについて

　後期高齢者終末期相談支援料については，現在凍結となっているが，なによりも患者や家族への人権や意思決定が尊重されなければならない。そして，終末期医療費がどのくらいかかるのかのデータが，まず示されるべきなのではないだろうか。そのうえで，慎重な議論が行われるべきであって，終末期医療費の抑制だけが先行することがあってはならない。さらに，「担当医」制度が有効に機能できるのだろうか。複数の症状（たとえば糖尿病，高脂血

症，高血圧症）をもち，複数の医療機関にかかっている患者もいる。主病ルールに基づき診療料を算定できる医療機関＝［担当医］は患者1人につき1つに限定されている。複数の病名のなかから，主病を1つ決めることには課題がある。また，包括定額制は過少診療に陥る危険性を内包している。今回は，全面導入にいたらなかったが，今後の動向に注目しなければならない。

(4) 現役世代の支援について—後期高齢者医療支援金と前期高齢者医療納付金

　2008年8月，トラック陸運業界大手の西濃運輸グループの健康保険組合が解散した。高齢者医療への拠出金が前年度比で62％増加し，負担（保険料率の引上げ）に耐えかねて社員とその家族約5万7,000人が政府管掌保険に移ったのである。そればかりではない。2008年度は約1,500の健康保険組合のうち約9割が赤字で，早晩の保険料率の引上げが必要となろう。このようななか，今後，西濃運輸グループのように，保険料率を引き上げることを嫌って健康保険組合を解散し，保険料の安い政府管掌健康保険に移るケースが増えることが予想されているのである。後期高齢者医療制度の支援金のほかに，これまでの老人保健制度とほぼ同様な分担の仕組みとなっている前期高齢者の医療費部分への納付金（前期高齢者医療納付金），退職者医療制度への拠出金など，健康保険組合からの所得移転は多額に上っている（**図表4－15**）。とくに，前期高齢者医療納付金は，65〜74歳の前期高齢者（約1,400万人）を対象とした被用者保険と国民健康保険間の医療費（厚生労働省の推計値で給付費5.0兆円，患者負担1.1兆円）の財政調整の制度であり，前期高齢者の加入者率が高い国民健康保険への財政支援を，若年者の加入の多い健康保険組合などが行う仕組みである。加入者の構成が若く，前期高齢者の加入率が低く，しかも財政力の弱い健保組合ほど相対的に重い納付金を支払うことになるのであり，そのような健康保険組合の財政負担感が強いのである[21]。実際，2008年度の高齢者医療に係る健保組合の拠出金等は2兆7,400億円に達し，2007年度に比べ4,100億円増加した。このうち，前期高齢者医療制度納付金の増加が著しかったのである[22]。

　このままでは，近い将来，所得移転が健康保険組合の組合員への医療給付費と同額もしくは上回る時期が来ることになるだろうと懸念を表明する主張

図表4-15 高齢者医療制度の概要と前期高齢者医療制度のしくみ

〔高齢者制度の概要〕

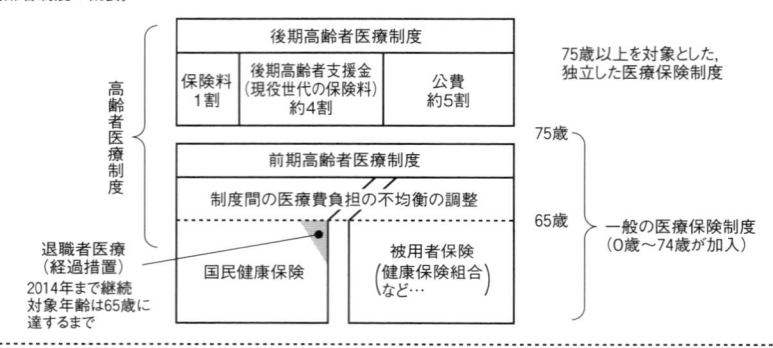

高齢者医療制度
- 後期高齢者医療制度
  - 保険料 1割
  - 後期高齢者支援金（現役世代の保険料）約4割
  - 公費 約5割
  - 75歳以上を対象とした，独立した医療保険制度
- 前期高齢者医療制度
  - 制度間の医療費負担の不均衡の調整
  - 退職者医療（経過措置）2014年まで継続 対象年齢は65歳に達するまで
  - 国民健康保険
  - 被用者保険（健康保険組合）など…

75歳
65歳

一般の医療保険制度（0歳〜74歳が加入）

〔前期高齢者制度のしくみ〕

〈対象者数〉65歳〜74歳の前期高齢者 約1,400万人
〈前期高齢者医療費〉6.1兆円（給付費5.0兆円 患者窓口負担1.1兆円）
※厚生労働省による2008年度の推計値
〈財源構成〉

| 患者負担 1.1兆円 | 市町村国保等 4.2兆円 (84%) | 政管 0.6兆円 | 健保 0.2兆円 | 共済 0.0兆円 (16%) |

制度間の不均衡の調整のため 75歳未満の加入者数に応じて負担

調整後

| 患者負担 1.1兆円 | 市町村国保等 2.1兆円 (4,200万人) 42% | 政管 1.5兆円 (3,400万人) | 健保 1.1兆円 (2,800万人) 58% | 共済 0.3兆円 (900万人) |

※ 前期高齢者に係る後期高齢者支援金（0.5兆円）についても，同様の調整を行う

〈保険者間の費用負担調整の概要〉

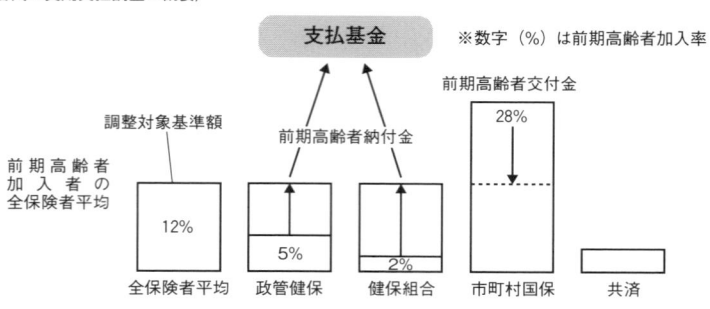

支払基金
※数字（%）は前期高齢者加入率

前期高齢者納付金 → 支払基金
前期高齢者交付金

- 前期高齢者加入者の全保険者平均：調整対象基準額
- 全保険者平均 12%
- 政管健保 5%
- 健保組合 2%
- 市町村国保 28%
- 共済

出所：厚生労働省資料。

もあらわれている[23]。さらに，政府管掌健康保険に移行する健康保険組合が増えれば，政府管掌健康保険の加入者が増え，国の財政負担が増大する。そうなれば，もはや，国が財政負担の一部を健康保険組合に肩代わりさせるようなやり方は，いつまでも続かないだろう。

　後期高齢者医療制度は，老人保健制度の限界を踏まえてつくられたものである。したがって，すでに述べたように評価できるところも多い。ただし，前期高齢者医療制度が老人保健制度とほぼ同様に，前期高齢者の加入率や平均医療費をもとに計算される仕組みになっていることや，後期高齢者医療制度においても，後期高齢者の医療保険料だけではなく，現役世代の支援金についても膨大な金額になるなど課題が山積している。保険とは，受益と負担の関係がはっきりしているところに特徴がある。今後，高齢者は増大するし，低所得の高齢者も多数生まれるだろう。医療給付費，介護給付費は上昇する。そこで，質，量の両面で一定の水準の医療サービスと介護サービスを供給するシステムがつくりあげられなければならない。したがって，現役世代からの所得移転が，このような医療と介護のセーフティネットの構築にために必要不可欠なものとなるが，それが支援金や納付金という形で今後もずっと行われるには課題が少なくない。高齢者が増大するなか，今後は，保険方式のような企業の負担と労働者の賃金よりも，もっと広く負担のベースをとる方式の検討が必要となる。本章1.において，筆者が税方式を提唱したが，これはこのような保険方式の限界からも述べているのである。その意味では，増税とくに消費税の議論は，高齢者医療や高齢者介護を保険方式で行うことの限界をふまえて行われなければならない。

　近い将来は高齢者医療と高齢者介護，つまり，long-term insuranceは税方式に転換されなければならないだろう[24]。

8 社会保障制度再構築と消費税の役割

　6でみてきたように，後期高齢者医療制度実施に当たり政府はさまざまな措置をとったが，高齢者を中心に制度への不満が相次いだ。そこで政府は，実施後においても，さまざまな保険料の軽減措置等をとった。これらの軽減

図表4-16　2010年度・2011年度の後期高齢者医療制度の均等割額の軽減措置

均等割額にかかる軽減の基準	軽減割合	減額後の均等割額（東京）	減額後の均等割額（北海道）
所得の合計額が基礎控除額（33万円）以下	8.5割	5,670円	6,628円
上記の8.5割軽減を受ける世帯のうち，被保険者全員が年金収入80万円以下で他の所得がない	9割	3,780円	4,400円
基礎控除額（33万円）＋（24.5万円×世帯主を除く被保険者数）以下　※単身者は該当しない	5割	18,900円	22,096円
基礎控除額（33万円）＋（35万円×被保険者数）以下	2割	30,240円	35,353円

(注) 65歳以上の公的年金については，年金所得から15万円を差し引いた金額で判定する（高齢者特別控除）。
出所：東京都後期高齢者広域連合ならびに北海道後期高齢者広域連合資料。

措置は期間限定で行われたものがあったが，今日まで継続されているものが少なくない。保険料に関しては，後期高齢者医療制度実施直後に行われた均等割額の軽減措置である「9割」と「8.5割」の軽減措置が継続されている。「8.5割」の軽減措置を「7割」に戻すことは断念されたのである（**図表4-16**）。さらに，70-74歳の高齢者の窓口負担を1割から2割に引き上げる方策も，今日まで実施に移されていない。

このようななか，2010年度に**図表4-9**の計算式に基づいて，初めての保険料の改定が行われた。保険料は2009年度に比べて全国平均で14％ほど増えることが見込まれていたため，広域連合のなかには剰余金を財源に充当して保険料の上昇を抑制したり，都道府県のなかには財政安定化基金を取り崩して保険料の増加を抑制したところもあった。このために，全国平均でみれば，2009年度と比べての2010年度の保険料はわずかの上昇にとどまった（**図表4-17**）。均等割額が41,500円から41,700円に，所得割率が7.65％から7.88％に，年金収入79万円の基礎年金の受給者は4,150円から4,170円に，平均的な厚生年金受給者である年金収入201万円の者は51,600円から52,300円にそれぞれわずかずつ上昇したのである。

図表4-17　後期高齢者医療制度の2010年度及び2011年度の保険料率等について

	均一保険料率				被保険者一人当たり保険料額 (年額：円)			収入別の保険料額の例 (年額：円)			
	2008・2009		2010・2011			2010（見込額）		2009		2010・2011	
	均等割額 (円)	所得割率 (%)	均等割額 (円)	所得割率 (%)	2009		増加率	基礎年金受給者 (年金収入79万円)	平均的な厚生年金受給者 (年金収入201万円)	基礎年金受給者 (年金収入79万円)	平均的な厚生年金受給者 (年金収入201万円)
北海道	43,143	9.63	44,192	10.28	62,217	65,319	1.050	4,300	57,600	4,400	60,000
青森県	40,514	7.41	40,514	7.41	39,975	39,939	0.999	4,000	50,100	4,000	50,100
岩手県	35,800	6.62	35,800	6.62	38,270	38,342	1.002	3,500	44,500	3,500	44,500
宮城県	38,780	7.14	40,020	7.32	52,308	53,998	1.032	3,800	48,100	4,000	49,500
秋田県	38,426	7.12	38,925	7.18	37,108	38,110	1.027	3,800	47,800	3,800	48,300
山形県	37,300	6.85	38,400	7.12	38,782	40,678	1.049	3,700	46,200	3,800	47,800
福島県	40,000	7.45	40,000	7.60	45,083	45,473	1.009	4,000	49,800	4,000	50,200
茨城県	37,462	7.60	37,462	7.60	49,660	46,992	0.946	3,700	48,200	3,700	48,200
栃木県	37,800	7.14	37,800	7.18	48,939	48,886	0.999	3,700	47,300	3,700	47,400
群馬県	39,600	7.36	39,600	7.36	51,786	52,349	1.011	3,900	49,300	3,900	49,300
埼玉県	42,530	7.96	40,300	7.75	74,230	71,609	0.965	4,250	53,120	4,030	50,840
千葉県	37,400	7.12	37,400	7.29	64,279	64,909	1.010	3,700	47,000	3,700	47,400
東京都	37,800	6.56	37,800	7.18	84,274	88,439	1.049	3,700	45,900	3,700	47,400
神奈川県	39,860	7.45	39,260	7.42	85,890	85,724	0.998	3,980	49,760	3,920	49,210
新潟県	35,300	7.15	35,300	7.15	43,137	42,206	0.978	3,500	45,400	3,500	45,400
富山県	40,800	7.50	40,800	7.50	54,959	54,951	0.999	4,000	50,600	4,000	50,600
石川県	45,240	8.26	45,240	8.26	59,481	59,973	1.008	4,524	56,016	4,524	56,016
福井県	43,700	7.90	43,700	7.90	54,386	54,178	0.996	4,300	53,900	4,300	53,900
山梨県	38,710	7.28	38,710	7.28	46,325	46,195	0.997	3,870	48,440	3,870	48,440
長野県	35,787	6.53	36,225	6.89	45,770	48,023	1.049	3,500	44,300	3,600	45,500
岐阜県	39,310	7.39	39,310	7.39	54,576	55,162	1.011	3,900	49,100	3,900	49,100
静岡県	36,000	6.84	36,400	7.11	59,100	59,571	1.008	3,600	45,200	3,600	46,100
愛知県	40,175	7.43	41,844	7.85	73,998	77,658	1.049	4,000	49,900	4,100	52,300
三重県	36,758	6.79	36,800	6.83	49,321	50,102	1.016	3,675	45,702	3,680	45,832
滋賀県	38,175	6.85	38,645	7.18	54,369	56,103	1.032	3,817	46,980	3,864	48,148
京都府	45,110	8.29	44,410	8.68	70,665	70,969	1.004	4,511	55,984	4,441	56,360
大阪府	47,415	6.68	49,036	9.34	76,833	80,728	1.051	4,741	58,764	4,903	61,644
兵庫県	43,924	8.07	43,924	8.23	70,041	71,095	1.015	4,392	54,507	4,392	54,891
奈良県	39,900	7.47	40,800	7.70	62,202	63,881	1.027	3,900	49,900	4,000	51,100
和歌山県	43,375	7.92	42,649	7.91	50,196	50,196	1.000	4,300	53,700	4,200	53,100
鳥取県	41,592	7.75	40,773	7.71	48,097	47,569	0.989	4,100	51,800	4,000	51,100
島根県	39,670	7.35	39,670	7.35	43,067	43,342	1.006	3,960	49,370	3,960	49,370
岡山県	43,500	7.89	44,000	8.55	56,621	59,013	1.042	4,300	53,700	4,400	55,700
広島県	40,467	7.14	41,791	7.53	60,310	63,801	1.058	4,046	49,509	4,179	51,504
山口県	47,272	8.71	46,241	8.73	64,779	64,299	0.993	4,727	58,721	4,624	57,944
徳島県	40,774	7.43	43,990	8.03	44,913	48,391	1.077	4,000	50,400	4,300	54,400
香川県	47,700	8.98	47,200	8.81	63,540	63,422	0.998	4,700	59,700	4,700	58,900
愛媛県	41,659	7.85	41,227	7.84	49,801	49,779	0.999	4,160	52,160	4,120	51,790
高知県	48,569	8.88	48,931	8.94	52,331	53,106	1.015	4,856	60,167	4,893	60,600
福岡県	50,935	9.24	52,213	9.87	71,851	75,401	1.049	5,090	62,920	5,220	65,450
佐賀県	47,400	8.80	47,400	8.80	53,795	53,720	0.999	4,700	59,000	4,700	59,000
長崎県	42,400	7.80	42,400	7.80	49,334	49,496	1.003	4,200	52,600	4,200	52,600
熊本県	46,700	8.62	47,000	9.03	50,443	51,931	1.030	4,600	58,000	4,700	59,200
大分県	47,100	8.78	47,100	8.78	52,710	53,159	1.009	4,700	58,700	4,700	58,700
宮崎県	42,800	7.95	42,500	7.55	43,965	42,760	0.973	4,200	53,300	4,200	52,100
鹿児島県	45,900	8.63	45,900	8.63	44,215	44,488	1.006	4,500	57,400	4,500	57,400
沖縄県	48,440	8.80	48,440	8.80	52,510	52,964	1.009	4,844	59,872	4,844	59,872
全国	41,500	7.65	41,700	7.88	62,000	63,300	1.021	4,150	51,600	4,170	52,300

（注1）　均一保険料率（均等割額及び所得割率）は，2010年度及び2011年度とも同じであるが，被保険者一人当たり保険料額は，被保険者の所得水準の変化等の影響を受けることから，各年度において異なる額となる。このため，均一保険料率の据置き又は引下げを行った広域連合においても，被保険者一人当たり保険料額は増加している場合がある。
（注2）　被保険者一人当たり保険料額は，保険料改定に係る条例改正案提出時における見込額であり，被保険者ごとの保険料額が確定する6月から7月時点の額とは異なる。
出所：厚生労働省資料。

また，2012年2月23日に北海道後期高齢者広域連合は，2012年度と2013年度の北海道の保険料を，均等割が47,709円，所得割率が10.61％とすることを決定した（北海道後期高齢者広域連合資料，2012年2月による）。同時に，名寄市や島牧村，中川町などの15市町村（図表4－8）については，制度開始前の老人医療費が道内平均よりも20％以上低かったため，それよりも低い保険料の設定とすることを決定した。

　現在，医療と介護などのセーフティネットは大きく揺らいでいる。後期高齢者医療制度は，高齢者の負担問題だけを取り上げても課題が山積している。剰余金等の活用は一時しのぎに過ぎないことは明らかである。医療では，公費の導入を避けて患者負担を増大させることが近年の改革手法であったが，今後は公費を増やす検討が必要である。まさしく後期高齢者医療制度の財政では，後期高齢者の保険料負担問題でも，現役世代（組合健保等）の高齢者支援金の面でも課題が多いのであり，公費負担のあり方と今後の役割強化が求められているといえよう。後期高齢者医療制度では，基本的にその枠組みを維持しながら，公費投入を増やし，広く負担のベースをとる税方式にできるだけ近づけることが重要である。その意味では，現在民主党を中心とする政権において進められている後期高齢者医療の「抜本改革」の行方にも注目する必要があるだろう。

注

1）社会保険庁によれば，2006年度において，納付免除の失業者や納付猶予の学生などを分母に含めて算出された実質納付率は，全体が49.0％，20～24歳が26.9％，25～29歳が40.4％，納付免除者や納付猶予者を含めない一般的な納付率，全体が66.3％，20～24歳が56.2％であった。
2）内閣府編『高齢社会白書（平成20年版）』2008年6月，100頁。
3）財務省『日本の財政関係資料』2010年8月を参照。なお，1人当たり老人医療費でみた場合（2005年度），最高は福岡県の101万9,650円，最低は長野県の67万2,853円であった。全国平均は82万1,403円，高い方から2番目は北海道で，3番目は高知県であった。この点については注2）の98-100頁を参照。
4）2006年度実施の改正介護保険の課題については，横山純一「第5章　介護保険制度の大幅見直しと介護財源問題」『現代地方自治の焦点』同文舘出版，2006年2月を参照。介護従事者の賃金・労働条件については本書の第3章を参照。

5）神野直彦，金子勝編『「福祉政府」への提言』岩波書店，1999年12月。
6）内閣府編『高齢社会白書（平成23年版）』2011年7月，10頁。
7）同上。
8）高齢社会の進展ならびに高齢者の状況に関する数値は，とくに断りのないかぎり，注6）の『高齢社会白書（平成23年版）』ならびに注2）の『高齢社会白書（平成20年版）』による。
9）近年，日本の合計特殊出生率は，低い数値で推移している。つまり，1970年2.13，1990年1.54，2000年1.36，2005年1.26，2008年1.37，2010年1.39となっているのである。1989年の1.57ショック以降も低下しつづけたが，2005年の1.26を底に近年は若干もち直している。なお，合計特殊出生率（2010年）が最も高い県は沖縄県（1.83），最も低いのは東京都（1.12）であった。また，主要国の合計特殊出生率は，アメリカ2.01（2009年），フランス2.00（2010年），イギリス1.90（2007年），イタリア1.41（2008年），スウェーデン1.91（2008年）で，いずれの国も日本を上回り，日本の少子化が著しく進んでいることが把握できる。以上は，厚生労働省『人口動態統計』各年版を参照。
10）国立社会保障・人口問題研究所『日本の将来推計人口』2006年。
11）後期高齢者医療制度については，厚生労働省資料のほかに，『高齢社会白書（平成20年版）』，厚生労働省編『厚生労働白書（平成19年版）』2007年9月，「社会保障審議会後期高齢者医療の在り方に関する特別部会資料」2006年10月5日，「北海道後期高齢者広域連合資料」2007年12月，「稚内市後期高齢者医療制度説明資料」2007年11月などを参照。
12）後にみるように，後期高齢者医療制度の見直しが行われ，2008年秋から基本的に，口座振替が多くの後期高齢者において可能になった。
13）厚生労働省が後期高齢者医療制度施行前の2007年に示した事例では（全国平均の保険料は月6,200円とした場合），厚生年金の平均的な年金額の受給者（厚生年金年額208万円）は月6,200円（均等割3,100円，所得割3,100円），被用者の子どもと同居する後期高齢者（子どもが政管健保に加入して平均年収390万円，親が基礎年金受給者で年額79万円）は3,100円（均等割3,100円，所得割なし），基礎年金受給者（基礎年金年額79万円）は月900円（均等割900円，所得割なし），自営業者の子どもと同居する後期高齢者（子どもの年収は390万円，親が基礎年金受給者年額79万円）は月3,100円（均等割3,100円，所得割なし）となっている。
14）空知中部広域連合資料ならびに空知中部広域連合におけるヒアリング調査（2007年10月15日）による。
15）この点については本章6．で詳述する。
16）「朝日新聞」2008年8月15日朝刊。
17）「北海道新聞」2008年6月18日朝刊。
18）厚生労働省資料「長寿医療制度の見直しについて」2008年7月。
19）「毎日新聞」2008年8月9日朝刊。

20) 後期高齢者やその子どもの収入がどの程度あるのかにもよるのだが，非課税の後期高齢者本人が保険料を負担した場合は社会保険料控除が受けられないけれども，世帯主が後期高齢者の保険料を肩代わりすると，世帯主の控除額がその分増えるから，減税となるケースが生まれるのである。
21) 吉岡成子「後期高齢者医療制度をめぐる経緯と見直しの動向」『立法と調査』288号，2009年1月。
22) 厚生労働省資料。
23)「朝日新聞」に掲載された西沢和彦（日本総合研究所主任研究員）氏の発言，「朝日新聞」2008年9月13日朝刊を参照。
24) 詳しくは，横山純一「第5章　介護保険の現状と新公的介護保障システムの提案」『高齢者福祉と地方自治体』同文舘出版，2003年4月を参照のこと。

第5章 フィンランドにおける高齢者福祉の変化(1990-2006)
―1990年代前半の不況以後の高齢者介護サービスと福祉民営化，地域格差問題を中心に

1 はじめに

　フィンランドでは，1990年代前半（1991-1993年）に深刻な不況を経験した。そして，不況とそれへの対応のなかで，産業・雇用構造の変化，人口移動と地域格差，国の地方分権的な財政改革[1)]，自治体（Kunta）の合併[2)]などが生じた。

　このようななか，高齢者介護サービスの面においても大きな変化が現れている。本章では，1990年から2006年までの高齢者介護サービスの動向（高齢者の利用状況，高齢者の介護の必要度合，介護サービスの種類など），高齢者介護サービスにおける民営化の進展状況を，主に統計的に把握し，変化の内実を明らかにする。また，高齢者介護の面から，地域格差問題にもアプローチする。

　なお，将来的には，国と地方の財政問題の内実に立ち入りながら，高齢者介護にとどまらず，広い範囲の福祉・保健医療サービスを検証することによって，フィンランドの福祉国家の考察を行いたいと考えているが[3)]，本章はその前段作業という位置づけをももっている。

2 1990年代前半の不況以後のフィンランドの特徴（1）
―産業構造の転換と失業問題

(1) 産業構造の転換と農林水産業の不振

　深刻な不況を経験した後のフィンランドの経済をみてみよう。
　まず，産業構造に変化が生じた点に特徴が見いだせる[4)]。景気は1990年代

半ばに回復に向かうが，景気回復を牽引したのは，ITを軸とした電機・光学器械産業だった。その反面，これまでのリーディング産業の1つであった紙・パルプ・印刷産業は停滞している。1995年を100としたときの2006年の工業生産額は，電機・光学器械産業が420，紙・パルプ・印刷産業が110となっている。

　また，雇用労働者数でもずっと1位の座にあった紙・パルプ・印刷産業が減少し，電機・光学器械産業が1位におどり出た。つまり，1995年には，紙・パルプ・印刷産業の雇用労働者数が7万1,798人（うち紙・パルプが4万2,288人），電機・光学器械産業が5万2,749人（うち携帯電話，テレビ，ラジオなどが2万3,993人）だったが，2002年には，紙・パルプ・印刷産業が6万889人（うち紙・パルプが3万3,660人）に減少し，電機・光学器械産業は6万5,636人（うち携帯電話，テレビ，ラジオなどが3万6,028人）に上昇したのである。

　売上高（2002年）も電機・光学器械産業が368億ユーロ（うち携帯電話，テレビ，ラジオなどが308億ユーロ）と，2位以下を大きく引き離している。第2位の紙・パルプ・印刷産業の売上高は169億ユーロ（うち紙・パルプが127億ユーロ），3位の金属産業は134億ユーロだった。

　次に，農林水産業の停滞が顕著なことである[5]。就業人口に占める農業人口の割合は，1990年が7.3％，2004年が3.5％と比重を低下させている。とくに，酪農・養豚・養鶏業農家の減少が目立つ。酪農業の農家戸数は1990年の3分の1に，養豚業は4割に減少しているのである。これに対し，穀類生産農家戸数はほぼ現状維持である。フィンランドの農業生産額の6割が穀類，2割が牛乳となっている。農家1戸当たり平均農地面積は増大し，1990年が17ha，2006年が33haである。農業はかなりの規模拡大をしないと経営的に成り立たない状況となっており，小規模経営農家を中心に離農が進んでいる。なかでも10ha規模以下の農家は，4万7,035戸（1990年）から1万4,473戸（2006年）へと，実に7割減少したのである。

　フィンランドでは，国土が20の地域（Maakunta）に区分けされているが（**図表5－1**），農家1戸当たりの平均農地面積は北部や北東部の過疎地域のMaakuntaほど小さい（Etelä-Savo22.36ha，Lappi23.03ha，Kainuu27.36ha）。

図表5-1　フィンランドのMaakuntaと県（Laaninhallinto）

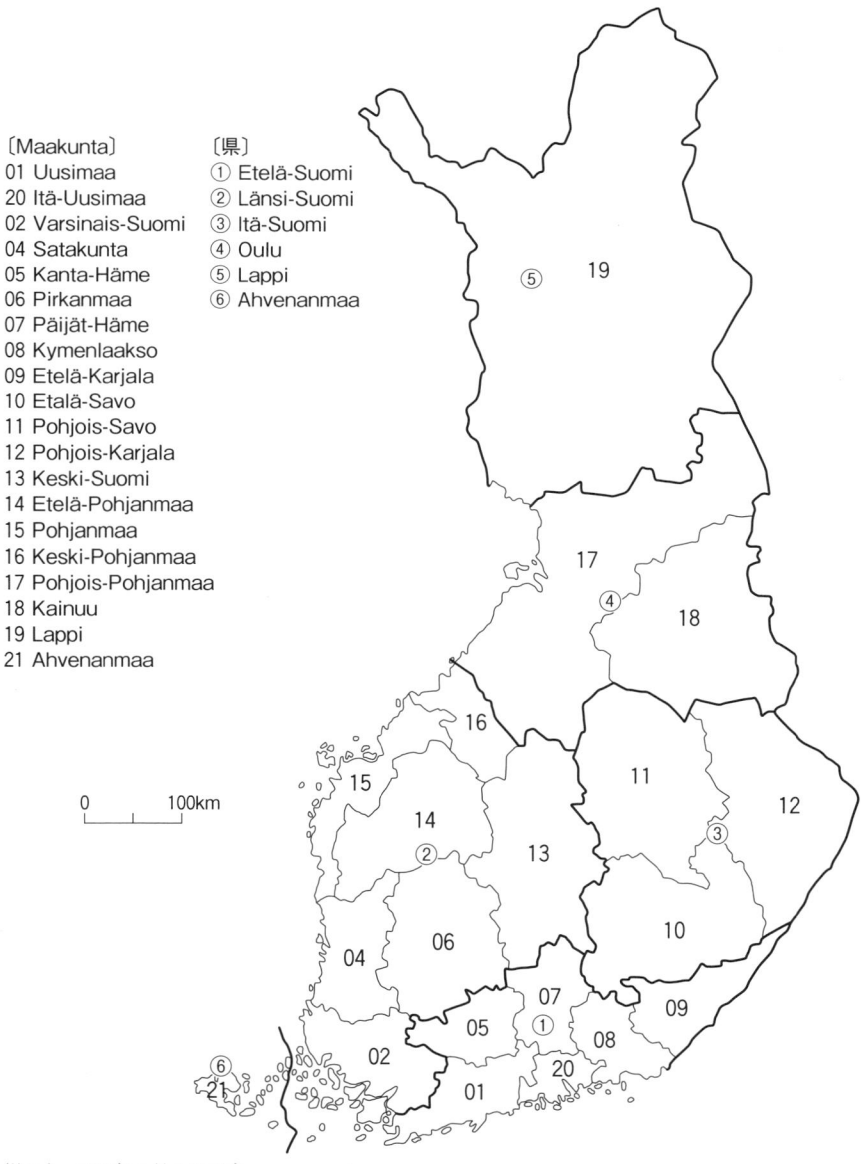

〔Maakunta〕
01 Uusimaa
20 Itä-Uusimaa
02 Varsinais-Suomi
04 Satakunta
05 Kanta-Häme
06 Pirkanmaa
07 Päijät-Häme
08 Kymenlaakso
09 Etelä-Karjala
10 Etalä-Savo
11 Pohjois-Savo
12 Pohjois-Karjala
13 Keski-Suomi
14 Etelä-Pohjanmaa
15 Pohjanmaa
16 Keski-Pohjanmaa
17 Pohjois-Pohjanmaa
18 Kainuu
19 Lappi
21 Ahvenanmaa

〔県〕
① Etelä-Suomi
② Länsi-Suomi
③ Itä-Suomi
④ Oulu
⑤ Lappi
⑥ Ahvenanmaa

（注1）　2009年1月1日現在。
（注2）　なお県は2009年12月31日に廃止された。
出所：Tilastokeskus "Suomen tilastollinen vuosikirja 2009", 2009, S.49

第5章　フィンランドにおける高齢者福祉の変化（1990-2006）　131

これとは反対に，大都市をかかえる南部のMaakuntaでは，その面積は大きい（Itä-Uusimaa43.75ha，Uusimaa41.91ha，Varsinais-Suomi40.44ha）のである。

3つ目は，就業人口のうち，農業人口と並んで製造業・鉱業人口と建設業人口の落ち込みが目立っていることである。製造業・鉱業人口は1970年が25.9％，1990年が21.8％，2004年が19.1％，建設業人口は1970年が8.3％，1990年が7.2％，2004年が6.1％となっている[6]。IT産業に比べて製造業や建設業は雇用面での吸収力が高いため，これらの産業の比重の低下は，景気が良好の時期においても失業が多い今日の構造と密接に連関している。不況から脱出して景気が回復した後も，失業率は不況以前に比べて格段に高いまま推移している。また，雇用のミスマッチが生じている。商業・飲食業・ホテル業と運輸・通信業については横ばい，金融・保険・不動産業と社会・対人サービス業は伸長している[7]。

(2) 失業問題と雇用のミスマッチ

2006年の失業者数は約20万人で，失業率は深刻な不況のときに比べれば下がってはいるものの（最高の1994年が16.6％，2006年が7.7％），不況以前（1980年代）の水準（3-5％）には至っていない[8]。フィンランドの失業で特徴的なことは，男女による失業率の違いはほとんどないが，若年失業者数が多いことである。15-74歳の失業者数は20万4,000人で，失業率は7.7％である。このうち15-24歳の失業者数は6万2,000人，失業率は18.7％に上っているのである。

失業率（2006年）は，地域的には農村部を広大に抱える北部，北東部のMaakuntaに多く，1位のKainuuが17.1％，2位のLappiが12.4％なっている。これに対して，首都のヘルシンキ市のあるUusimaaが5.5％，Uusimaaに隣接しているItä-Uusimaaは3.6％，産業が好調なPohjanmaaは5.4％となっている[9]。とくにKainuuが深刻で，深刻な不況のときの失業率の数値（20％台前半）が，ほとんど改善されていないのである。

また，以上のことと関連して，年齢構成別人口に占める生活保護受給者の割合は20-24歳が最大で，続いて25-29歳となっている（2005年）。20-24歳の

15.7％，25-29歳の10.2％が生活保護受給者となっているのである[10]。このため受給者には，独身の男女世帯が16万7,389世帯と圧倒的に多い。生活保護受給者は全部で，23万8,848世帯，37万7,376人（受給率は7.2％）であるため，独身世帯が約7割を占めているのである。MaakuntaのなかではLappi（9.6％）が最大である。

さらに，中高年労働者においては雇用のミスマッチと失業の継続が問題となっている。1995年以降，生活保護の受給期間が長くなる傾向がみられるのである[11]。すぐれた年金制度や障がい者福祉制度，女性雇用の仕組みがあるので，高齢者，障がい・病気，母子の生活保護受給者は少ないが，厳しい雇用状況が反映されているということができるのである。

3　1990年代前半の不況以後のフィンランドの特徴（2）
　　　——地域格差の拡大

(1) 人口の都市への集中と過疎化の進行

いくつかの指標をとおして，地域格差の実相にせまろう。

まず，人口の都市への集中が進んでいることである[12]。Maakunta別の人口数をみてみると（**図表5－2**），1985-1997年に比べて1997-2006年の方が，北部や北東部のMaakunta（Lappi, Kainuu, Etelä-Savo）の人口減少率が大きい。なるほど少子化の影響もみられるが，大きな理由は都市への人口移動である。首都のヘルシンキ市のあるUusimaaやタンペレ市のあるPirkanmaa，トゥルク市のあるVarsinais-Suomi，オウル市のあるPohjois-Pohjanmaaなどが着実に人口増加となっているのである。

(2) 人口の高齢化

また，人口の高齢化が過疎地域を中心に進んでいる。フィンランドの高齢者比率（全国平均）は1994年に14.1％になり，いわゆる高齢社会に突入した。その後も，高齢者比率は徐々に上昇して2005年には16％となっている[13]。65歳以上人口の割合が最も高いMaakuntaは，Etelä-Savoの21.0％，続いてEtelä-Karjalaの19.4％，Kainuuの19.2％という順になっている。その反対に

図表5-2　Maakunta別の人口数の推移　　　　　　　　　　　　　　　　　　　　(人)

	1985年	1997年	2006年	1985-1997年の増減率	1997-2006年の増減率	1985-2006年の増減率	人口最大の自治体名
Uusimaa	1090599	1257702	1373600	115	109	126	Helsinki
Itä-uusimaa	82006	87287	93853	106	108	114	Porvoo
Varsinais-Suomi	415889	439973	457789	106	104	110	Turku
Satakunta	250559	242021	229360	97	95	92	Pori
Kanta-Häme	157901	165026	169952	105	103	108	Hameenlinna
Pirkanmaa	418573	442053	472181	106	107	113	Tampere
Päijät-Häme	195041	197710	199235	101	101	102	Lahti
Kymenlaakso	197342	190570	184241	97	97	93	Kotka
Etelä-Karjala	143320	138852	135255	97	97	94	Lappeenranta
Etelä-Savo	177102	171827	159492	97	93	90	Mikkeli
Pohjois-Savo	256036	256760	249498	100	97	97	Kuopio
Pohjois-Karjala	177567	175137	167519	99	96	94	Joensuu
Keski-Suomi	247693	259139	269636	105	104	109	Jyväskylä
Etelä-Pohjanmaa	200815	198641	193585	99	97	96	Seinäjoki
Pohjanmaa	172865	174230	174211	101	100	101	Vaasa
Keski-Pohjanmaa	70728	72336	70672	102	98	100	Kokkola
Pohjois-Pohjanmaa	332853	359724	380668	108	106	114	Oulu
Kainuu	99288	93218	84350	94	90	85	Kajaani
Lappi	200943	199051	184935	99	93	92	Rovaniemi
Ahvenanmaa	23591	25392	26923	108	104	114	Maarianhamina

(注) 1985年，1997年，2006年ともに12月31日現在の数値。
出所：Tilastokeskus "Suomen tilastollinen vuosikirja 1998", S.54-55.
　　　Tilastokeskus "Suomen tilastollinen vuosikirja 2007", S.78-99, S.112-113.

　65歳以上人口の割合が低いのはUusimaaの12.2％，続いてPohjois-Pohjanmaaの13.4％，Itä-Uusimaaの14.9％となっている[14]。

　さらに，高齢者比率を自治体（Kunta）ごとにみていくと（2006年12月31日現在）[15]，最も高い高齢者比率は，Luhanka（Keski-Suomiに所属）の35.5％，続いてKuhmoinen（Keski-Suomiに所属）の32.0％，3位はSuomenniemi（Etelä-Karjaraに所属）の31.1％だった。最も高齢者比率が低いのは，Ouluusaloの7.1％（Pohjois-Pohjanmaaに所属），続いてKiiminki（Pohjois-Pohjanmaaに所属）の7.3％，3位はLiminka（Pohjois-Pohjanmaaに所属）の8.5％だった。

(3) 経済力と財政力の地域格差

　次に，人口1人当たりの地方所得税の課税所得（2005年度）をMaakunta別にみてみると[16]，最大がUusimaaの1万6,618ユーロ，最小がEtelä-Pohjanmaaの1万251ユーロだった。さらに，自治体別にみてみると，最大

がKauniainen（Uusimaaに所属）の2万7,387ユーロ，最小はMerijarvi（Pohjois-Pohjanmaaに所属）の7,231ユーロだった。自治体間では実に3.78倍の開きがあり，それだけ経済力の地域格差がみられるのである。

さらに，フィンランドの自治体の地方税収入の大部分を占める地方所得税の税率をみてみよう。フィンランドの地方所得税は1本の比例税率となっていて，自治体は地方所得税の税率を自由に決定することができる。2007年度の全国平均の数値は18.46％であるが，これをMaakunta別にみてみると[17]，最大はLappiの19.44％，つづいてKeski-Pohjanmaaの19.41％，最小はAhvenanmaaの16.80％，低い方から2番目はUusimaaの17.89％であった。自治体別にみると，最大がPelkosenniemi（Lappiに所属）とKarjaa（Uusimaaに所属）の21.0％，最小はKauniainen（Uusimaaに所属）とMaarianhamina（Ahvenanmaaに所属）の16.0％であった[18]。地方所得税率は自治体が自由に決定できるしくみになってはいるものの，自治体間ではそれ程大きな差はないということができよう。

ただし，すでにみたように，経済力の地域格差が存在している。そして，それは自治体間の財政力格差として現れることになる。そこで，フィンランドでは，国庫支出金をとおして地方財政調整が行われている[19]。

(4) 厳しい状況下にある自治体（Kunta）財政

自治体財政が厳しい状況にあることも，フィンランドの大きな特徴である[20]。そこで，今後，上昇傾向にある地方所得税率が一段とアップするのか[21]，福祉・保健医療サービスへのマイナスの影響が出るのではないのか，国税である付加価値税の税率（現在22％）を引き上げるのか，また引き上げた場合には地方への国庫支出金対応が充実するのか，現在こうちゃく状態にあるPARAS改革（自治体およびサービスの構造改革，Kunta-ja palvelurakenneuudistus）が進捗するのか[22]などが注目されるのである。

なお，2005年度の国税収入は357億7,100万ユーロ（所得税128億5,000万ユーロ，付加価値税136億5,800万ユーロ，ガソリンなど燃料への課税28億7,400万ユーロなど），地方税収入は143億700万ユーロ（地方所得税135億7,400万ユーロ）である[23]。所得税（国所得税と地方所得税の合計）のうち個人分は

212億1,100万ユーロ，法人分は52億4,800万ユーロである。

　自治体間の財政力に違いがあるため，国庫支出金に依存する度合が高い自治体もあれば，自主財源の比重の高い自治体もある。平均では地方税と国庫支出金の比率は3対1となっている[24]。MaakuntaのなかではUusimaaが10対1となっていて自主財源比率がきわめて高いが，次の2つのMaakuntaでは，所属自治体の過半数で地方税収入額を国庫支出金額が上回っている。つまり，Pohjois-Savo（所属する自治体数は23）では12の自治体が，Pohjois-Pohjanmaa（所属する自治体数は38）では21の自治体が，地方税収入額を上回る国庫支出金額となっているのである[25]。

4 高齢者と高齢者介護サービスの状況（1990-2005年）

(1) 地方制度と医療圏

　後論との関係上必要となる範囲で，地方制度について論じよう[26]。フィンランドの国と地方の関係は，中央政府と地方政府（自治体，Kunta）の二層制になっている。中央政府の下に，6つの国の出先機関（県，Lääninhallinto，県は2009年12月31日に廃止），20の地域（Maakunta，本章では日本語訳にせず，Maakuntaのままとする）がある。

　また，20の2次医療圏が設定されており（**図表5－3**），その各々に配置されている高度医療を行う拠点的な専門病院（公立病院）をはじめとする病院を運営する自治体連合（Kuntayhtymän Hallitus）がつくられている。さらに，20の医療圏を拡大して，拠点となる専門かつ最高度の医療を行う大学病院を中軸とする3次医療圏が形成されている。

　また，上記のような自治体連合は法律に基づいて必ず自治体が加入を義務づけられているものであるが，これとは別に，自治体が内発的に集まって1次医療の病院・診療所事業や職業学校事業を共同で営むことなどをする自治体連合がある。

　自治体連合は，小規模自治体が多いフィンランドでは比較的よく発達して

図表5-3 フィンランドの2次医療圏

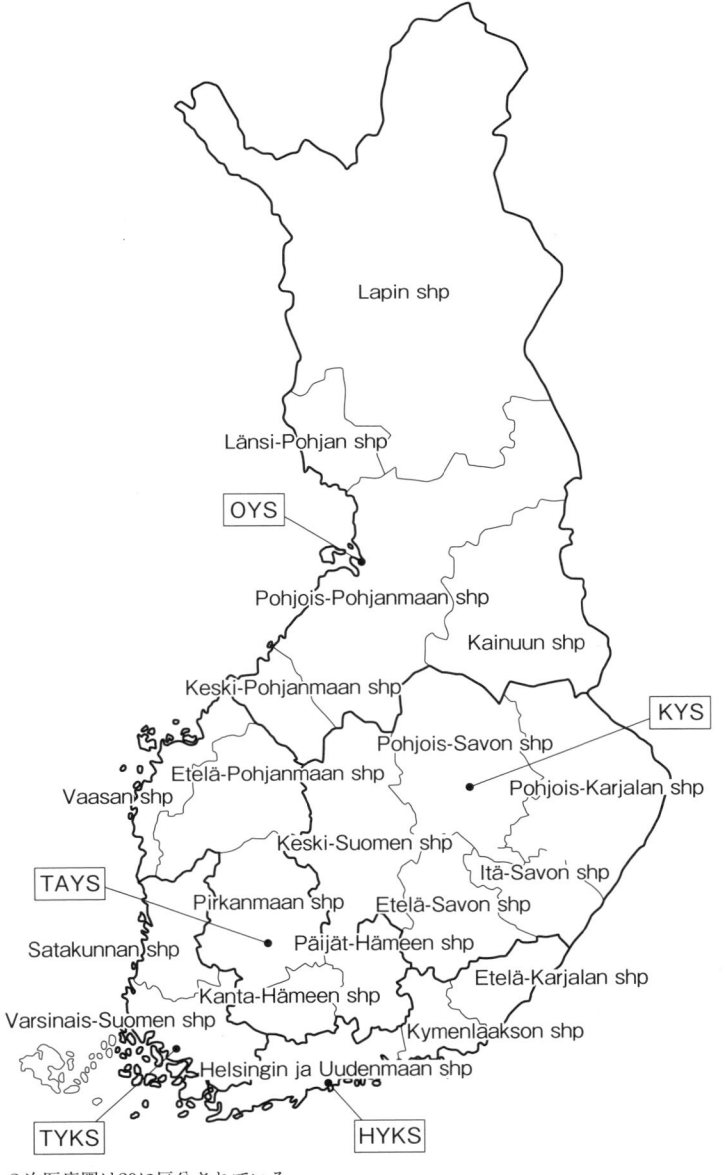

(注1) 2次医療圏は20に区分されている。
(注2) TAYSなど□で囲まれているのは、3次医療の拠点となる大学病院。
出所:STAKESでの入手資料(2008年11月入手資料)。

きた[27]。とくに病院・診療所や職業学校の運営で効果を発揮してきたといえるのである[28]。

自治体連合の財政規模は79億7,383万2,000ユーロ（うち社会福祉・保健医療が61億9,320万9,000ユーロ，教育・文化が13億3,442万8,000ユーロ）である。社会福祉・保健医療のうち1次医療が8億4,763万8,000ユーロ，2次以上の医療が45億1,969万2,000ユーロ，教育・文化のうち職業学校が8億8,843万9,000ユーロとなっている（2005年度決算）[29]。

（2）フィンランドの高齢化の状況と他の北欧諸国との比較

北欧諸国の年齢別構成人口の推移をみてみると（図表5－4），今後，フィンランドが最も高齢化が進行することが把握できる。つまり，2007年から2030年の間でフィンランドの80歳以上人口が著しく伸長するとともに，2010年から2020年にかけてフィンランドの65-79歳人口が26万人増加し，2025年頃に65-74歳人口を75歳以上人口が上回る見込みとなっているのである。

さらに，フィンランドでは，2025年にほぼ4人に1人が高齢者になる見込みである[30]。日本においては，後期高齢者人口が前期高齢者人口を上回るのが2017年，高齢者比率が25％に達するのが2013年と見込まれている[31]。最も高齢化が急ピッチで進んでいる日本には及ばないものの，フィンランドの高齢化がかなりの勢いで進んでいることが理解できるのである。

（3）高齢者の介護サービス利用状況

2005年にホームケアサービス（訪問介護サービスと訪問看護サービス），高齢者用サービスつき住宅（グループホームのような24時間サービスつきの高齢者用サービスつき住宅を含む），老人ホーム，病院（長期入院）を利用する65歳以上の高齢者は約11万人（65歳以上人口にしめる割合は13％），75歳以上の高齢者は9万3,000人（75歳以上人口にしめる割合は25％）だった（図表5－5）。

老人ホーム入居者数と長期入院者数は絶対的にも相対的にも減少している。反面，高齢者用サービスつき住宅の利用者数が増大している。2005年の高齢者用サービスつき住宅の利用者の約65％は，グループホームなど24時間サー

図表5-4　北欧5か国の人口推計

(千人)

	年	デンマーク	フィンランド	アイスランド	ノルウェー	スウェーデン	北欧5か国全体
合計	2007	5447.1	5277.0	307.7	4681.1	9113.3	24958.0
	2010	5496.7	5356.6	304.7	4748.3	9301.4	25293.0
	2020	5616.2	5546.8	325.7	5045.1	9728.8	26292.4
	2030	5717.0	5683.2	342.2	5367.2	10093.6	27234.9
	2040	5736.2	5730.4	351.2	5623.5	10313.3	27787.4
	2050	5683.6	5748.4		5843.0	10550.2	27825.1
0-14歳	2007	1014.2	901.2	65.5	905.9	1549.6	4465.6
	2010	995.3	883.6	63.6	891.8	1530.6	4382.6
	2020	938.4	918.5	64.4	881.8	1677.4	4485.2
	2030	964.0	910.3	65.1	937.2	1717.4	4598.8
	2040	975.0	886.6	64.1	952.8	1688.0	4571.1
	2050	946.6	896.4		961.4	1758.5	4563.0
15-24歳	2007	619.1	657.4	44.6	586.8	1161.3	3087.5
	2010	666.5	656.2	44.6	619.6	1229.9	3229.2
	2020	692.4	598.6	42.9	638.9	1050.4	3026.2
	2030	650.5	626.2	43.2	619.3	1165.9	3108.2
	2040	655.9	629.8	44.1	657.3	1221.7	3211.9
	2050	676.5	607.7		676.1	1184.2	3144.6
25-49歳	2007	1889.7	1734.3	111.8	1638.5	3021.9	8443.0
	2010	1844.3	1715.6	105.7	1628.9	3042.8	8367.9
	2020	1704.8	1686.3	107.4	1654.1	3109.9	8271.5
	2030	1661.3	1672.0	107.7	1718.4	3075.4	8243.9
	2040	1686.4	1649.4	107.8	1773.1	3120.6	8346.4
	2050	1646.6	1647.9		1791.2	3215.8	8301.4
50-64歳	2007	1089.4	1115.4	50.1	864.3	1799.0	4932.8
	2010	1086.1	1160.5	53.4	895.2	1765.8	4976.6
	2020	1124.9	1067.3	61.1	969.0	1825.7	5054.0
	2030	1084.7	980.3	61.0	993.5	1819.0	4944.7
	2040	926.9	1016.3	62.0	957.4	1801.9	4770.6
	2050	973.1	1008.2		1058.4	1893.4	4933.2
65-79歳	2007	610.2	647.7	26.0	467.4	1091.2	2848.8
	2010	674.4	686.8	27.3	498.5	1237.8	3132.5
	2020	872.7	959.2	38.8	689.2	1533.7	4099.1
	2030	910.3	992.2	50.4	780.9	1544.0	4283.6
	2040	965.1	927.3	52.5	874.9	1659.8	4485.7
	2050	842.6	928.8		855.1	1575.0	4201.6
80歳以上	2007	224.5	221.0	9.6	218.2	490.3	1165.3
	2010	229.1	254.0	10.1	214.2	494.5	1203.2
	2020	280.8	316.8	11.1	212.1	531.7	1354.2
	2030	441.4	502.1	14.9	317.8	771.9	2051.0
	2040	517.5	621.1	20.8	408.0	821.4	2392.5
	2050	580.0	659.4		500.7	923.2	2663.4

(注1) デンマークにはグリーンランドの人口をふくまない。
(注2) 2050年のアイスランドの数値は示されていない。
出所："Nordic Statiscal Yearbook 2007", S.81.

ビスつきの高齢者用サービスつき住宅の利用者である。21世紀に入って以降は，高齢者用サービスつき住宅の利用者の当該年齢構成別人口に占める割合は，65歳以上，75歳以上ともに微少の増加にとどまるが，24時間サービスつきの高齢者用サービスつき住宅だけをとれば，大きく増大しているのである[32]。

また，ホームケアサービスの利用者数は横ばいだが，当該年齢構成別人口に占める割合は65歳以上，75歳以上ともに低下している。このようななか，ホームケアサービスの訪問回数（1995-2005年）は，月1-8回，9-16回が減少している反面，月40回以上が増大している（図表5-6）。明らかに重度のホームケアサービス利用者へのサービスの重点化がみられるのである。

　後述の福祉サービスの民営化のところで詳述するが，ホームケアサービスの利用者のうち75％が自治体直営，25％が民間（非営利組織が10％，営利企業が14％）のサービスを利用し，高齢者用サービスつき住宅の利用者のうち，42％が自治体直営，58％が民間（44％が非営利，14％が営利）のサービスを利用している[33]。

　また，インフォーマルサービスである近親者介護サービス[34]の伸びが，1995年以降，どの年齢層の高齢者においても増大している（図表5-7）。

　さらに，老人ホーム利用者数（1万9,488人，65歳未満の利用者590人を含む）のうち1万7,800人が長期利用者であった。老人ホームと24時間サービスつきの高齢者用サービスつき住宅利用者の平均年齢は82.6歳，長期入院は83.2歳（2005年）だった[35]。なお，長期入院者には医学的な治療による患者数が含まれている。

(4) 高齢者介護サービスの提供体制，利用状況における地域格差

　高齢者介護サービスの提供体制と利用状況における地域格差は，かなり大きい。図表5-8によって，2005年の75歳以上の高齢者の介護サービスの利用状況について，代表的な都市部のMaakuntaであるUusimaaと北東部に位置して人口減少が進んでいるMaakuntaであるKainuuとを比較してみよう。75歳以上人口に占めるホームケアサービスの利用者の割合には大きなばらつきはみられないが，老人ホームについては，Uusimaaのほとんどの自治体で利用者があるのに対し，Kainuuでは，その中心自治体であるKajaaniに老人ホーム利用者がいるにすぎない。このことはKainuuにおいては老人ホームが極端に少ないことを示している。

　これに対し，長期入院者は，2つのMaakuntaのほとんどの自治体で2～4％の利用割合を占めている。1次医療である病院・診療所はナショナルミ

図表5－5　高齢者の介護サービス利用状況

65歳以上の利用状況 (人, %)

年	ホームケア		高齢者用サービスつき住宅		高齢者用サービスつき住宅のうち24時間サービスつき		老人ホーム		長期入院	
	利用者数	割合	利用者数	割合	利用者数	割合	利用者数	割合	利用者数	割合
1990							25659	3.8	11311	1.7
1995	53293	7.3	13990	1.9			22546	3.1	12255	1.7
2001	52353	6.6	21658	2.8	9005	1.2	20092	2.6	12136	1.5
2005	54316	6.5	24982	3.0	15639	1.9	18898	2.2	11198	1.3

75歳以上の利用状況 (人, %)

年	ホームケア		高齢者用サービスつき住宅		高齢者用サービスつき住宅のうち24時間サービスつき		老人ホーム		長期入院	
	利用者数	割合	利用者数	割合	利用者数	割合	利用者数	割合	利用者数	割合
1990							22180	7.8	9608	3.4
1995	41294	13.8	10197	3.4			19535	6.5	10312	3.4
2001	42231	12.1	17911	5.1	7791	2.2	17755	5.1	10362	3.0
2005	45037	11.8	21310	5.4	13554	3.4	16878	4.3	9758	2.5

(注) 割合とは65歳以上人口、75歳以上人口に対する各サービスの利用者の割合である。
出所：STAKES "Ikääntyneiden Sosiaali-ja terveyspalvelut 2005", S.34.

図表5－6　65歳以上の高齢者が受けるホームケアサービスの1ヵ月当たりの訪問回数
(人, %)

年	利用者数	1-8回	9-16回	17-40回	40回以上	
1995	53293	50.3	16.2	18.3	15.2	100
1997	48655	48.3	15.3	18.1	18.3	100
1999	53297	42.8	16.9	18.6	21.7	100
2001	52353	41.9	15.3	18.6	24.3	100
2003	51323	45.1	11.5	17.9	25.5	100
2005	54316	42.4	12.7	18.2	26.8	100

出所：STAKES "Ikääntyneiden Sosiaali-ja terveyspalvelut 2005", S.41.

図表5－7　近親者介護サービスの状況
(人, %)

年	65歳以上		65-74歳	75-84歳	85歳以上
	利用者数	割合	利用者数	利用者数	利用者数
1990	13196	2.0	3870	5872	3454
1995	11294	1.5	3253	4672	3369
2000	14355	1.8	4055	6142	4158
2005	19796	2.4	5279	9231	5286

(注) 割合は65歳以上人口にしめる利用者の割合である。
出所：STAKES "Ikääntyneiden Sosiaali-ja terveyspalvelut 2005", S.43.

ニマムがほぼ達成されているのに対し，老人ホームにおいては，必ずしもそうなってはいないことを示しているのである。

　高齢者用サービスつき住宅は，Kainuuでは，ほとんど24時間サービスつきである点にも着目したい。ただし，**図表5－8**を導き出した統計の出所が，高齢者用サービスつき住宅（24時間サービスつきを含む）の利用者数（出所はKuntien ja kuntayhtymien talous ja toiminta. SVT. Tilastokeskus）と24時間サービスつきの高齢者用サービスつき住宅の利用者数（出所はSosiaalihuollon laitos-ja asumispalvelut. SVT. Stakes）とでは異なっているため，次の点に注意が必要である。つまり，Kainuuでは，Kainuu実験プロジェクト（特区）によるKainuu圏連合（Kainuuに所属する10の自治体のうちVaalaを除く9自治体が参加）ができているため，高齢者用サービスつき住宅（24時間サービスつきを含む）の利用者数は，自治体単位で集計されるのではなく，Vaalaを除いて，連合単位で集計されている。これに対して24時間サービスつきの高齢者用サービスつき住宅の方は，自治体単位で利用者数が集計されている[36]。したがって，この点については斟酌されなければならないが，少なくとも，**図表5－8**をみるかぎりでは，Kainuuでは24時間サービスつきではない高齢者用サービスつき住宅の利用者が少なく，ほとんどが24時間サービスつきの高齢者用サービスつき住宅の利用者となっているのである。

　Suomussalmi（Kainuu県で最も北部にある自治体），Puolanka（最もラップランドに近い自治体）においては，75歳以上人口の13.7％が24時間サービスつきの高齢者用サービスつき住宅の入居者である。また，7％や8％台の自治体もKainuuには多い。このことは，Kainuuにおいては，老人ホームの代替的な役割を24時間サービスつきの高齢者用サービスつき住宅が果たしていることを示している。

　Uusimaaでは，一部の自治体を除けば高齢者用サービスつき住宅の利用者は75歳以上の人口のほぼ4％を上回っているが，老人ホームの整備されていない自治体では，24時間サービスのついた高齢者用サービスつき住宅の利用者数が多く，利用割合も高い（Kaljalohjaが16.9％，Vihtiが7.8％，Järvenpääが6.9％）。これに対し，SammattiやPornainen，Inkooなどは，老人ホーム

図表5-8　2つのMaakunta(Uusimaa, Kainuu)と2つのMaakuntaに所属する各自治体における75歳以上の高齢者の介護サービス利用状況　(人, %)

	ホームケア		高齢者用サービスつき住宅		高齢者用サービスつき住宅のうち, 24時間サービスつき		老人ホーム		長期入院	
	利用者数	割合	利用者数	割合	利用者数	割合	利用者数	割合	利用者数	割合
全国	45037	11.5	21310	5.4	13554	3.4	16878	4.3	9758	2.5
Uusimaa	7228	9.9	3947	5.4	2810	3.8	3240	4.4	1654	2.3
Espoo	912	10.1	527	5.9	439	4.9	212	2.4	121	1.3
Hanko	102	13.6	24	3.2	21	2.8	25	3.3	23	3.1
Helsinki	3748	10.0	2335	6.3	1472	3.9	1996	5.3	1007	2.7
Hyvinkää	284	9.4	84	2.8	64	2.1	165	5.5	54	1.8
Inkoo	43	10.7	13	3.2	—	—	45	11.2	2	0.5
Järvenpää	133	8.8	104	6.9	104	6.9	—	—	31	2.0
Karjaa	108	12.9	66	7.9	40	4.8	25	3.0	25	3.0
Karjalohja	14	10.3	26	19.1	23	16.9	—	—	—	—
Karkkila	162	19.8	51	6.2	23	2.8	—	—	36	4.4
Kauniainen	44	6.9	5	0.8	1	0.2	19	3.0	27	4.2
Kerava	108	8.2	65	5.0	18	1.4	18	1.4	35	2.7
Kirkkonummi	104	9.5	56	5.1	53	4.8	43	3.9	22	2.0
Lohja	163	7.4	89	4.1	73	3.3	45	2.1	54	2.5
Mäntsälä	105	10.5	38	3.8	46	4.6	—	—	53	5.3
Nummi	73	14.3	11	2.2	8	1.6	39	7.7	12	2.4
Nurmijärvi	166	12.6	48	3.7	24	1.8	70	5.3	18	1.4
Pohja	49	10.6	23	5.0	26	5.6	23	5.0	3	0.6
Pornainen	25	13.1	1	0.5	—	—	27	14.1	—	—
Sammatti	10	10.1	15	15.2	—	—	11	11.1	—	—
Siunto-Sjundea	28	11.7	11	4.6	7	2.9	13	5.4	1	0.4
Tammisaari	160	10.8	32	2.2	33	2.2	105	7.1	11	0.7
Tuusula	127	10.1	56	4.4	17	1.3	56	4.4	21	1.7
Vantaa	477	7.3	159	2.4	226	3.4	303	4.6	63	1.0
Vihti	83	7.0	108	9.2	92	7.8	—	—	35	3.0
Kainuu	884	11.8	568*	7.6	573	7.6	20	0.3	159	2.1
Hyrynsalmi	36	10.2	—	—	26	7.3	—	—	—	—
Kajaani	225	9.1	—	—	214	8.6	20	0.8	40	1.6
Kuhmo	132	14.4	—	—	44	4.8	—	—	31	3.4
Paltamo	62	14.8	—	—	21	5.0	—	—	19	4.5
Puolanka	42	11.5	—	—	50	13.7	—	—	13	3.6
Ristijärvi	23	9.1	—	—	9	3.5	—	—	8	3.1
Sotkamo	154	16.0	—	—	28	2.9	—	—	—	—
Suomussalmi	146	13.4	—	—	149	13.7	—	—	24	2.2
Vaala	38	9.0	35	8.3	11	2.6	—	—	12	2.9
Vuolijoki	26	10.0	—	—	21	8.0	—	—	12	4.6

(注1)　ホームケアは2005年11月30日，それ以外は2005年12月31日現在の数値。
(注2)　割合とは75歳以上の高齢者数に占める当該サービス利用者の割合である。
(注3)　Kainuuの高齢者用サービスつき住宅の利用者数についてはVaala以外はまとめて集計されて＊印の568人となっている。
出所：STAKES "Ikääntyneiden Sosiaali-ja terveyspalvelut 2005", S.96-106.

図表5−9　介護サービスを受けている65歳以上の高齢者の介護サービス種類別の介護ランク

(%)

	ホームケアサービス	高齢者用サービスつき住宅（24時間サービスつきを含まない）	24時間サービスつきの高齢者用サービスつき住宅	老人ホーム	長期入院
ランク1	8.3	12.4	4.1	1.0	0.3
ランク2	16.5	14.9	6.1	3.8	2.5
ランク3	48.7	40.4	16.3	13.1	11.3
ランク4	18.5	20.7	15.2	15.2	20.6
ランク5	7.0	10.8	57.9	65.0	64.2
不明	0.9	0.8	0.4	2.0	1.2
合計	100.0	100.0	100.0	100.0	100.0

(注) ホームケアは2005年11月30日現在，それ以外は2005年12月31日現在の数値。
出所：STAKES "Ikääntyneiden Sosiaali-ja terveyspalvelut 2005", S.60.

図表5−10　介護サービスを受けている65歳以上の高齢者の認知症の度合　(%)

	RAI-HCプロジェクト		RAI-LTCプロジェクト		
	ホームケア	高齢者用サービスつき住宅（24時間サービスつきを含まない）	24時間サービスつきの高齢者用サービスつき住宅	老人ホーム	長期入院
問題なし	43	31	14	7	7
ボーダーライン	19	18	16	10	8
軽い	28	28	17	11	6
中くらい	6	12	28	30	20
中の上	1	2	4	6	5
重い	4	9	17	22	22
大変重い	0	0	5	15	32
合計	100	100	100	100	100
サンプル数	1781	724	476	4012	2237

出所：STAKES "Ikääntyneiden Sosiaali-ja terveyspalvelut 2005", S.62.

の利用率が10％台前半と高いが，24時間サービスつきの高齢者用サービスつき住宅の利用者数は皆無となっているのである。

(5) 介護度と症状[37]

フィンランドでは，高齢者のケアサービスニーズを5つに区分している。つまり，「ほぼ自立」（ランク1），「時々サービスが必要」（ランク2），繰返しサービスが必要（ランク3），「継続的にサービスが必要」（ランク4），「全面的にサービスが必要」（ランク5）である。

図表5-11　介護サービスを受けている65歳以上の高齢者の身体的機能（%）

	RAI-HCプロジェクト		RAI-LTCプロジェクト		
	ホームケア	高齢者用サービスつき住宅（24時間サービスつきを含まない）	24時間サービスつきの高齢者用サービスつき住宅	老人ホーム	長期入院
自立	77	59	26	6	2
見守りが必要	9	15	17	8	3
限定的援助が必要	6	11	16	13	5
幅広い援助が必要1	4	10	17	23	10
幅広い援助が必要2	2	4	8	10	7
依存しないと生活できない	1	2	11	23	35
全面依存しないと生活できない	0	0	5	17	38
合計	100	100	100	100	100
サンプル数	1781	724	476	4012	2237

出所：STAKES "Ikääntyneiden Sosiaali-ja terveyspalvelut 2005", S.63.

　受けているサービス種類別の65歳以上の高齢者の介護の必要度（介護ランク）は，ホームケアサービスと高齢者用サービスつき住宅（24時間サービスつきを含まない）の利用者の4分の1はランク1かランク2，老人ホーム利用者と長期入院者の80%以上がランク4かランク5，24時間サービスつきの高齢者用サービスつき住宅利用者の73%がランク4かランク5だった。ホームケアサービスと高齢者用サービスつき住宅（24時間サービスつきを含まない）では25～30%がランク4かランク5だった（**図表5-9**）。

　また，ホームケアサービス利用者の半分以上，高齢者用サービスつき住宅（24時間サービスつきを含まない）の利用者の3分の2以上，老人ホーム利用者と長期入院者の93%，24時間サービスつきの高齢者用サービスつき住宅利用者の86%に何らかの認知症状があることが，STAKESの2つのプロジェクト（在宅福祉サービスを取り扱ったRAI-HCプロジェクトと，施設福祉サービスを取り扱ったRAI-LTCプロジェクト，24時間サービスつきの高齢者用サービスつき住宅はRAI-LTCプロジェクトで扱う）で明らかにされた（**図表5-10**）。**図表5-10**では，24時間サービスつきの高齢者用サービスつき住宅利用者の22%，老人ホーム利用者の37%，長期入院者の54%は「重い」

もしくは「大変重い」認知症状であることが示されている。

さらに、同プロジェクトでは、4つの日常生活の動作（食事、トイレ、家や施設での歩行、衛生）がどの程度できるのかによって、「自立」「見守りが必要」「限定的援助が必要」「幅広い援助が必要1」「幅広い援助が必要2」「依存しないと生活できない」「全面依存しないと生活できない」の7つに区分している。老人ホーム利用者と長期入院者では身体的な機能の衰えが目立つ。なかでも長期入院者の73％が「依存」もしくは「全面依存」である。ホームケアサービスの利用者が最も軽く、その77％は「自立」だが、なかには洗濯、掃除、料理が難しいケースもある（図表5-11）。

5 福祉民営化[38]の進行

(1) 福祉・保健医療従事者数[39]

自治体と自治体連合で働く福祉従事者数（高齢者福祉、児童福祉、障がい者福祉などにかかわる仕事をしている者の数）は10万1,400人（2006年）である。1980年代後半に、保育所を中心に大きく増加して1990年に9万1,700人になったが、不況とその後の数年間に伸びは止まった（1995年は8万8,800人）。1990年代後半以降、再びやや増加基調になり、2001年には10万人台（10万400人）に到達したが、それ以降は横ばいになっている[40]。

また、自治体と自治体連合で働く保健医療関係の従事者数は1990年代前半に減少して10万7,100人となったが、その後はほぼ継続的に増加し、2006年は12万3,700人となっている[41]。

これに対し、民間で働く福祉ならびに保健医療従事者数は、この10年間で大幅に増加し、2004年末には1995年の2倍の7万1,800人になっている。福祉従事者が4万3,461人（営利1万2,573人、非営利3万888人）、保健医療従事者数は2万8,362人（営利2万642人、非営利7,720人）である。福祉、保健医療のどちらにおいても、1995年以降、とくに営利企業の参入が目立ってきていることが把握できる（図表5-12）。

このなかで高齢者サービスの部門で働く従事者数は自治体・自治体連合が

図表5−12　民間の社会福祉・保健医療従事者の状況 (人)

	社会福祉									住民千人当り	保健医療									住民千人当り
	非営利			営利			合計				非営利			営利			合計			
	1990	1995	2004	90	95	04	90	95	04		90	95	04	90	95	04	90	95	04	
全国計	13543	13913	30888	641	1826	12573	14184	15739	43461	8.3	7364	7519	7720	13301	12576	20642	20665	20095	28362	5.4
Uusimaa	5803	5838	10889	196	462	3824	5999	6300	14713	10.9	3014	3020	2517	5293	4686	7307	8307	7706	9824	7.3
Itä-Uusimaa	259	240	408	20	45	242	279	285	650	7.0	17	13	16	161	154	301	178	167	317	3.4
Varsinais-Suomi	1032	1174	2182	191	265	1204	1223	1439	3386	7.5	243	229	423	1399	1494	2219	1642	1723	2642	5.8
Satakunta	314	369	931	7	42	485	321	411	1416	6.0	83	247	405	492	448	689	575	695	1094	4.7
Kanta-Häme	339	268	765	14	94	357	353	362	1122	6.7	49	105	128	258	272	412	307	377	540	3.2
Pirkanmaa	864	1035	2892	10	78	661	874	1113	3553	7.7	550	520	618	1163	1182	1930	1713	1702	2548	5.5
Päijät-Häme	626	561	1147	7	36	316	633	597	1463	7.4	616	444	472	383	396	541	999	840	1013	5.1
Kymenlaakso	450	563	1476	9	45	386	459	608	1862	10.0	104	129	125	345	359	520	449	488	645	3.5
Etelä-Karjala	252	268	618	3	79	377	255	347	995	7.3	55	35	73	238	246	459	293	281	532	3.9
Etelä-Savo	494	502	1094	14	62	476	508	564	1570	9.7	445	420	375	275	222	376	720	642	751	4.7
Pohjois-Savo	481	438	1075	6	150	735	487	588	1810	7.2	588	400	276	595	525	1195	1183	925	1471	5.9
Pohjois-Karjala	197	254	833	19	70	515	200	324	1348	8.0	212	249	122	234	264	534	446	513	656	3.9
Keski-Suomi	411	510	1351	9	93	590	420	603	1941	7.3	277	279	453	476	460	793	753	739	1246	4.7
Etelä-Pohjanmaa	239	272	705	20	73	424	259	345	1129	5.8	174	211	283	351	362	566	525	573	849	4.4
Pohjanmaa	354	282	813	−	5	234	354	287	1047	6.0	80	182	152	369	316	558	449	498	710	4.1
Keski-Pohjanmaa	105	101	297	−	3	89	105	104	386	5.5	28	69	71	97	107	183	125	176	254	3.6
Pohjois-Pohjanmaa	650	653	1736	76	165	1076	726	818	2812	7.5	587	715	855	705	598	1256	1292	1313	2131	5.7
Kainuu	208	206	607	22	37	295	230	243	902	10.5	69	54	67	160	178	278	229	232	345	4.0
Lappi	403	326	970	22	21	281	425	347	1251	6.7	160	198	262	274	261	445	434	459	714	3.8
Ahvenanmaa	62	53	99	12	1	6	74	54	105	4.0	13	−	−	33	46	80	46	46	80	3.0

(注) 各年とも12月31日の数値。
出所：STAKES "Sosiaali-ja terveydenhuollon tilastollinen vuosikirja 2007", S.144-145.

約5万人，民間が約3万人である。うち訪問介護サービスの従事者数は自治体・自治体連合が1万1,957人，民間が2,365人（営利1,734人，非営利631人，ただし，このなかには高齢者以外を対象とするサービス提供を行う従事者が含まれる），訪問看護サービスの従事者数は自治体・自治体連合が3,277人，老人ホームの従事者数は自治体・自治体連合が1万3,012人，民間が3,092人（営利208人，非営利2,884人）である（**図表5−13**）。

また，高齢者用サービスつき住宅の従事者数は自治体・自治体連合が4,574人，民間が1万276人である（民間の高齢者用サービスつき住宅の従事者数には，高齢者以外を対象とするサービス提供を行う従事者が含まれるため，**図表5−13**の参考に示したように2004年に1万5,461人となっているが，STAKESの方で高齢者の利用状況に基づいて計算し直すと，**図表5−13**のように1万276人となる）。長期入院に対応する病院・診療所で働く従事者数は，

図表5-13 高齢者介護サービスの従事者数

(人)

		1990	1995	2000	2005	1990-2005	2000-2005
訪問介護と訪問看護	訪問介護（自治体・自治体連合立）	11442	12586	12792	11957	4.5%	-6.5%
	75歳以上人口にしめる割合（千分比）	40.4	41.9	37.6	30.4		
	訪問看護（自治体・自治体連合立）	1651	1357	1312	3277	98.5%	149.8%
	75歳以上人口にしめる割合（千分比）	5.8	4.5	3.9	8.3		
	合 計	13093	13943	14104	15234	16.4%	8.0%
	75歳以上人口にしめる割合（千分比）	46.3	46.5	41.4	38.8		

		1990	1995	2000	2005	1995-2005	2000-2005
高齢者用サービスつき住宅	高齢者用サービスつき住宅（自治体・自治体連合立）	1062	1481	2724	4574	208.8%	67.9%
	高齢者用サービスつき住宅（民間）	1353	2589	6263	10276	296.9%	64.1%
	合 計	2415	4070	8987	14850		
	75歳以上人口にしめる割合（千分比）	8.5	13.6	26.4	37.8		
老人ホーム	老人ホーム（自治体・自治体連合立）	16410	15031	14694	13012	-13.4%	-11.4%
	老人ホーム（民間）	2341	2382	3284	3092	29.8%	-5.8%
	合 計	18751	17413	17978	16104		
	75歳以上人口にしめる割合（千分比）	66.2	58.0	52.8	41.0		
長期入院介護医療機関	長期入院介護医療機関（自治体・自治体連合立）	19877	17418	18419	18530	6.4%	0.6%
	75歳以上人口にしめる割合（千分比）	70.2	58.0	54.1	47.2		

		非営利	営利	合計
参考 2004年	老人ホーム（民間）	2884	208	3092
	高齢者用サービスつき住宅（民間）	10736	4725	15461
	訪問介護（民間）	631	1734	2365

（注1）高齢者用サービスつき住宅には24時間サービスつきの高齢者用サービスつき住宅を含む。
（注2）民間の訪問介護には，高齢者以外を対象とする訪問介護が含まれているため，参考として掲載した。
（注3）高齢者用サービスつき住宅の参考の数値には高齢者以外を対象とするものが含まれている。このため高齢者の利用者数にもとづいて割り出した数値を（2005年，1万276人），民間の高齢者用サービスつき住宅の従事者数としてある。
（注4）訪問介護は11月30日現在，それ以外は12月31日現在の数値。
出所：STAKES "Ikääntyneiden sosiaali-ja terveyspalvelut 2005", S.76, S.79.
　　　参考についてはSTAKES "Sosiaali-ja terveydenhuollon tilastollinen vuosikirja 2007", S.142-143.

自治体・自治体連合が1万8,530人である。

　自治体，自治体連合で働く訪問看護サービスの従事者数は1995年に比べ2005年には2.5倍増となったが，訪問介護サービスの従事者数のほうは微減となっている。また，1995年以降，75歳以上人口に占める訪問介護サービスの従事者の割合は低下し，訪問看護サービスの従事者の割合は増加している。近年では，訪問介護サービスと訪問看護サービスの両方を利用する高齢者が増加している。先に，ホームケアサービスはこの15年間サービス利用者は横ばいで推移してきたと述べたが，サービスを月に多数回使う重度の利用者が増えているため，これが訪問看護サービスの利用の増加となってあらわれ，したがって訪問看護サービスの従事者数が増加しているのである。

　なお，1990年代初頭に資格制度にかかわる教育改革が行われ，この改革によってホームヘルパーとホームケアアシスタントが減少し，プラクティカルナース（Perus-ja lähihoitaja）が増大した。その結果，現在，自治体と自治体連合で働く訪問介護サービスの従事者（1万1,957人）に占めるプラクティカルナースの割合は35.2％と高くなっているのである。

　また，訪問介護サービスでは民営化（民間委託化）が進み，自治体・自治体連合の従事者数は微減となり，民間の従事者数は増加しているが（1990年333人，2004年約2,365人），民間の従事者数は2004年の段階では自治体・自治体連合の従事者数の5分の1にすぎない。スウェーデンにみられるように大規模な民間会社の訪問介護サービスへの参入は，今のところは顕著ではないし[42]，訪問介護サービスの民間委託を進める自治体の全自治体数に占める割合は，現時点ではそう多くはない。

　老人ホーム数は，国の方針もあって減少している。したがって，自治体・自治体連合立の老人ホームで働く従事者数は減少している。また，1990年に比べて2005年には75歳以上人口に占める，自治体・自治体連合立で働く老人ホーム従事者の割合は低下した。一方，民間の老人ホームの従事者数は1990年の2,341人から2005年の3,092人へと増加してはいるものの，わずか751人しか増えていない。このことは，老人ホームが縮小の流れにあることや，自治体・自治体連合立での老人ホームの運営が圧倒的に多いことによるためである。

　これに対して，高齢者用サービスつき住宅では顕著な変化がみられる。高

齢者用サービスつき住宅の従事者数は，大きく増大しているのである。1990年に自治体・自治体連合立の高齢者用サービスつき住宅で働く従事者数は1,062人，民間の高齢者用サービスつき住宅で働く従事者数は1,353人だったが，2005年には，それぞれ4,574人，1万276人と飛躍的に増加している。なかでも，民間の高齢者用サービスつき住宅の従事者数の伸びが顕著で，15年間で，8倍近い伸びを示している。2005年の高齢者用サービスつき住宅で働く従事者数全体に占める民間の従事者の割合は約7割と圧倒的なシェアを占めているのである。

(2) 福祉民営化の進行

さらに福祉民営化の動向を，従事者数だけではなく，さまざまな統計によって確認していこう（図表5-14）。

まず，老人ホームについて，年間の利用（介護）日数でみてみると，自治体・自治体連合が88.3％，民間が11.7％（営利1.5％，非営利10.1％）だった。次に，高齢者用サービスつき住宅（24時間サービスつき住宅も含めて）について，2006年12月31日現在の入居者数でみると，自治体・自治体連合が43.1％，民間56.9％（営利14.4％，非営利42.4％）だった。24時間サービスつきの高齢者用サービスつき住宅だけを取り上げ，2006年12月31日現在の入居者数でみると，自治体・自治体連合が40.5％，民間が59.5％（営利18.8％，非営利40.7％）だった。長期入院介護の医療機関については年間利用日数でみると，自治体・自治体連合が95.1％，国が1.2％，民間が3.7％であった。

さらに，民間の老人ホーム数は，2000年に53，2006年に44（営利10，非営利34）と減少しているが[43]，これは国の老人ホーム削減方針と密接に関連している。これに対し，民間の高齢者用サービスつき住宅数のほうは，2000年に1,042，2006年に1,400（営利745，非営利665）と増加している。また，民間の訪問介護事業者数は，2000年に353，2006年に530（営利434，非営利96）と増加している[44]。

なお，フィンランドでは，民営化という場合，営利企業だけではなく，非営利組織による事業展開が多いことが大きな特徴となっている。非営利組織の高齢者介護サービス分野の活動に対しては，もともと非営利活動の歴史と

図表5-14　高齢者向け介護サービスのサービス供給主体別割合（2006年）(%)

	自治体 自治体連合	国	民間	（営利）	（非営利）
老人ホーム	88.3		11.7	1.5	10.1
高齢者用サービスつき住宅 （24時間サービスつきを 含まない）	43.1		56.9	14.4	42.4
24時間サービスつきの 高齢者用サービスつき住宅	40.5		59.5	18.8	40.7
長期入院介護の医療機関	95.1	1.2	3.7		

（注1）老人ホームは年間利用日数。
（注2）高齢者用サービスつき住宅は12月31日現在の入居者数。
（注3）医療機関は年間利用日数。
出所：STAKES "Sosiaali-ja terveydenhuollon tilastollinen vuosikirja 2007", S.142-143.

実績があることと，スロットマシーン協会による非営利組織への運営資金や建設資金の援助の役割が大きいのである[45]。

(3) 地域における福祉民営化の動向

　一口に民営化といっても，地域によって民営化の進行度合いが違うことはいうまでもない。Maakunta別に民間従事者数を比較してみると（**図表5-12**），この15年間で社会福祉，保健医療とも民営化（民間委託化）が進展していること，社会福祉の方が保健医療よりも民営化が進んでいること，地域により民営化の進捗度に大きな差がみられることが把握できる。また，社会福祉分野では，高齢者福祉だけではなく，保育サービスなどの児童福祉などにおいても民営化が進んでいるのである。

　民営化の進展度合の地域差についてみると，民間の社会福祉サービス事業所で働く者の当該Maakunta住民千人当たりの人数を比較してみると，Uusimaa（10.9人）とKainuu（10.5人），Kymenlaakso（10.0人）のように住民千人当たりで10人台のところがある一方で，Ahvenanmaa（4.0人）やKeski-Pohjanmaa（5.5人），Etelä-Pohjanmaa（5.8人）のように，4～5人台のところもあることが把握できる。

　都市部のUusimaaと過疎地域のKainuuのどちらにおいても，民営化が進んでいる点が興味深い。都市部，過疎地域の区別なく民営化が進んでいるこ

図表5－15　Maakunta別の民間事業者の状況（2006年）

	老人ホーム数	高齢者用サービスつき住宅数	訪問介護事業者数
全国	44	1400	530
Uusimaa	21	270	87
Itä-uusimaa	—	22	4
Varsinais-Suomi	6	85	32
Satakunta	3	50	21
Kanta-Häme	1	50	23
Pirkanmaa	8	105	48
Päijät-Häme	—	41	33
Kymenlaakso	—	58	37
Etelä-Karjala	—	55	18
Etelä-Savo	1	59	15
Pohjois-Savo	—	96	50
Pohjois-Karjala	—	63	26
Keski-Suomi	1	89	49
Etelä-Pohjanmaa	1	95	13
Pohjanmaa	—	28	7
Keski-Pohjanmaa	—	24	6
Pohjois-Pohjanmaa	1	119	29
Kainuu	—	45	21
Lappi	1	45	11
Ahvenanmaa	—	1	

（注）高齢者用サービスつき住宅には24時間サービスつきの高齢者用サービスつき住宅を含む。
出所：STAKES "Sosiaali-ja terveydenhuollon tilastollinen vuosikirja 2007", S.146-147.

とがわかるのである。なお，Kainuuの民営化が進んでいる理由の1つに，自治体立や自治体連合立が多い老人ホームがKainuuにはほとんどない状況のなかで，近年，民間の24時間サービスつきの高齢者用サービスつき住宅が増えてきたことによる影響があったと思われる。

また，Maakunta別に民間事業者数をみてみると（**図表5－15**），老人ホームは44あり，このうちのほぼ半分にあたる21がUusimaaにある。高齢者用サービスつき住宅（24時間サービスつき住宅を含む）は1,400あり，全国的に民間事業が展開されているが，Ahvenanmaa，Keski-PohjanmaaとPohjanmaa，Itä-Uusimaaにおいては，数が少ない。このうちKeski-Pohjanmaaでは，自治体立もしくは自治体連合立の高齢者用サービス住宅で働く従事者数が多く，75歳以上人口に占める従事者数では23.5人となってい

図表5－16　自治体・自治体連合で働く高齢者介護サービス従事者の
Maakunta別内訳（2005年）　　　　　　　　　　　　　　　　　（人）

	訪問介護		高齢者用サービスつき住宅		老人ホーム		長期入院介護の医療機関	
	従事者数	75歳以上人口にしめる割合（千分比）	従事者数	75歳以上人口にしめる割合（千分比）	従事者数	75歳以上人口にしめる割合（千分比）	従事者数	75歳以上人口にしめる割合（千分比）
全国	11957	30.4	4574	11.6	13012	33.1	18530	47.2
Uusimaa	1095	14.9	1810	24.7	1113	15.2	1973	26.9
Itä-Uusimaa	256	40.2	36	5.7	358	56.1	223	35.0
Varsinais-Suomi	1378	36.5	176	4.7	1779	47.2	1394	36.9
Satakunta	642	31.1	109	5.3	1145	55.4	984	47.6
Kanta-Häme	467	31.7	201	13.7	609	41.4	575	39.1
Pirkanmaa	677	18.6	111	3.1	1171	32.2	3182	87.6
Päijät-Häme	541	34.0	207	13.0	247	15.5	1048	65.9
Kymenlaakso	415	24.9	324	19.4	439	26.3	534	32.0
Etelä-Karjala	403	32.7	223	18.1	302	24.5	658	53.4
Etelä-Savo	582	36.5	69	4.3	548	34.4	730	45.8
Pohjois-Savo	899	41.7	131	6.1	706	32.7	1483	68.8
Pohjois-Karjala	611	42.3	32	2.2	479	33.2	758	52.5
Keski-Suomi	929	44.4	203	9.7	754	36.0	1233	58.9
Etelä-Pohjanmaa	551	30.7	152	8.5	717	39.9	937	52.2
Pohjanmaa	615	38.6	104	6.5	454	28.5	617	38.7
Keski-Pohjanmaa	196	35.7	129	23.5	331	60.1	242	44.0
Pohjois-Pohjanmaa	773	33.7	268	11.7	1051	45.9	1203	52.5
Kainuu	206	27.4	70	9.3	131	17.4	48	6.4
Lappi	569	40.6	210	15.0	536	38.2	709	50.7
Ahvenanmaa	152	68.5	9	3.9	143	64.6	－	－

（注）高齢者用サービスつき住宅には24時間サービスつきの高齢者用サービスつき住宅を含む。
出所：STAKES "Ikääntyneiden sosiaali-ja terveyspalvelut 2005", S.82.

る（**図表5－16**）。さらに，Ahvenanmaa，Keski-Pohjanmaa，Itä-Uusimaa，Satakuntaでは，自治体立・自治体連合立の老人ホームで働く従事者が多い。75歳以上人口千人当たりの従事者数は，それぞれ64.6人，60.1人，56.1人，55.4人となっている。

　さらに，訪問介護サービスの民間事業者は530あり，Ahvenanmaaを除いたすべてのMaakunntaに民間事業者がいるが，Maakunta間で，その多寡は顕著に現れている。Pohjanmaa，Keski-Pohjanmaa，Itä-Uusimaaのように，訪問介護サービスの民間事業者数が一ケタのMaakuntaが存在している。

6 高齢者介護の財政

(1) 社会保障費の動向

社会保障支出は420億ユーロ（2005年度），そのなかで公的年金を含む高齢者むけ支出は137億ユーロである。高齢者むけの介護サービスの支出は15億ユーロ（利用料金等は含まれない）で，老人ホーム入居者へのケアの支出が最大であるが，高齢者むけの介護サービス支出に占めるその割合は低下してきている（**図表5-17**）。つまり，1990年度の61％から2005年度の42％に低下したのである。ただし，2000年代に支出額が再び増加に転じ，2005年度は6億3,400万ユーロとなった。訪問介護の支出は3億7,000万ユーロ，近親者介護手当は6,160万ユーロで，2000年度から2005年度にかけての伸び率が高かった。さらに，これ以外のサービス（高齢者用サービスつき住宅やデイケ

図表5-17 1990年 - 2005年の高齢者介護サービス支出額と伸び率

（百万ユーロ，％）

金　額	1990	1995	2000	2005
高齢者向け施設ケア（老人ホームなど）	522.2	522.6	526.4	633.9
訪問介護	237.6	251.9	297.2	371.9
近親者介護サービス	36.3	38.4	43.6	61.6
他のサービス（デイケアサービス，高齢者用サービスつき住宅等）	59.3	111.5	247.2	437.9
合　計	855.4	954.3	1114.4	1505.3

伸び率	1990-1995	1995-2000	2000-2005
高齢者向け施設ケア（老人ホームなど）	5.8	−4.7	20.4
訪問介護	6.0	18.0	25.2
近親者介護サービス	5.7	13.7	41.3
他のサービス（デイケアサービス，高齢者用サービスつき住宅等）	88.0	121.7	77.2
合　計	11.6	16.8	35.1

（注）保健医療サービス支出は含まれていない。
出所：STAKES "Ikääntyneiden sosiaali-ja terveyspalvelut 2005", S.86.

アサービスなど）の伸びが著しく，2005年度は 4 億3,800万ユーロであった。この数値は，高齢者用サービスつき住宅（24時間サービスつきの高齢者用サービスつき住宅を含む）の伸びがつづいていることを反映しているということができよう。

(2) 財源[46]——主に国庫支出金と利用料について

　自治体が提供した高齢者むけ介護サービスの全支出をカバーする財源の内訳（2005年度）は利用料が 9 ％，地方所得税が60％，福祉・保健医療包括補助金を中軸とする国庫支出金が31％であった。福祉・保健医療包括補助金（Sosiaali-ja terveydenhuollon valtionosuus）は，自治体の高齢者状況（年齢構成別人口），疾病率，失業率，2006年度以降はケアを受ける障がい者（児）をもつ人々の数も加味して決められる。包括補助金制度が導入された1993年の財政改革以降，中央政府の移転支出は減じられてきたが，2001年以降は再び増大してきている。

　また，福祉・保健医療包括補助金は支出ベースではなく，計算ベースで自治体に配分されるが，1993年改革直後から，財政力よりも財政需要因子を重視する改革が志向された。さらに，配分基準の改正が繰り返されてきた。たとえば，93年改革直後に行われた，年齢構成別人口の「75歳以上」を 2 つに分けて「75-84歳」と「85歳以上」とする改正などである[47]。

　なお，福祉サービスの財源になっている国庫支出金は，福祉・保健医療包括補助金だけではない。フィンランドの国庫支出金は，福祉・保健医療包括補助金以外に，教育・文化包括補助金（Opetus-ja kulttuuritoimen valtionosuus），税平衡化補助金，一般交付金（Yleinen valtionosuus，本章では一般補助金と訳さず一般交付金と訳す）があるが，これらの補助金・交付金の一部が財源となっているのである[48]。なお，一般交付金と，過疎地域や島しょ部に厚く配分される税平衡化補助金は，金額的には福祉・保健医療包括補助金や教育・文化包括補助金にはるかに及ばないが，一般財源としての性格をもつものである。

　さらに，自治体には投資的な補助金が国から交付される場合がある。近年は，これまでのような福祉施設の建設のための補助等から，国のプロジェク

トに基づく補助金に軸足が移ってきている[49]。このような状況に対して，藪長千乃氏は，「補助金改革は，保健医療福祉分野における投資的経費に関する補助金ルートを失うことでもあった。自治体は，自前での施設整備が困難になった。これが，民間部門による保健医療福祉サービス供給拡大へとつながっていくことになった」[50]と述べている。プロジェクト補助金のなかで施設整備関係の補助がどのように扱われているのかについて，なお検証する必要があると思われるが，藪長氏が述べるとおり，自治体財政が厳しくなってきているなかで，自治体が施設整備の特定財源を活用することが難しくなったことによる影響は大きかったといえるだろう。

また，自治体は，福祉・保健医療の利用料にかかわる規定の範囲内で，自由に利用料を決めることができる。利用料は固定されているか，もしくは利用者の支払能力に依存する。また，いくつかのサービスは法律によって無料とされている。短期のケアの場合は定額制が多い。老人ホームは利用者の支払能力，ホームケアはサービス量，サービスの種類，サービスを受ける家族の所得と規模で決まる。

さらに，サービスがどの程度，利用料金でファイナンスされるのかは，サービスによって異なる。利用者は高齢者むけの訪問介護サービスの支出の6分の1をファイナンスする。老人ホームサービスについては支出のほぼ5分の1がカバーされている。

7 結論

以上から，1990年代前半の不況以後今日までのフィンランドの高齢者介護サービスについて，次のことがいえるだろう。

まず，施設福祉サービスから在宅福祉サービスへの流れが強まったことである。自治体財政の負担が最も大きい老人ホームの数とその利用者数が減少した。また，在宅福祉サービスのなかでは高齢者用サービスつき住宅の利用者が伸長した。とりわけ24時間サービスつきの高齢者用サービスつき住宅が大きく伸長した。

次に，在宅福祉サービスにおいて，重点をおいた提供がなされるようにな

ったことである。たとえば，ホームケアサービスの利用者の当該年齢別人口に占める割合は低下したが，重度の高齢者への提供に力点がおかれるようになったのである。

　3つ目は，近親者介護手当が増大していることである。施設福祉サービスから在宅福祉サービスへの流れの強まり，ホームケアサービスの提供対象の重点化，近親者介護手当の比重の高まりは，高齢者のニーズに答えている側面があるものの，基底には国財政や自治体財政の厳しい状況が色濃く反映されているということができよう。

　4つ目は，高齢者介護サービスの民営化が進行していることである。著しく進んでいるのは高齢者用サービスつき住宅だが，訪問介護サービスや老人ホーム，病院・診療所においても進行した。ただし，民営化とはほとんどが自治体による民間委託であり，法律に基づき自治体サービスを民間が行う形をとっているものである。民営化の背景にあるのは高齢者のニーズの多様化もあるが，同時に指摘したいのは自治体の財政問題である。つまり，国の投資的な国庫支出金において，地域開発や市町村合併など国のプロジェクトへの補助金交付に軸足が移されてきていることとともに，福祉・保健医療包括補助金の自治体への配分基準が見直され，さらに国庫支出金の総額が抑制されてきたことが自治体財政に与えた影響は大きかったのである。このようななかで，自治体が社会福祉や保健医療サービスの提供面の責任主体であることは変わらないものの，民間（営利，非営利）や自治体連合からサービスを購入して，これを自治体サービスとして幅広く提供するようになったことが大きかったのである[51]。

　5つ目は，1993年改革以前の制度である，使途限定の国庫支出金によって，福祉のナショナルミニマムはある程度達成したが（集権行政の成果），老人ホームがほとんどない地域があるなど，一部のサービスでは地域格差が生じている。老人ホームがほとんどないMaakuntaでは，24時間サービスつきの高齢者用サービスつき住宅が老人ホームの代替的な役割を果たしている。

　6つ目は，フィンランドでは，今後，他の北欧諸国や西欧諸国に比べれば，急テンポで高齢化が進む見込みである。現在，付加価値税率が22％，地方所得税率が20％近くとなっていて国民負担率が高いだけに，今後のフィンラン

ドの高齢化対応がどのように進むのか注目したい。それは，とりもなおさずフィンランド福祉国家の今後がどうなるのかの問題でもあろう。

　7つ目は，民営化のさまざまな影響についてである。1993年の福祉・保健医療包括補助金になって，老人ホームなどの職員配置の規制緩和が行われた。これは，自治体や自治体連合で運営する施設にも民間の施設にも適用されるため，とくに民営化の流れのなかで福祉施設の職員配置がどのように変化し，それと関連してサービスの質がどうなったのかの検証が必要である。また，民営化にともなって，訪問介護サービスの対象とする地域範囲や訪問介護従事者の1日の訪問高齢者数，2人勤務や深夜勤務の状況の検証を行うことや，福祉従事者の賃金，夏季休暇取得や労働シフトも含めた労働条件，労働組合加入状況などについても調査研究しなければならない。これらは今後の筆者の課題なのであろう。

注

1) 1993年に，福祉・保健医療関係と教育・文化関係の国庫支出金制度の改革が行われ，それまでの国庫支出金に比べて，格段に自治体の支出の裁量権を拡大した福祉・保健医療包括補助金と教育・文化包括補助金制度がつくられた。このような1993年の地方分権的な財政改革の内容については，横山純一「フィンランドの地方分権と高齢者福祉（1）（2完）」東京市政調査会『都市問題』87巻9号，10号，1996年9月，1996年10月，ならびに横山純一「第2章　北欧・フィンランドにおける高齢者福祉の取り組みと地方分権」『高齢者福祉と地方自治体』同文舘出版，2003年4月を参照。また，包括補助金制度の成立過程については山田眞知子『フィンランド福祉国家の形成』木鐸社，2006年6月，第6章を参照。
2) 2007年1月1日現在のフィンランドの自治体数は416であったが（Tilastokeskus "Suomen tilastollinen vuosikirja 2007", S.355-383），自治体合併により348（2009年1月1日現在）に減少した。主に依拠している統計の関係上，本章では，2007年1月1日現在の自治体数をもとにするものとする。なお，2009年1月1日現在の自治体数や市町村合併についての詳細は本書第6章を参照のこと。
3) フィンランド福祉国家の研究としては，福祉国家を政治学的かつ歴史的に考察した，注1）の山田眞知子前掲書がある。さらに，フィンランドの福祉・保健医療サービスを，自治体調査やNPMなどを踏まえながら検討した藪長千乃氏の論文がある。藪長千乃「フィンランド近親者介護手当制度の動向—福祉多元主義におけるインフォーマル・ケアの機能と役割に関する一考察—」『文京学院大学研究紀要』7巻，2005年，同「NPM改革と自治体における福祉サービス供給—フィンランド3自治

体の事例から―」『文京学院大学人間学部研究紀要』9巻，2007年12月，同「1990年代におけるフィンランド型福祉国家の変容―福祉提供主体の多様化に焦点を当てて―」『文京学院大学人間学部研究紀要』10巻，2008年12月。また，フィンランドの地方行財政改革を検討したものに，小野島真「フィンランドにおける地方（地域）をめぐる行財政改革の動向―フィンランドにおけるPARAS，AULKプロジェクトを中心に―」地方自治総合研究所『自治総研』366号，2009年4月がある。

4) 製造業の工業生産額，雇用労働者数，売上高は，Tilastokeskus "Suomen tilastollinen vuosikirja 2007"（以下，Vuosikirjaと略す），S.188-190，S.217ならびに "Vuosikirja 1998"，S.163-165を参照。

5) 農林水産業については，"Vuosikirja 2007"，S.105，S.159-160を参照。なお，フィンランドでは会計年度が1月1日から12月31日になっている。このため，本章では，財政など，とくに会計年度の明記が必要なもの以外は，年と表現する。

6) "Vuosikirja 2007"，S.105を参照。

7) "Vuosikirja 2007"，S.105を参照。

8) 失業率，失業者数については，"Vuosikirja 2007"，S.415-416を参照。

9) Maakuntaの詳しい説明は本章4(1)で述べる。

10) 生活保護については，Stakes "Sosiaali-ja terveyden huollon tilastollinen vuosikirja 2007"（以下，Stakesの1と略す），S.151を参照。なお，StakesとはSosiaali-ja terveysalan tutkimus-ja kehittämiskeskus（国立社会福祉・保健医療研究開発センター）のことである。

11) "Vuosikirja 2007"，S.495を参照。

12) 人口数と人口移動については，"Vuosikirja 2007"，S.78-99，S.112-113，"Vuosikirja 1998"，S.54-55，ならびに，Matti Heikkila, Mikko Kautto (EDS.) "Welfare in Finland"，2007を参照。

13) Stakes "Ikääntyneiden sosiaali-ja terveyspalvelut 2005"（以下，Stakesの2と略す），S.28を参照。なお，Stakesの2では，同一内容の文章がフィンランド語，スウェーデン語，英語で書かれている。本章では英語の文章を主に参照し，必要に応じてフィンランド語を参照した。

14) Stakesの2，S.32を参照。

15) "Vuosikirja 2007"，S.78-99を参照。

16) "Vuosikirja 2007"，S.355-365を参照。

17) 同上。

18) 同上。

19) 注1) の横山純一前掲論文，同前掲書，ならびに注1) の山田眞知子前掲書，注3) の小野島前掲論文を参照。

20) "Valtion talousarvioesitys 2009"，S.77-87を参照。

21) フィンランドの地方所得税率（全国平均）は1998年度が17.54％，2005年度が18.30％，2007年度が18.46％であり，徐々に上昇している。"Vuosikirja 2007"，S.355-

365、ならびに "Vuosikirja 1998", S.326-336を参照。
22) フィンランドで現在進行中の「自治体およびサービスの構造改革」(Paras) については、山田眞知子「フィンランドの保健医療制度と自治体の役割」北海道地方自治研究所『北海道自治研究』482号、2009年3月、ならびに同「フィンランドの連合自治」北海道地方自治研究所『北海道自治研究』452号、2006年9月、Sosiaali-ja terveysturvan keskusliitto ry "Sosiaalibarometri 2008", S.180-185を参照。
23) "Vuosikirja 2007", S.340-341を参照。
24) "Vuosikirja 2007", S.366-383を参照。
25) 同上。
26) 地方制度については、Marjukka Laine "Access to finnish public law", 2006, S.54-58, S.75-96を参照した。
27) フィンランドでは小規模自治体が多い。2007年1月1日現在の自治体数は416だが、このうち人口5,000人未満が過半数の209となっている。"Vuosikirja 2007", S.78-99を参照。また、本書の第6章を参照。
28) 自治体連合については、注1) の横山純一前掲論文と前掲書ならびに横山純一「93年自治体裁量の大きい教育包括補助金制度を創設」日本教育新聞社『週刊教育資料』949号、2006年8月、14-15頁、また注22) の山田眞知子「フィンランドの保健医療制度と自治体の役割」を参照。
29) "Vuosikirja 2007", S.354を参照。
30) Stakesの2, S.30を参照。
31) 内閣府編『平成20年版高齢社会白書』2008年6月、3-4頁。
32) Stakesの2, S.34-35。なお、高齢者用サービスつき住宅については、フィンランドでは公式の定義はないのが実情であるが、STAKESの2では、高齢者用サービスつき住宅には、日中しかスタッフのサービスを受けられないものから、24時間スタッフのサービスを受けられる24時間サービスつきのものまで広く含まれるとしている。そして、図表5-6の高齢者用サービスつき住宅の利用者数には、少なくとも週1回はスタッフのサービスを受けている者がカウントされている。なお、24時間サービスつきの高齢者用サービスつき住宅はグループホームに代表されるが、日本と同様にフィンランドにおいても、グループホームは老人ホームのような施設福祉ではなく、非施設福祉（在宅福祉）と位置づけられている。以上は、Stakesの2, S.22-23を参照。
33) Stakesの2, S.40, S.44-45を参照。
34) 近親者介護サービスとは、家族、もしくは介護を受けている高齢者と密接な関係にある者が、介護サービス計画の策定時に、その必要性が認められた場合に、高齢者の自宅で介護サービスを提供でき、その代償として介護手当が支給されるものである。自治体と当該介護サービス提供者は、介護手当の額、介護者に保証される休日等について契約を結ぶ必要がある。なお、近親者介護手当は、高齢者だけではなく、障がい者や病人など広く対象が認められている。以上は、Stakesの2, S.23、なら

びに，注3）の藪長千乃「フィンランド近親者介護手当制度の動向」を参照した。
35) Stakesの2，S.48-49，S.56を参照。
36) Stakesの2，S.106。なお，Kainuu実験プロジェクトについては注22）の山田眞知子「フィンランドの連合自治」を参照。また，Kainuuの各自治体を紹介したKainuu県発行のパンフレットRegional council of Kainuu "Kainuu", 2008を参照した。
37) 介護度と症状については，Stakesの2，S.58-69を参照。
38) 本章では，福祉民営化というとき，主に，サービス提供の責任主体である自治体が，民間（営利企業や非営利組織）からサービスを購入する民間委託を指す。
39) 福祉従事者，保健医療従事者については，Stakesの2，S.72-83を参照。
40) Stakesの1，S.154-155を参照。
41) 同上。
42) スウェーデンのソルナ市における民間の訪問介護サービス会社からの聞き取り調査（2008年2月29日）による。
43) 民間の老人ホーム数，高齢者用サービスつき住宅数，訪問介護事業者数ともに，2006年の数値はStakesの1，S.146-147，2000年の数値はStakes "Facts about social welfare and health care in Finland 2007", S.28。
44) 高齢者以外の者を対象として訪問介護サービスを提供する事業者が含まれる。
45) Stakesの2，S.88。なお，高齢者向けの福祉サービスを展開する民間（非営利組織）に対して，スロットマシーン協会が援助金を出している。2005年度においては，その金額は2,700万ユーロだった。これについては，Stakesの2，S.85を参照。
46) 財源についてはStakesの2，S.84-89を参照した。
47) ポルボー（Porvoo）市の福祉担当者とのヒアリング結果をまとめた，横山純一「北欧（フィンランド）の自治体における地方分権」北方圏センター『分権化と地方行政の対応に関する調査』1997年，49-50頁。
48) これらの補助金については "Valtion talousarvioesitys 2009", 2008, S.77-89ならびに，本書の第6章を参照のこと。
49) 国のプロジェクトのなかには，市町村合併も含まれている。市町村合併を促す財政的手段として国庫支出金が使われているのである。注3）の小野島前掲論文を参照。
50) 注3）の藪長前掲論文「1990年代におけるフィンランド型福祉国家の変容」を参照。
51) 注3）の藪長前掲論文「1990年代におけるフィンランド型福祉国家の変容」では，1990年代の一連の地方自治制度改革によって，保健福祉，学校教育，都市計画・整備，上下水道や環境などの技術部門の業務などさまざまな分野で，自治体直営方式から民間委託や直接的な民間生産への移行が進んだが，とくに技術部門業務で最も進んだとしている。

第6章 フィンランドにおける2010年の国庫支出金改革と自治体財政の状況

1 はじめに

　フィンランドでは，2010年に国庫支出金改革が行われた。つまり，これまでの社会保健省所管の国庫支出金（福祉・保健医療包括補助金），教育省所管の国庫支出金（教育・文化包括補助金），財務省所管の国庫支出金（一般交付金と税平衡化補助金）を1本に統合し，財務省所管の一般補助金として地方自治体に配分する改革が行われ，2010年1月から実施されたのである。

　1990年代前半に深刻な不況に見舞われてから今日までのフィンランド経済は，成長が鈍化傾向にあり[1]，これが国財政や自治体財政，地域経済・社会に大きな影響を与えている。本章では，近年のフィンランドの地方自治体（Kunta）の財政状況や自治体を取り巻く環境の変化について検証するとともに，2010年の国庫支出金改革の内容と意義について考察することにしたい。

2 フィンランドにおける国と地方自治体の税源配分と自治体財政の状況

（1）国と地方自治体の税源配分

　フィンランドの国と地方の関係は，中央政府と地方自治体であるKuntaという関係になっている。本書第5章の**図表5-1**に示したように，中央政府の下に国の出先機関（県，Lääninhallinto），20の地域（Maakunta，本章では日本語訳にせず，Maakuntaのままとする）があったが，県は行政改革により2009年12月31日に廃止された[2]。

　フィンランドの国税収入は392億ユーロ，地方税収入は164億ユーロで，国

図表6-1 フィンランドにおける税・社会保険料収入の状況

(2007年度決算,百万ユーロ,%)

	金　額（構成比）
国　税　合　計 (※1)	39,220 (50.8)
所　得　税 (※2)	14,507
付　加　価　値　税	15,054
燃　料　へ　の　課　税	2,907
タ　バ　コ　税	622
酒　　　　　税	1,016
自　動　車　税	1,217
地　方　税　合　計	16,455 (21.3)
地　方　所　得　税 (※3)	15,597
不　動　産　税	850
犬　　　　　税	3
社　会　保　障　拠　出　金 (※4)	21,390 (27.8)
雇　用　主　負　担	15,715
被　保　険　者　負　担	5,675
そ　　の　　他	200 (0.3)
合　　　　計	77,265

※1　株式売却額や配当金など雑収入の一部をふくむ。
※2　法人所得課税分のうちの国収入分（55億ユーロ）と資本所得課税分（24億ユーロ）をふくむ。
※3　法人所得課税分のうちの地方自治体収入分（15億ユーロ）をふくむ。
※4　年金保険，医療保険，失業保険の拠出金である。
出所：Tilastokeskus "Suomen tilastollinen vuosikirja2009", 2009, S.342-343, S.347-348, ならびに2010年3月10日実施のKuntaliitto（フィンランド自治体協会）におけるヒアリングならびに同協会資料"About the local tax revenues and finances and the state subsidies reform 2010", 2010により作成。

税対地方税の比率は71対29である（**図表6-1**）。国税の内訳をみると，付加価値税と所得税の比重が高く，付加価値税が150億ユーロ，所得税が145億ユーロである。このほかの主要な国税としては，ガソリンなどの燃料課税が29億ユーロ，酒税が10億ユーロ，タバコ税が6億ユーロ，自動車税が12億ユーロとなっている。所得税の中心をなすのは個人所得（主に労働所得）への累進課税である。このほかに法人所得への課税（法人所得税）と，1本の比例税率で課せられる資本所得（投資所得）への課税（資本所得税）が，所得税の有力な構成要素となっている。法人所得税は国と自治体の一種の共同税ともいうべきもので70億ユーロの収入があるが，国の収入分は55億ユーロ（地方自治体の収入分は15億ユーロ）である。資本所得税で得られる国所得税収入は24億ユーロである[3]。

図表6-2 フィンランドにおける税・社会保険料負担の変化

(2000年度決算, 2007年度決算, 百万ユーロ, %)

	2000 金額（構成比）	2007 金額（構成比）
所得税（個人分）	19,118（30.6）	23,396（30.9）
所得税（法人分）	7,792（12.5）	6,962（8.1）
社会保険料負担	15,757（25.3）	21,390（28.0）
商品・サービスへの課税	18,203（29.2）	23,441（30.3）
その他	1,548（2.5）	2,076（2.7）
合計	62,418（100.0）	77,265（100.0）

出所：Tilastokeskus "Suomen tilastollinen vuosikirja 2009", 2009, S.343により作成。

　地方税の大部分は地方所得税（140億ユーロ）で、これ以外には、法人所得税の自治体収入分15億ユーロと不動産税9億ユーロがある。地方所得税は個人所得への比例税率となっていて、自治体がその税率を自由に決定できる。なお、徴税については、地方税を含め国がすべて行っている[4]。

　国税対地方税の関係は近年ほとんど変化がなく、1996年度が68対32、2005年度が71対29となっており、国税収入の割合が圧倒的に大きい[5]。フィンランドでは、福祉・保健医療分野、教育・文化分野などで地方分権が進んでいるが、財源的には日本よりもフィンランドの方が国税の割合が高く地方税の割合が低いのである[6]。近年の日本における地方分権論議では、地方への税源付与が地方分権の最大要素のようにいわれているが、フィンランドの状況をみるならば、地方自主財源の強化が地方分権の不可欠の条件とは必ずしもいえないように思われる。少なくとも、日本で地方分権の議論を行うにあたっては、国と地方の税源配分に先行して、国と地方の役割分担の議論がしっかりと行われる必要があるのである。

　図表6-2は、国民の税（国税と地方税）と社会保険料の負担を、個人所得課税、法人所得課税、商品・サービスへの課税、社会保険料負担の4つに分け、2000年度と2007年度について比較したものである。2000年度に比べて2007年度には、負担は法人所得課税をのぞいて増大しているが、個人所得課税と商品・サービスへの課税の比重が横ばいで推移する反面、年金を中心とした社会保険料（社会保障拠出金）の割合が高まっている。社会保険料の負担は、基本的に労使折半となっている日本とは異なり、ほぼ企業が75％、本

人が25％の負担となっている[7]。

(2) フィンランドの自治体財政の状況

フィンランドの自治体の歳出規模（複数の自治体が共同で事務・事業を行うために設立される自治体連合の歳出を含む）は約380億ユーロであるが（**図表6－3**），それを目的別歳出でみると，福祉・保健医療費（歳出総額の51％）と教育・文化費（同24％）の比重が高い。福祉・保健医療費と教育・文化費には，人件費・物件費などの経常的経費のほかに投資的経費を含んでいる。さらに，性質別歳出をみると給与・賃金が歳出総額の39％，商品・サービス購入費が28％，公債費が4％，投資的経費が10％，補助金が5％である。

自治体の歳出のうち，福祉・保健医療費と教育・文化費が圧倒的に大きな割合を占めているが，これは，自治体（自治体連合）が高齢者，児童，障がい者（児）などの福祉，医療（1次医療，2次医療，歯科医療など），予防

図表6－3　フィンランドの地方自治体※1の歳出と歳入※2

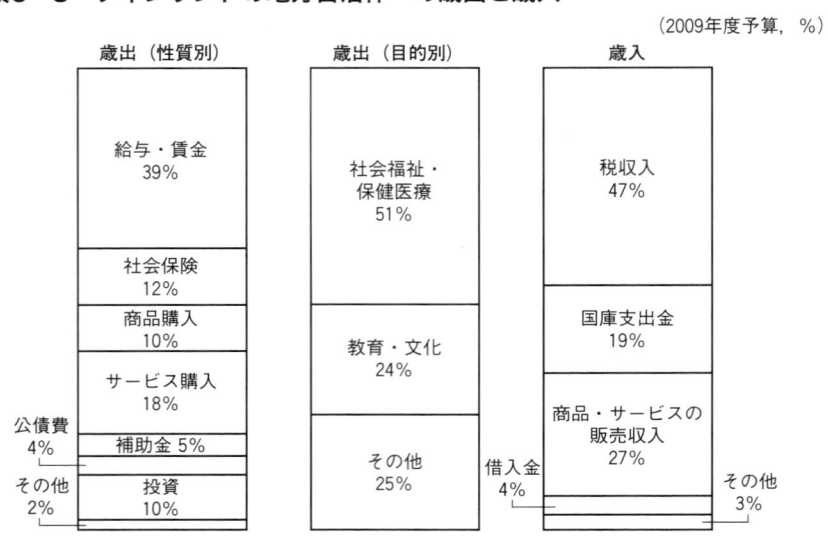

(2009年度予算，％)

歳出（性質別）	歳出（目的別）	歳入
給与・賃金 39％	社会福祉・保健医療 51％	税収入 47％
社会保険 12％		
商品購入 10％	教育・文化 24％	国庫支出金 19％
サービス購入 18％		
公債費 4％		商品・サービスの販売収入 27％
補助金 5％	その他 25％	
その他 2％	投資 10％	借入金 4％ / その他 3％

※1　地方自治体のほかに自治体連合をふくむ。
※2　財政規模は380億ユーロである。
出所：フィンランド財務省資料 "Local Self-Government in Finland", 2010.

保健医療，教育（義務教育，中等教育，職業教育など），文化（図書館，生涯学習など）などの事業を展開しているからである。このほかにも，自治体は地域計画，上下水道，消防・救急，廃棄物処理，地域集中暖房，地方道や街路の整備・維持管理，交通（路面電車，バスなど），雇用・経済振興，環境保護など幅広い事業を行っている[8]。

また，年金，大学，警察，国道の維持管理，徴税（地方税を含む），児童手当などは国の責任となっており，フィンランドでは，国と地方の役割分担は比較的はっきりしているといえるが，環境や地域開発，雇用など国と地方の仕事が重なる領域も存在している。

次に，フィンランドの自治体の歳入をみると（自治体連合の歳入を含む）（**図表6－3**），地方税が歳入総額の47％，国庫支出金が19％，商品・サービス販売収入が27％，借入金が4％である。なお，自治体連合には課税権がなく，国庫支出金についても一部の教育・文化関係の国庫支出金を除けば，自治体連合に直接交付されるものはほとんどない。先にみたように，2007年度決算での地方税収入は164億ユーロであった。うち地方所得税が140億ユーロ，不動産税が9億ユーロで，これに法人所得税の自治体収入分15億ユーロが加わる。また，国庫支出金収入は77億ユーロであったが，国庫支出金には社会保健省所管の福祉・保健医療包括補助金，教育省所管の教育・文化包括補助金，財務省所管の一般交付金と税平衡化補助金，投資的事業への国庫補助金がある。なお，自治体の行う投資的事業は，自治体平均でみれば，地方税と国庫支出金で事業費の3分の2，地方債で事業費の3分の1を賄っている[9]。

商品・サービス購入費の比重が高いが，これは自治体が自治体連合立の病院から医療サービスを購入したり，福祉の民間委託が進むなかで民間などの訪問介護事業所や高齢者サービスつき住宅などから高齢者福祉サービスを購入したり，民間の保育サービス事業所から児童福祉サービスを購入しているからである[10]。また，財政収入において商品・サービスの販売収入がかなりの規模を占めているが，これは自治体や自治体連合自らが，福祉・保健医療はもちろん，交通，地域集中暖房，教育・文化などの分野において，商品・サービスの販売者として収入をあげているからである。

地方所得税は比例税率で自治体が自由に税率を決定でき，2009年度の平均

は18.59％（最高21.0％，最低16.5％）であった。税率は徐々に上昇し，1970年度が14.38％，1980年度が15.86％，1990年度が16.47％，1995年度が17.53％，2000年度が17.65％，2005年度が18.29％であった。2010年度には実に181自治体が税率を引き上げている[11]。第5章でも指摘したように，地方所得税の税率は自治体が自由に決定できる仕組みになってはいるものの，自治体間での差はそれほど大きくはないということができるだろう。

　不動産税については，税率に制限が設けられており，自治体は一定の範囲内で税率を決めることができる。たとえば1戸建ての家の場合は評価額の0.22％から0.5％の範囲内で課すことができるのである。自治体の平均は0.29％で，最高は0.5％，最低は0.22％である[12]。また，建物が建っていない土地には高い税金が課せられる場合もあるし，公益に資する場合は税が免除される場合がある[13]。

　法人所得税については，その税収入の約22.03％は自治体分であるが（2007年度，国の分は79.97％），個別自治体の受け取る金額は当該自治体に立地している企業の課税所得による。もしも，企業とその関連会社がいくつかの自治体で事業展開をしている場合は，従業員数にしたがって自治体間で配分されることになる[14]。

3 フィンランドの地方自治体の状況（1）
―人口の都市への集中と過疎化，高齢化，経済力と財政力の地域格差

　近年，フィンランドの自治体を取り巻く環境は大きく変化した。変化の特徴として次の3つをあげることができる。それは，人口の都市集中と過疎化の進行，人口の高齢化の進行，自治体間の経済力格差の拡大とその反映としての財政力格差の拡大である。以下，順にみていくことにしたい。

(1) 人口の都市への集中と過疎化

　人口の都市集中が進んでいる。第5章で示したように，フィンランドでは20のMaakuntaにわかれているが（**図表5－1**），北部や北東部のMaakunta（Lappi，Kainuuなど）の人口減少率が大きい。また，2008年度についてみた場合，人口が増大したMaakuntaは南部に集中している（**図表6－4**）。首

図表6-4　Maakunta別にみた人口の移動（2008年）

(2008年度，人)

Maakunta	流入人口	流出人口	人口増減
全国	269,792	269,792	
Uusimaa	79,186	76,389	2,797
Itä-Uusimaa	4,779	4,446	333
Varsinais-Suomi	23,527	22,977	550
Satakunta	9,331	10,023	マイナス692
Kanta-Häme	10,073	8,864	1,209
Pirkanmaa	27,659	26,022	1,637
Päijät-Häme	10,818	10,388	430
Kymenlaakso	5,615	6,604	マイナス989
Etelä-Karjala	5,292	5,669	マイナス377
Etelä-Savo	6,721	7,463	マイナス742
Pohjois-Savo	12,520	13,103	マイナス583
Pohjois-Karjala	8,237	8,860	マイナス623
Keski-Suomi	13,689	13,522	167
Etelä-Pohjanmaa	7,336	7,978	マイナス642
Pohjanmaa	7,393	7,763	マイナス370
Keski-Pohjanmaa	2,277	2,619	マイナス342
Pohjois-Pohjanmaa	22,129	22,525	マイナス396
Kainuu	3,302	3,890	マイナス588
Lappi	8,398	9,271	マイナス873
Ahvenanmaa	1,510	1,416	94

出所：Tilastokeskus "Suomen tilastollinen vuosikirja 2009", 2009, S.147.

都のヘルシンキ市のあるUusimaaやタンペレ市のあるPirkanmaa，トウルク市のあるVarsinais-Suomiなどが着実に人口増加となっていることが把握できるのである。人口の都市への集中と過疎化の大きな理由は，なるほど少子化の影響もあるが，産業構造の変化と都市への人口移動であるということができよう[15]。

(2) 人口の高齢化[16]

　人口の高齢化が過疎地域を中心に進んでいる。フィンランドの高齢者比率（全国平均）は，2008年（2008年12月31日現在）には16.7％となっている。65歳以上人口の割合が高いMaakuntaは，Etelä-Savoの22.3％（第5章で述べたように2005年は21.0％），続いてEtelä-Karjalaの20.6％（同19.4％），Kainuuの20.4％（同19.2％）という順になっている。その反対に，65歳以上人口の割合が低いのはUusimaaの13.0％（同12.2％），続いてPohjois-

Pohjanmaaの14.1％（同13.4％），Itä-Uusimaaの15.7％（同14.9％）となっている。

さらに，高齢者比率を自治体ごとにみていくと（2008年12月31日現在），最も高い高齢者比率は，Luhanka（Keski-Suomiに所属）の36.0％（第5章で述べたように2006年は35.5％），つづいてKuhmoinen（Keski-Suomiに所属）の32.3％（同32.0％），3位はSuomenniemi（Etelä-Karjaraに所属）の31.8％（同31.1％）であった。最も高齢者比率が低いのは，Kiiminki（Pohjois-Pohjanmaaに所属）の7.7％（同7.3％），続いて，Oulunsalo（Pohjois-Pohjanmaaに所属）の7.8％（同7.1％），3位は，Liminka（Pohjois-Pohjanmaaに所属）の7.9％（同8.5％）であった。

(3) 経済力と財政力の地域格差[17]

人口1人当たりの地方所得税の課税所得（2007年度）をMaakunta別にみてみると，最大がUusimaaの1万8,566ユーロ（第5章で述べたように2005年度は1万6,618ユーロ），最小がPohjois-Karjalaの1万1,385ユーロで，およそ1.63倍の開きがある。さらに，自治体別にみてみると，最大がKauniainen（Uusimaaに所属）の3万1,988ユーロ（同2万7,387ユーロ），最小はMerijärvi（Pohjois-Pohjanmaaに所属）の8,311（同7,231ユーロ）ユーロだった。自治体間では実に3.85倍の開きがみられるのである。

また，1996年度の人口1人当たりの地方所得税の課税所得が最も高かった自治体はKauniainenの11万9,762マルカで，最小がMerijärviの3万7,271マルカであった（マルカはEU加盟以前のフィンランドの通貨単位）。1996年度における自治体間の開きは3.21倍のため，自治体間の経済力の地域格差が拡大していることが把握できるのである。

このような経済力の地域格差は自治体間の財政力格差となって現れることになる。このため地方財政調整が行われているが，フィンランドでは国庫支出金をとおして地方財政調整が行われているのである。

4 フィンランドの地方自治体の状況（2）
── 市町村合併と自治体間協力・連携

　フィンランドでは近年自治体の合併が進んでいる。自治体数を2006年1月1日現在と2009年1月1日現在とで比較した**図表6－5**をみると，自治体数は431から348に減少し，この3年間で約2割にあたる83自治体が減少したことが把握できるのである[18]。

　さらに，図表6－5から，Maakunta間での自治体合併の進捗状況には大きな差異がみられることが判断できる。つまり，Varsinais-SuomiやKymenlaaksoのように自治体数がほぼ半減したところや，Kanta-Häme, Pirkanmaa, Etelä-Pohjanma, Keski-Suomiのように約4分の1の自治体が減少したMaakuntaがある反面で，Itä-Uusimaa, Päijät-Häme, Pohjois-

図表6－5　フィンランドの地方自治体数の変遷

	2006年1月1日現在の自治体数	2009年1月1日現在の自治体数	合併で誕生した新しい名称の自治体
Uusimaa	24	21	Raasepori
Itä-Uusimaa	10	10	
Varsinais-Suomi	54	28	Kemiönsaari, Länsi-Turunmaa
Satakunta	26	22	
Kanta-Häme	16	11	
Pirkanmaa	33	24	Akaa, Sastamala
Päijät-Häme	12	12	
Kymenlaakso	12	7	
Etelä-Karjala	12	11	
Etelä-Savo	20	17	
Pohjois-Savo	23	23	
Pohjois-Karjala	16	14	
Keski-Suomi	30	23	
Etelä-Pohjanmaa	26	19	
Pohjanmaa	18	17	
Keski-Pohjanmaa	12	9	
Pohjois-Pohjanmaa	40	34	Siikalatva
Kainuu	10	9	
Lappi	21	21	
Ahvenanmaa	16	16	
合　計	431	348	

出所：Tilastokeskus "Suomen tilastollinen vuosikirja 2006", 2006, S.355-365ならびに "Suomen tilastollinen vuosikirja 2009", 2009, S.357-365により作成。

Savo, Lappi, Ahvenanmaaのように合併がまったく行われていないMaakuntaも存在するのである。また，合併後の新自治体の名称は合併の中心となった自治体名をそのまま用いることが多く，合併にともなって新しい自治体名を名乗ることになった自治体は，UusimaaのRaasepori，Varsinais-SuomiのKemiönsaari，PirkanmaaのAkaaなど，わずか6つにすぎないことが特徴としてあげられる。

その後も自治体の合併は南部のMaakuntaを中心に進み，2010年1月1日現在の自治体数は326，2011年1月1日現在の自治体数は320となっている[19]。さらに，2013年度には少なくとも2つの合併（4つの自治体がかかわる）が計画されている[20]。このような自治体合併協議に参加した自治体数は，2005年度以降でみれば，205自治体にのぼる予定である[21]。

ただし，自治体合併が進んではいるものの，2008年12月31日現在において，人口2,000人未満の自治体が49，2,000人以上4,000人未満の自治体が79，4,000人以上6,000人未満の自治体が53存在している（図表6-6）。自治体合併が進んでも，人口6,000人未満の自治体が，実に自治体全体の過半数を占めているのである。これらの小規模自治体では公共サービスを自治体単独事業として行うには限界があるため，自治体間協力・連携が盛んに行われている。さらに，国が「自治体およびサービスの構造改革」（Kunta-ja palvelurakenneuudistus）を実施中で，1次医療とこれに密接に関連する福祉サービスについては少なくとも人口数2万人，職業学校については人口5万人を1つの区域として事業を展開するように求めていることも，自治体間協力・連携を加速させている[22]。

自治体間協力・連携の方法は多様であるが，まず，特定の事業分野について複数の自治体が集まって自治体連合を形成する方法があげられる。自治体連合の歴史は古く，かつその多くは任意で設置されるもので，1次医療，職業学校などがある。これとは別に，法律にもとづいて設置が義務づけられる自治体連合もある。たとえば，法にもとづいて2次医療について20の医療圏が設定されており（第5章の図表5-3を参照），その各々に配置されている高度医療を行う拠点的な専門病院をはじめとする病院を運営する自治体連合がつくられ，すべての自治体がこの自治体連合に加わらなければならないの

図表6-6　フィンランドの地方自治体の人口規模　　（2008年12月31日現在）

	自治体数	2000人未満	2000-3999	4000-5999	6000-7999	8000-9999	10000-14999	15000-19999	20000-29999	30000-49999	50000-99999	100000人以上
Uusimaa	21	1	0	3	1	3	0	1	2	7	0	3
Itä-Uusimaa	10	1	5	1	1	0	0	1	0	1	0	0
Varsinais-Suomi	28	4	6	2	1	5	1	5	1	1	1	1
Satakunta	22	3	7	3	2	1	4	0	0	1	1	0
Kanta-Häme	11	0	2	1	1	3	0	2	1	0	1	0
Pirkanmaa	24	1	4	3	4	1	3	2	4	1	0	1
Päijät-Häme	12	1	3	2	0	1	1	1	2	0	0	1
Kymenlaakso	7	0	2	1	1	0	0	0	1	0	2	0
Etelä-Karjala	11	2	1	5	1	0	0	0	1	0	1	0
Etelä-Savo	17	2	4	5	3	0	0	0	2	0	1	0
Pohjois-Savo	23	2	8	4	3	1	1	0	3	0	1	0
Pohjois-Karjala	14	0	3	3	2	2	3	0	0	1	0	0
Keski-Suomi	23	6	5	4	1	1	2	1	2	0	1	0
Etelä-Pohjanmaa	19	1	6	1	2	2	5	1	0	1	0	0
Pohjanmaa	17	1	2	5	4	1	1	2	0	0	1	0
Keski-Pohjanmaa	9	2	4	2	0	0	0	0	0	1	0	0
Pohjois-Pohjanmaa	34	4	7	3	5	7	3	3	1	0	0	1
Kainuu	9	1	4	0	2	1	1	0	0	1	0	0
Lappi	21	4	4	5	2	3	0	0	2	0	1	0
Ahvenanmaa	16	13	2	0	0	0	1	0	0	0	0	0
合　計	348	49	79	53	34	33	26	19	22	14	11	8

出所：Tilastokeskus "Suomen tilastollinen vuosikirja 2009", 2009, S.73により作成。

である。また，地域開発法に基づく自治体連合が存在し地域計画を担っている。自治体連合の財政規模は87億9,614万ユーロで，福祉・保健医療が67億3,795万ユーロ，教育・文化が14億7,500万ユーロ，廃棄物処理が7,687万ユーロ，公的な交通・運輸が1億9,385万ユーロであった。また，福祉・保健医療のうち1次医療が8億9,929万ユーロ，2次以上の医療が49億7,116万ユーロ，教育・文化のうち職業学校が10億307万ユーロであった（2007年度決算）[23]。

さらに，自治体間協力・連携には，次のような方法もある。つまり，複数の自治体が会社（第3セクター）をつくって株式をもち第3セクターから各自治体がサービスを購入する，他の自治体からサービスを購入する（他の自治体にサービスを提供する），得がたい人材を自治体間で活用するなどの方法である[24]。「自治体およびサービスの構造改革」により，近年，1次医療

とこれに関連する福祉事業の「2万人の人口規模」を満たすように自治体間協力・連携地域が形成されてきているが，このうち20が自治体連合を形成し，中心自治体が周辺自治体分のサービスを担う方法（host-municipality-model）を選択したのは35であった[25]。

5 2010年の国庫支出金改革

(1) 1993年の国庫支出金改革

1993年に地方分権的な財政改革が行われ，それまでの使途が厳しく限定されていた福祉・保健医療と教育・文化の国庫支出金に代わり，自治体の支出裁量権を大幅に拡大した包括補助金（福祉・保健医療包括補助金，教育・文化包括補助金）がつくられた。この改革後，フィンランドの国庫支出金は，福祉・保健医療包括補助金，教育・文化包括補助金，一般交付金，税平衡化補助金，投資的事業への補助金の5つにほぼ大別されたのである。国庫支出金のなかでは，2つの包括補助金の比重が圧倒的に高かった[26]。

フィンランドにおいて地方財政調整の役割を担うのは国庫支出金である。自治体間の財政力に違いがあるため，地方財政調整機能をもつ国庫支出金への依存度が高い自治体もあれば，自主財源の比重の高い自治体も存在する。2007年度決算では，地方税と国庫支出金の比率（全国平均）は3対1となっているが，Maakunta別にみてみると，Uusimaaが9.5対1，Itä-Uusimaaが4対1と自主財源比率が高かった。その反対に，所属自治体の半数以上で地方税収入額を国庫支出金収入額が上回るMaakunta（Kainuu, Pohjois-Karjala）も存在した（**図表6−7**）。また，1人当たり国庫支出金収入額が3,000ユーロ以上の自治体は9自治体存在した。面積が広い自治体や人口が少ない自治体，高齢者比率が高い自治体において，国庫支出金への依存度が高いことが把握できるのである（**図表6−8**）。

図表6-7 Maakunta別にみた地方自治体の地方税収入・国庫支出金収入の人口1人当たり額と国庫支出金収入が地方税収入を上回った自治体数

(2007年度決算,ユーロ)

Maakunta	地方税	国庫支出金	国庫支出金収入が地方税収入を上回った自治体数
Uusimaa	3,841	404	0
Itä-Uusimaa	3,428	892	0
Varsinais-Suomi	2,996	1,200	1
Satakunta	2,735	1,556	5
Kanta-Häme	2,842	1,115	0
Pirkanmaa	2,960	1,035	1
Päijät-Häme	2,797	1,088	0
Kymenlaakso	2,983	1,079	1
Etelä-Karjala	2,789	1,136	0
Etelä-Savo	2,644	1,533	2
Pohjois-Savo	2,625	1,471	9
Pohjois-Karjala	2,507	1,751	⑦
Keski-Suomi	2,682	1,253	9
Etelä-Pohjanmaa	2,497	1,632	3
Pohjanmaa	2,865	1,542	0
Keski-Pohjanmaa	2,660	1,530	3
Pohjois-Pohjanmaa	2,768	1,397	13
Kainuu	2,567	1,821	⑤
Lappi	2,795	1,631	7
Ahvenanmaa	2,764	1,037	2
全国	3,074	1,086	67

(注) ○印は国庫支出金収入が地方税収入を上回った自治体数が半数以上のMaakunta。
出所:Tilastokeskus "Suomen tilastollinen vuosikirja 2009", 2009, S.366-381より作成。

図表6-8 1人当たり国庫支出金収入額が1人当たり地方税収入額を大幅に上回っている地方自治体と面積,人口,高齢者比率

(2007年度決算,ユーロ,km^2,人,%)

自治体名	所属するMaakunta	1人当り国庫支出金	1人当り地方税	面積	人口	高齢者比率
Vesanto	Pohjois-Savo	3,132	2,143	422.8	2,437	29.2
Rautavaara	Pohjois-Savo	3,035	2,241	1,151.2	1,949	30.4
Valtimo	Pohjois-Karjala	3,038	2,153	800.5	2,508	26.0
Kinnula	Keski-Suomi	3,019	1,916	460.3	1,852	22.5
Enontekiö	Lappi	3,122	2,337	7,945.9	1,915	18.3
Ranua	Lappi	3,461	1,942	3,453.7	4,428	18.9
Salla	Lappi	3,054	2,276	5,730.1	4,308	27.7
Geta	Ahvenanmaa	3,201	1,831	84.4	456	24.1
Kökar	Ahvenanmaa	3,394	2,194	63.6	262	24.8
全国平均		1,086	3,074			16.7

(注) 面積は2009年1月1日現在,人口と高齢者比率は2008年12月31日現在の数値。
出所:Tilastokeskus "Suomen tilastollinen vuosikirja 2009", 2009, S.78-95, S.366-381より作成。

(2) 2010年の国庫支出金改革

　2010年に改革が実施されたことにより，特定の教育・文化サービス（職業学校など）に関する国庫支出金と投資的事業への補助金を除いて，国庫支出金が1つにまとめられ，財務省から使途が限定されない一般補助金として自治体に交付されることになった。この改革による自治体と自治体財政への影響は，今のところほとんどない。というのは，1993年の改革後，包括補助金は「幅広い特定財源」から一般財源へ次第にその性格をシフトさせてきたことや，今回の改革で自治体に交付する際の算定方法や交付基準が変化したわけではなかったこと，一般交付金と税平衡化補助金はもともと一般財源の交付であったことからである。

　では，自治体に一般補助金が交付される仕組みをみてみよう。

　まず，包括補助金の各自治体への算定方法である。推計コスト積み上げ方式が改革後も踏襲された。これまで福祉・保健医療包括補助金は，各自治体の年齢別構成人口数にそれぞれの年齢別人口ごとに算定された基礎価格（1人当たり額）を乗じたものを基本に，失業者数，失業率，疾病率，地理的条件などが加味されて各自治体の福祉・保健医療費の推計コストが算出されていた。また，教育・文化包括補助金のうち就学前教育と義務教育学校では基礎価格に人口数（6〜15歳）を乗じ，さらに，人口密度や島しょ部の場合の上乗せや，13〜15歳人口分の上乗せ，2つの公用語（フィンランド語とスウェーデン語）をもち住民の多くがスウェーデン語を話す自治体やスウェーデン語のみを公用語としている自治体（Ahvenanmaaに属する全自治体とPohjanmaaに属するLuotoなど3自治体）の場合の上乗せ，などが加味されて推計コスト算定がなされてきた。改革後も，このような仕組みに変化はない（**図表6-9**，**図表6-10**）。**図表6-11**では，改革初年度になる2010年度の一般補助金算定の際の福祉・保健医療分における最も重要な指標となる年齢構成別人口に関する基礎価格を掲げた。保育サービスが必要な年齢層（0〜6歳）の社会福祉の基礎価格や，介護サービスや医療サービスがとくに必要となる75歳〜84歳，85歳以上の社会福祉と保健医療の基礎価格が大きな金額となっていることが判断できる。

図表6-9　一般補助金算定の際の福祉・保健医療分の推計コスト積み上げ方式の内容

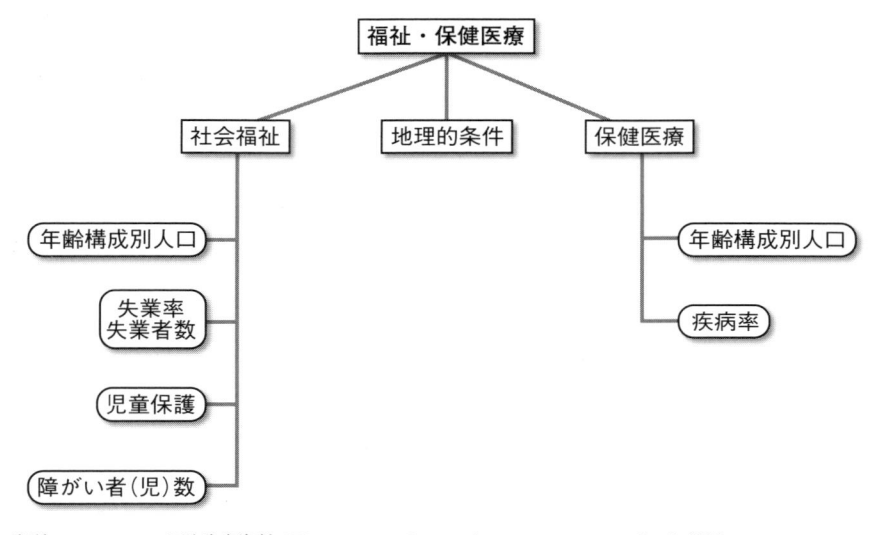

```
                       福祉・保健医療
                 ┌──────────┼──────────┐
              社会福祉      地理的条件     保健医療
                │                          │
          ┌─年齢構成別人口                  ├─年齢構成別人口
          │                                │
          ├─失業率                          └─疾病率
          │  失業者数
          │
          ├─児童保護
          │
          └─障がい者(児)数
```

出所：フィンランド財務省資料 "The system of central government transfers", 2010.

図表6-10　一般補助金算定の際の教育・文化分の推計コスト積み上げ方式の内容

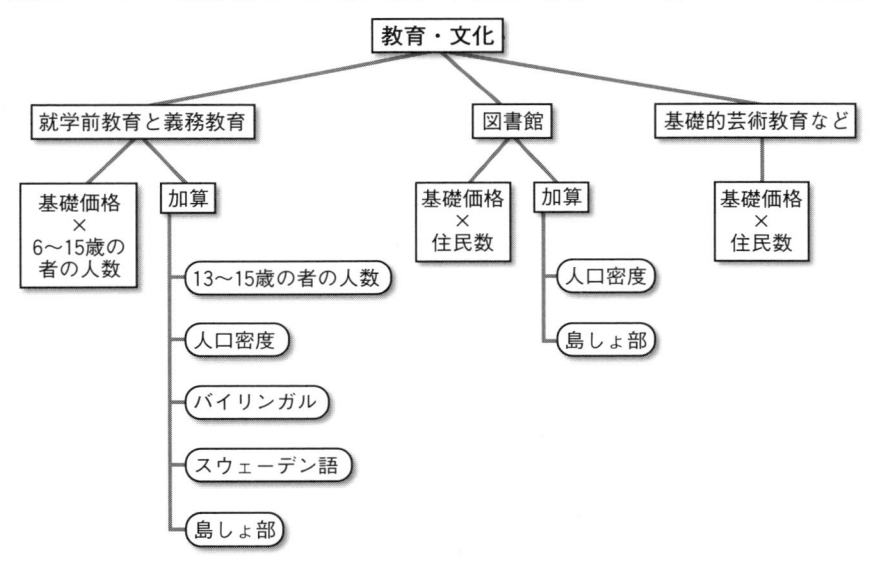

```
                          教育・文化
              ┌──────────────┼──────────────┐
        就学前教育と義務教育        図書館           基礎的芸術教育など
          ┌─────┴─────┐      ┌────┴────┐              │
       基礎価格        加算   基礎価格      加算        基礎価格
          ×           │      ×           │            ×
       6～15歳の       │    住民数         │          住民数
       者の人数        │                   │
                      ├─13～15歳の者の人数 ├─人口密度
                      │                   │
                      ├─人口密度          └─島しょ部
                      │
                      ├─バイリンガル
                      │
                      ├─スウェーデン語
                      │
                      └─島しょ部
```

出所：フィンランド財務省資料 "The system of central government transfers", 2010.

図表6−11 一般補助金算定の際の福祉・保健医療分における年齢構成別人口ごとに算定された基礎価格の数値 （2010年度，人口1人当り額，ユーロ）

社　会　福　祉		保　健　・　医　療	
0〜6歳の基礎価格	6,249.79	0〜6歳の基礎価格	791.40
7〜64歳の基礎価格	291.92	7〜64歳の基礎価格	879.92
65〜74歳の基礎価格	847.49	65〜74歳の基礎価格	2,071.39
75〜84歳の基礎価格	5,113.61	75〜84歳の基礎価格	3,995.44
85歳以上の基礎価格	14,041.43	85歳以上の基礎価格	6,935.07

出所：2010年3月10日実施のKuntaliitto（フィンランド自治体協会）におけるヒアリングならびに同協会資料"About the local tax revenues and finances and the state subsidies reform 2010", 2010により作成。

　なお，高校，職業学校，高等専門学校などの教育サービスと，美術館や劇場などの一部の文化サービスに関するものについての補助金は，一般補助金としてではなく，教育省所管のまったく別の形態の補助金として取り扱われる。つまり，この補助金は一般補助金の計算からははずされており，教育省所管の補助金として生徒数などに基づいて交付される。交付先についても，一般補助金がすべて自治体に交付されるのに対し，この補助金の交付先は自治体とは限らない。たとえば，自治体立だけではなく，自治体連合立や民間の運営も多い職業学校の場合には，自治体だけではなく，運営主体となっている自治体連合や民間に直接補助金が出されるのである[27]。このため，実質的には特定補助金に近い性格を有しているということができるのである。

　次に，包括補助金のときと同様に，一般補助金においても各自治体の福祉・保健医療，教育・文化のそれぞれの推計コスト積み上げ額から各自治体が自らの財源で負担すべき金額が差し引かれる。そして，このようにして得られた金額が，福祉・保健医療，教育・文化それぞれにおける国から各自治体への移転金額（補助金の額）になる。自治体の自己財源で負担すべき金額は，自治体の区別なくどこの自治体においても住民1人当たり定額となっているが，それは，各年度の福祉・保健医療費，教育・文化費それぞれについての国と自治体との間の支出の責任割合（推計コストに対する国と自治体の負担割合）にもとづいて計算される[28]。

　包括補助金制度の最終年度となった2009年度の場合は，福祉・保健医療分

図表6－12　福祉・保健医療分野（福祉・保健医療包括補助金）における年齢構成別人口ごとに算定された基礎価格の数値の変化（人口1人当たり額）と福祉・保健医療の全推計コストにしめる福祉・保健医療包括補助金のしめる割合，自治体が自己財源で負担すべき1人当たり額

（ユーロ，％）

社会福祉	2006年度	2007年度	2008年度	2009年度	保健医療	2006年度	2007年度	2008年度	2009年度
0～6歳の基礎価格	4,719.40	4,916.24	5,931.23	6,080.74	0～6歳の基礎価格	581.26	602.10	721.07	749.19
7～64歳の基礎価格	223.44	240.79	291.63	280.05	7～64歳の基礎価格	661.89	686.35	822.39	854.86
65～74歳の基礎価格	621.25	652.71	781.55	824.64	65～74歳の基礎価格	1,556.63	1,622.79	1,943.12	2,018.90
75～84歳の基礎価格	3,776.58	3,935.40	4,712.66	4,983.99	75～84歳の基礎価格	3,021.55	3,129.86	3,748.02	3,894.19
85歳以上の基礎価格	10,545.74	10,965.83	13,129.18	13,865.52	85歳以上の基礎価格	5,245.63	5,433.66	6,505.61	6,759.33

福祉・保健医療の全推計コストにしめる包括補助金の割合と自治体が自己財源で負担すべき1人当たり額				（％，ユーロ）
	2006年度	2007年度	2008年度	2009年度
包括補助金の割合	33.32％	33.88％	32.74％	34.64％
1人当たり自治体負担額	1,539.35ユーロ	1,603.04ユーロ	1,973.52ユーロ	1,993.73ユーロ

出所："Valtion talousarvioesitys 2009", 2008, S.628より作成。

野においては自治体負担分が65.36％，国庫支出金分が34.64％，教育・文化分野においては教育と図書館の自治体負担分が58.18％，国庫支出金分が41.82％，文化関係の自治体負担分が70.30％，国庫支出金分が29.70％であった[29]。さらに，福祉・保健医療分野の推計コスト（年齢構成別人口ごとに算定された基礎価格）は，**図表6－12**のように変化している。たとえば85歳以上の社会福祉については，2006年度が1万546ユーロであったが，2009年度には1万3,866ユーロに，0～6歳の社会福祉は2006年度が4,719ユーロであったが2009年度には6,081ユーロに，それぞれ上昇している。また，福祉・保健医療分野の全推計コストにしめる国庫支出金（福祉・保健医療包括補助金）分も2006年度が33.32％，2007年度が33.88％，2008年度が32.74％，2009年度が34.64％というように若干の変化がみられるとともに，自治体が自己財源で負担すべき1人当たり金額も上昇している（2006年度が1,539ユーロ，2007年度が1,603ユーロ，2008年度が1,974ユーロ，2009年度が1,994ユーロ）。そして，2009年度の全自治体が負担する総額は約100億ユーロにのぼっている。

2008年度の福祉・保健医療分野における自治体の自己財源で負担すべき住民1人当たり金額は1,974（1,973.52）ユーロであった。2008年度には，北部（Lappi）のSalla（4,308人，2008年12月31日）が受け取った国庫支出金額（福祉・保健医療包括補助金額）は住民1人当たり2,125ユーロ，財政力の高いKirkkonummi（同3万5,981人，Uusimaa）は513ユーロ，Helsinki（同57万6,632人，Uusimaa）は756ユーロだった（**図表6－13**）。

　なお，就学前教育学校と義務教育学校の生徒が居住する自治体とは別の自治体の学校に通学している場合は，教育サービスを提供している自治体は，生徒の居住自治体から補助金の返還を受けることができる。その金額は，就学前教育と義務教育の基礎価格と当該児童生徒数，13～15歳人口がいる場合の上乗せ額により決定される[30]。

　このようにして，一般補助金になってもこれまでの2つの包括補助金分が福祉・保健医療分と教育・文化分としてそれぞれで計算されたうえで，一般補助金額が示されることになる。これに加えて一般補助金額として算定されるものには，2010年改革前に存在した一般交付金分がある。つまり，自治体は福祉・保健医療，教育・文化分野以外の事務事業も行っているために，こ

図表6－13　福祉・保健医療における国から自治体への移転額と自治体が自ら負担すべき額

（2008年度，住民1人当たり額，ユーロ）

自治体	自治体負担分	国からの補助金	合計
Kirkkonummi	1,974	513	2,487
Helsinki	1,974	756	2,730
Salla	1,974	2,125	4,099

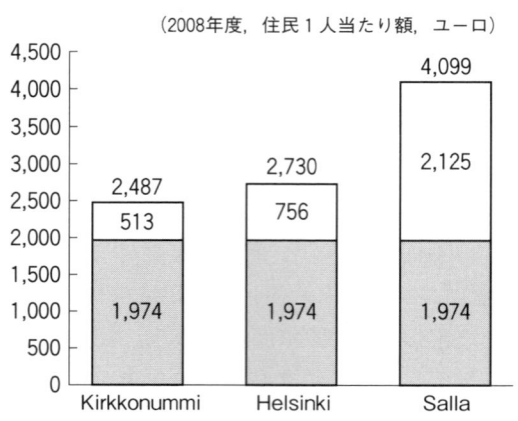

（注1）斜線部が自治体が自ら負担すべき1人当たり福祉・保健医療費の額。
（注2）白線部が1人当たりの国からの福祉・保健医療包括補助金額。
出所：フィンランド自治体協会資料 "About the local tax revenues and finances and the state subsidies reform 2010", 2010.

図表6-14　一般補助金算定の際の一般分の推計コスト積み上げ方式の内容

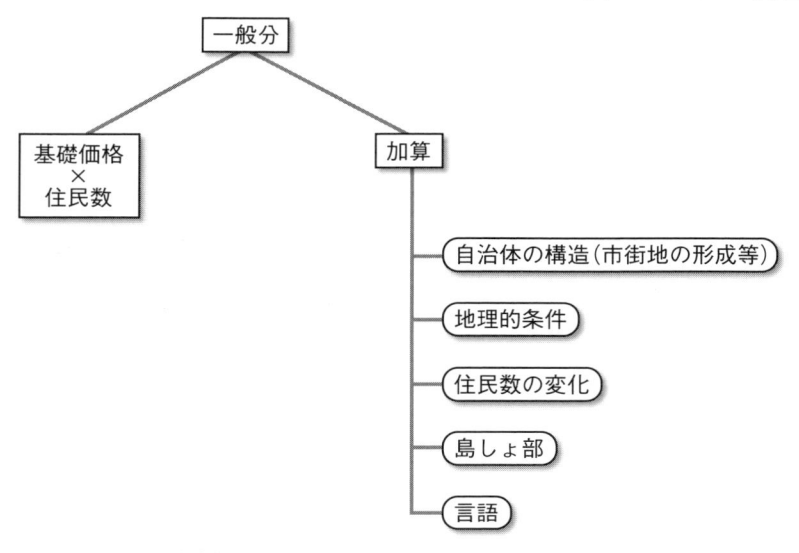

```
                    一般分
                   /      \
          基礎価格            加算
          ×                    |
          住民数                ├─ 自治体の構造（市街地の形成等）
                                ├─ 地理的条件
                                ├─ 住民数の変化
                                ├─ 島しょ部
                                └─ 言語
```

出所：フィンランド財務省資料 "The system of central government transfers", 2010.

れまで福祉・保健医療包括補助金と教育・文化包括補助金のほかに，福祉・保健医療や教育・文化以外の自治体の財政需要に対応することを目的とした一般交付金が国から交付されていた。2010年の改革では，このような一般交付金についても，その算定方法が踏襲されることになったのである。つまり，一般交付金では基礎価格に住民数を乗じて推計コストが算出されるのであるが，その際，島しょ部や遠隔地，自治体の構造，言語などへの配慮がなされていた。この方法が改革後も維持され（**図表6-14**），一般分として一般補助金に含まれることになるのである。

(3) 自治体間の税収格差是正の方法

　以上のような作業を行ったうえで，さらに自治体間の税収格差が斟酌される。上記の計算方法でも島しょ部や過疎自治体への配慮がなされてはいるが，あくまでも，これは財政需要に着目した配慮にすぎない。自治体が自己財源で賄うべき金額は，自治体の区別なく住民1人当たり定額となっていて自治体間の税収格差への考慮はない。そこで，これまでの税平衡化補助金でとら

れていたときと同様な方法で，一般補助金においても自治体間の税収格差に着目した調整が行われるのである。つまり，住民1人当たり地方税収（計算上の住民1人当たり地方税収）が91.86％（2010年度，2011年度）に達しない自治体（2010年度は265，2011年度は258）には不足分が補助金加算されるのである。その反対に91.86％を超過した自治体（2010年度は61，2011年度は62）はその超過分の37％分（2010年度，2011年度）の補助金が減額されるのである。

　その際の計算上の住民1人当たり地方税収とは，各自治体の実際の地方税収ではない。地方所得税の税率や不動産税は自治体間で相違するので，全国の平均税率を用いた計算上の住民1人当たり地方所得税収と不動産税収が使用されるのである。たとえば，2011年度における自治体間の税収格差是正では，2009年度の地方所得税の平均税率である18.59％が適用される。不動産税についても2009年度の平均税率が適用され，たとえば，定住用の1戸建て住居の場合は0.30％であった。

　では，**図表6-15**を用いて，2011年度予算において，自治体間の税収格差に着目してどのような調整がなされているのかを具体的に検討してみよう。調整にあたっては地方税収，人口数とも2年前のデータが用いられることになっている。2008年12月31日現在のフィンランドの総人口数は529万8,858人で，2009年度の計算上の地方税収は173億7,715万1,490ユーロ（平均税率適用の地方所得税収入が150億3,187万4,259ユーロ，平均税率適用の不動産税が9億6,126万1,165ユーロ，法人所得税の自治体分が13億8,401万6,067ユーロ）であった。そこで計算上の1人当たりの地方税収は3,279ユーロとなり，この数値に91.86％を乗じた金額である3,012.47ユーロが基準値となる。この基準値を計算上の1人当たり地方税収が下回った自治体には，3,012.47ユーロに達する金額になるように補助金が増額され，反対に，計算上の1人当たり地方税収が基準値を上回った自治体には，その上回った金額（その自治体の計算上の1人当たり地方税収マイナス3012.47ユーロ）の37％分の補助金が減額されることになる。

　図表6-15は，基準値を計算上の1人当たり地方税収入が大きく上回った自治体と，その反対に，基準値を計算上の1人当たり地方税収入が大きく下

図表6-15　税収格差是正のための自治体間の調整のしくみ

(2011年度)

自治体	自治体の所属するMaakunta	人口(2008年12月31日現在)	計算上の地方所得税収(2009年度決算、ユーロ)	法人所得税の自治体分(2009年度決算、ユーロ)	計算上の不動産税収(2009年度決算、ユーロ)	計算上の地方税収(2009年度決算、ユーロ) 計算上の地方税収入額(ユーロ)	計算上の地方税収 1人当り額(ユーロ)	基準値との差(ユーロ)	2011年度予算 1人当り調整額(ユーロ)	2011年度予算 調整額(ユーロ)
全国		5,298,858	15,031,874,259	1,384,016,067	961,261,165	17,377,151,490	3,279		−3	−17,237,217
Helsinki	Uusimaa	574,564	2,119,130,554	255,258,255	174,525,342	2,548,914,151	4,436	−1,424	−527	−302,681,215
Espoo	Uusimaa	241,565	1,015,511,806	128,449,974	74,721,211	1,218,682,991	5,045	−2,032	−752	−181,661,000
Eurajoki	Satakunta	5,871	25,466,277	950,236	3,399,165	29,815,679	5,078	−2,066	−764	−4,487,903
Harjavalta	Satakunta	7,580	20,489,610	9,811,138	1,213,060	31,513,807	4,157	−1,145	−424	−3,211,355
Kaskinen	Pohjanmaa	1,478	4,798,907	2,844,453	518,828	8,162,189	5,522	−2,510	−929	−1,372,611
Kauniainen	Uusimaa	8,545	50,086,927	1,273,352	3,155,826	54,516,105	6,380	−3,367	−1,246	−10,646,583
Ranua	Lappi	4,428	7,578,263	505,346	478,491	8,562,100	1,934	1,079	1,079	4,777,117
Kärsämäki	Pohjois-Pohjanmaa	2,970	5,244,465	348,490	256,416	5,849,371	1,969	1,043	1,043	3,097,665
Merijärvi	Pohjois-Pohjanmaa	1,187	1,911,105	94,255	90,427	2,095,787	1,766	1,247	1,247	1,480,015
Polvijärvi	Pohjois-Karjala	4,843	8,116,685	834,783	565,833	9,517,301	1,965	1,047	1,047	5,072,092
Rääkkylä	Pohjois-Karjala	2,671	4,448,750	411,985	384,097	5,244,832	1,964	1,049	1,049	2,801,475

(注1) 計算上の地方所得税の税率は18.59%（2009年度）、計算上の不動産税の税率については1戸建で定住住居は0.30%（2009年度）である。
(注2) 基準値は3,012.74ユーロで、基準値を計算する際に全国平均の1人当たりの地方税収入額（3,279ユーロ）に乗じる数値は91.86%である。
(注3) 1人当たり調整額を出す際に、基準値を上回る自治体が調整減額される1人当たり額は基準値との差額に37%を乗じた額である。
出所：フィンランド自治体協会資料, "Laskelma verotuloihin perustuvasta valtionosuuksien tasauksesta vuonna 2011" より作成。

第6章　フィンランドにおける2010年の国庫支出金改革と自治体財政の状況

回った自治体について，それぞれ1位から5位まで掲げ，かつ首都のヘルシンキ市を加えて11自治体について示している。具体例としては，計算上の住民1人当たり税収が最大のKauniainen（Uusimaaに所属，6,380ユーロ）と最小のMerijärvi（Pohjois-Pohjanmaaに所属，1,766ユーロ），それに首都のHelsinki（4,436ユーロ）を取り上げてみることにしよう。基準値を計算上の地方税収が上回った自治体では超過分の37％が減額されるため，Kauniainenは3,367ユーロ，Helsinkiは1,424ユーロの超過のために，その37％である1,246ユーロ，527ユーロがそれぞれ減額されることになる。Kauniainenの人口は8,545人なので，これに1,246ユーロを乗じた1,064万ユーロの補助金が減額され，Helsinkiの人口は57万4,564人なので，これに527ユーロを乗じた3億268万ユーロの補助金が減額されることになるのである。その反対に，Merijärviは基準値に1,274ユーロ不足しているために，1,274ユーロに人口数（1,187人）を乗じた148万15ユーロが補助金として加算されることになるのである。

　2011年度予算では，以上により補助金が減額になる見込みの自治体数は62，補助金額が増額となる自治体数は258である[31]。一般補助金が導入された最初の予算である2010年度予算では減額になる見込みの自治体数は61，増額となる見込みの自治体数は265であったから[32]，増額自治体が7自治体減少した。また，補助金減額分と増額分を比べれば，増額分が減額分を1,723万7,217ユーロ（2010年度予算では2,291万1,760ユーロ）上回っているため，その金額分を国が資金提供する形となっている。このような自治体間の税収格差調整における国の資金提供額はきわめて少なく，実質的には自治体間水平調整となっていることが把握できるのである。こうして，以上のような作業を経ることによって，各自治体の最終的な一般補助金額が決定することになるのである。

　なお，教育省から支出される職業学校や美術館，劇場などの教育・文化サービスに関する補助金と投資的経費に関する補助金については，自治体間の税収格差是正の対象からはずされている。

(4) 富裕自治体の動向

　補助金が減額となった自治体は，富裕な自治体ということができる。**図表6－16**は，2011年度に税収格差調整により一般補助金が減額になる62自治体をすべて掲載している。**図表6－16**から判断できるように，人口1万人以上の自治体が49と約8割を占めている。また，南部のMaakuntaに所属する自治体が圧倒的な割合（約8割）を占めている。つまり，Uusimaaに所属する自治体が15，Varsinais-Suomiに所属する自治体が10，Pirkanmaaに所属する自治体が7，Itä-Uusimaaに所属する自治体が3，Kanta-Hämeに所属する自治体が2，Satakuntaに所属する自治体が4，Kymenlaaksoに所属する自治体が3，Etelä-Karjalaに所属する自治体が3，Päijät-Hämeに所属する自治体が1となっているのである。先に述べたように，フィンランドでは人口が増加しているのは主に南部のMaakuntaであり，それ以外のMaakuntaに属していて**図表6－16**に掲げられた自治体は，たとえば，Jyväskylä (Keski-Suomi) やKokkola (Keski-Pohjanmaa), Kuopio (Pohjois-Savo), Oulu (Pohjois-Pohjanmaa), Seinäjoki (Etelä-Pohjanmaa), Vaasa (Pohjanmaa) などMaakuntaのなかの中心となっている規模の大きな都市が多い。その反対に，Kainuuなど失業率が高く，人口減少が進んでいるMaakuntaにおいては，補助金が減額される自治体は皆無となっている。

　さらに，富裕自治体の地方所得税の税率を調べてみると（**図表6－16**），全国平均の税率を下回っているのは23自治体であった。税率が16.50％と低い自治体がある反面，税率が20％以上の自治体も少なくない。そこで，富裕自治体だから地方所得税率が低いということはできない。各自治体が課す地方所得税の税率における最高と最低の幅が小さいために特徴的な動きを見いだすことが難しいといえる。今後は，各自治体の地方債の累積高や都市部特有のニーズなど，別の指標の検討も必要だろう[33]。

図表6-16　富裕自治体（補助金が減額された自治体）の人口，所属するMaakunta，地方所得税率　　（人，%）

自治体	所属Maakunta	人口	自治体	地方所得税率	自治体	所属Maakunta	人口	地方所得税率	自治体	所属Maakunta	人口	地方所得税率
Espoo	Uusimaa	241,565	Kokkola	17.50	Keski-Pohjanmaa	45,644	19.75	Pirkkala	Pirkanmaa	16,154	19.00
Eurajoki	Satakunta	5,871	Kotka	18.00	Kymenlaakso	54,694	19.50	Porvoo	Itä-Uusimaa	48,227	19.25
Hamina	Kymenlaakso	21,570	Kouvola	20.00	Kymenlaakso	88,436	19.00	Raahe	Pohjois-Pohjanmaa	22,571	19.75
Hanko	Uusimaa	9,657	Kuopio	19.25	Pohjois-Savo	95,484	18.75	Raisio	Varsinais-Suomi	24,147	17.50
Harjavalta	Satakunta	7,580	Kustavi	18.75	Varsinais-Suomi	910	19.25	Rauma	Satakunta	39,747	18.00
Helsinki	Uusimaa	574,564	Lahti	17.50	Päijät-Häme	100,080	19.00	Riihimäki	Kanta-Häme	28,536	19.00
Hyvinkää	Uusimaa	44,987	Lappeenranta	18.50	Etelä-Karjala	71,740	18.75	Ruokolahti	Etelä-Karjala	5,730	18.00
Hämeenlinna	Kanta-Häme	66,106	Lempäälä	18.00	Pirkanmaa	19,753	19.00	Salo	Varsinais-Suomi	54,777	18.00
Imatra	Etelä-Karjala	28,899	Lieto	18.75	Varsinais-Suomi	15,772	18.50	Seinäjoki	Etelä-Pohjanmaa	56,211	19.00
Inkoo	Uusimaa	5,575	Lohja	20.00	Uusimaa	39,133	19.00	Sipoo	Itä-Uusimaa	19,886	18.75
Jyväskylä	Keski-Suomi	128,028	Loviisa	18.50	Itä-Uusimaa	15,694	19.50	Siuntio	Uusimaa	5,871	20.50
Jämsä	Keski-Suomi	23,167	Länsi-Turunmaa	19.50	Varsinais-Suomi	15,405	19.25	Säkylä	Satakunta	4,761	19.50
Järvenpää	Uusimaa	38,288	Masku	19.00	Varsinais-Suomi	9,383	16.50	Tampere	Pirkanmaa	209,552	18.00
Kaarina	Varsinais-Suomi	30,347	Mustasaari	18.00	Pohjanmaa	18,112	19.25	Turku	Varsinais-Suomi	175,582	18.00
Kangasala	Pirkanmaa	29,282	Muurame	19.50	Keski-Suomi	9,178	19.00	Tuusula	Uusimaa	36,386	18.00
Kaskinen	Pohjanmaa	1,478	Naantali	18.75	Varsinais-Suomi	18,391	16.50	Vaasa	Pohjanmaa	58,597	19.00
Kauniainen	Uusimaa	8,545	Nokia	16.50	Pirkanmaa	30,951	19.00	Valkeakoski	Pirkanmaa	20,542	18.75
Kempele	Pohjois-Pohjanmaa	15,320	Nurmijärvi	18.50	Uusimaa	39,018	18.75	Vantaa	Uusimaa	195,419	18.50
Kerava	Uusimaa	33,546	Oulu	18.00	Pohjois-Pohjanmaa	137,061	18.00	Vihti	Uusimaa	27,628	19.25
Kirkkonummi	Uusimaa	35,981	Paimio	18.25	Varsinais-Suomi	10,145	18.75	Ylöjärvi	Pirkanmaa	29,762	19.00
Kiitilä	Lappi	6,039	Pietarsaari	19.00	Pohjanmaa	19,667	19.25				

(注1) 人口は2008年12月31日現在の数値。
(注2) 地方所得税率は2009年度の数値。
出所：フィンランド自治体協会資料，"Laskelma verotuloihin perustuvasta valtionosuuksien tasauksesta vuonna 2011" ならびにTilastokeskus "Suomen tilastollinen vuosikirja 2009, 2009, S.357-365により作成。

(5) 人口密度が極端に低い，島しょ部に位置しているなど特別な事情を抱えている自治体への配慮

なお，2010年改革では，上記に加えて，新しく次の措置が取られた。つまり，人口密度が極端に低い過疎自治体と島しょ部自治体（島しょ部の自治体もしくはそのなかに島しょ部を抱えている自治体）[34]の財政需要に対応するために，3,000万ユーロが28自治体に割り当てられたのである。そして，このための財源を捻出するために，フィンランドのすべての自治体において住民1人当たり6ユーロが一般補助金から差し引かれることになった[35]。

図表6-17から判断できるように，これらの自治体のほとんどは，Lappiなど北部のMaakuntaに所属し，遠隔地で面積がきわめて広く人口が少ない（きわめて人口密度が低い），島しょ部であるなどの事情を抱えていて，合併

図表6-17 一般補助金の交付に際し特別な配慮を受ける28自治体の内容

(人，km²，人/km²)

人口密度が極端に低い自治体					島しょ部の自治体				
自治体	所属Maakunta	人口	面積	人口密度	自治体	所属Maakunta	人口	面積	人口密度
Muonio	Lappi	2,360	1,903.9	1.2	Enonkoski	Etelä-Savo	1,651	306.1	5.4
Savukoski	Lappi	1,216	6,438.6	0.2	Hailuoto	Pohjois-Pohjanmaa	1,028	196.6	5.2
Enontekiö	Lappi	1,915	7,945.9	0.2	Kemiönsaari	Varsinais-Suomi	7,303	687.1	10.6
Utsjoki	Lappi	1,322	5,144.3	0.3	Kustavi	Varsinais-Suomi	910	166.4	5.5
Inari	Lappi	6,866	15,052.4	0.5	Länsi-Turunmaa	Varsinais-Suomi	15,405	881.9	17.5
Pelkosenniemi	Lappi	1,046	1,836.8	0.6	Maalahti	Pohjanmaa	5,549	521.0	10.7
Kittilä	Lappi	6,039	8,095.0	0.7	Puumala	Etelä-Savo	2,645	794.6	3.3
Salla	Lappi	4,308	5,730.1	0.8	Sulkava	Etelä-Savo	3,033	584.9	5.2
Sodankylä	Lappi	8,872	11,696.4	0.8					
Ranua	Lappi	4,428	3,453.7	1.3					
Posio	Lappi	4,020	3,039.1	1.3					
Kolari	Lappi	3,860	2,558.5	1.5					
Pudasjärvi	Pohjois-Pohjanmaa	9,031	5,638.6	1.6					
Rautavaara	Pohjois-Savo	1,949	1,151.2	1.7					
Suomussalmi	Kainuu	9,435	5,270.8	1.8					
Utajärvi	Pohjois-Pohjanmaa	3,045	1,671.0	1.8					
Lestijärvi	Keski-Pohjanmaa	881	480.7	1.8					
Ristijärvi	Kainuu	1,548	836.3	1.9					
Taivalkoski	Pohjois-Pohjanmaa	4,546	2,438.2	1.9					
Puolanka	Kainuu	3,183	2,461.7	1.3					

(注1) 面積は2009年1月1日現在の数値。
(注2) 人口は2008年12月31日現在の数値。
(注3) 島しょ部の自治体のうちEtelä-Savoに属する3自治体は，湖沼上の島をもつ自治体である。
出所：フィンランド財務省資料 "The system of central government transfers", 2010ならびに Tilastokeskus "Suomen tilastollinen vuosikirja 2009", 2009, S.78-95により作成。

がきわめて難しい自治体と位置づけられるとともに，自治体間協力・連携を行っても1次医療における人口2万人規模にははるかに達しないなどの事情を抱えている自治体である。また，これらの自治体のなかには少数民族であるサーメ人が居住する自治体（とくにLappiに属する自治体）があり，サーメ人への政策的な配慮がなされている。

6 むすびにかえて

　フィンランドの2010年の国庫支出金改革は，社会保健省所管の福祉・保健医療包括補助金，教育省所管の教育・文化包括補助金，財務省所管の一般交付金と税平衡化補助金を，財務省所管の一般補助金に1本化したものである。この改革により，フィンランドの国庫支出金は，高校，職業学校，高等専門学校などの教育サービスと美術館や劇場などの自治体の一部の文化サービスに関する国庫支出金，開発事業などの投資的補助金，ならびに財務省所管の一般補助金にほぼ大別されることになった。このなかで一般補助金は国庫支出金全体の9割を占めることになった[36]。

　2010年の改革前の包括補助金や一般交付金の自治体における自由裁量度が高かったために，2010年の改革により自治体の支出の自由裁量度が格段に増したわけではない。また，自治体に交付する際の算定方法や交付基準が変化したわけでもない。その意味では，自治体にとっては，2010年の改革は，使途限定の福祉・保健医療国庫支出金と教育・文化国庫支出金から福祉・保健医療包括補助金と教育・文化包括補助金への転換を行った1993年の改革のような大改革ということはできないし，自治体の側にもそのような認識はない。

　しかし，2010年の改革は，現段階では改革前の仕組みとほとんど違いはないけれども，今後，修正が施されることになるのか，修正が行われるのであれば，どのようなものになるのかを筆者は注視したい[37]。また，今後，フィンランドの自治体における施策展開に新しい動きがでてくるのか，福祉・保健医療サービスや教育・文化サービスの内容や水準への影響が出てくるのかなどについても注目していきたい。

さらに，日本の国庫支出金改革を念頭におきながらフィンランドの改革を考えれば興味深い論点が浮かんでくる。現在，日本では一括交付金の議論が行われているが，その括り方をどの程度にするのか，そもそも建設事業における箇所付けのもつ意義をどのように考えるのか，括り方を広げれば広げるほど地方交付税との関係をどのようにするのか，義務教育費国庫負担金など使途限定の国庫支出金の意義をどのように考えるのか，縦割り行政を減ずるための省庁改革をどうするのかなどの課題がある。フィンランドでは，社会保健省と教育省が所管していた国庫支出金を財務省に1本化したことと，一般補助金になじまないものについては別の形態の補助金として存立させていることが大変興味深い。前者については，そもそも縦割り行政が強固な日本ではフィンランドのようなことが果たしてできるのだろうかという点に関心がある。また，後者については，フィンランドでは投資的事業への補助金は支出ベースが交付の際に考慮される。職業学校や美術館などの教育・文化サービスに関する補助金については，その交付先は自治体だけではなく，そのことゆえに特定補助金に近い形態の補助金として存立している。日本で地方分権が進んでも，単純な一般財源主義では事は進まないだろう。フィンランドの国庫支出金は，日本において地方分権が進んでいくのならば，その際の補助金を考えるときにもヒントを与えているといえるのではないだろうか。

注

1) 1990年代前半の深刻な不況以後のフィンランド経済については本書第5章を参照。
2) フィンランドの県の廃止については，山田眞知子「フィンランドの地方自治体とサービスの構造改革」財団法人自治体国際化協会編『比較地方自治研究会調査研究報告書（平成22年度）』自治体国際化協会，2011年3月を参照。
3) なお，国の財政規模は462億ユーロであった（2009年度国予算）。Tilastokeskus "Suomen tilastollinen vuosikirja 2009"（以下，Vuosikirjaと略す），2009, S.347.
4) 徴税については，2010年3月10日実施のKuntaliitto（フィンランド自治体協会）におけるヒアリングによる。
5) "Vuosikirja 2007", 2007, S.340-341, "Vuosikirja 1998", 1998, S.302-303.
6) 日本の場合，国税収入額が45兆8,309億円，地方税が39兆5,585億円となっており，国税対地方税は53.7対46.3になっている（2008年度決算）。
7) "Vuosikirja 2009", 2009, S.343.
8) フィンランド財務省資料 "Local Self-Government in Finland—Public services,

administration and finance", 2010を参照。なお，山田眞知子氏は，注2）の前掲書のなかで自治体の事務・事業と国の法律との関係を詳細に述べている。
9）注8）のフィンランド財務省資料を参照。
10）近年，フィンランドでは福祉・保健医療サービス，とくに福祉サービスの民間委託が進み，このため自治体が民間事業所からサービスを購入することが増大している。この点については，横山純一「フィンランドにおける高齢者福祉の変化（1990-2006）—1990年代前半の不況以後の高齢者介護サービスと福祉民営化，地域格差問題を中心に」『開発論集』85号，北海学園大学開発研究所，2010年3月を参照。また，本書第5章を参照。
11）フィンランド自治体協会資料 "About the local tax revenues and finances and the state subsidies reform 2010", 2010を参照。
12）注8）のフィンランド財務省資料を参照。
13）同上。
14）同上。
15）Matti Heikkila, Mikko Kautto（EDS.）"Welfare in Finland", 2007, ならびに注10）の横山純一前掲論文を参照。
16）高齢者比率については，STAKES "Ikääntyneiden sosiaali-ja terveyspalvelut 2005", S.32ならびに注10）の横山純一前掲論文，"Vuosikirja 2009", 2009, S.78-95を参照。
17）"Vuosikirja 2009", 2009, S.357-365. "Vuosikirja 1998", 1998, S.326-336により数値を算出した。
18）なお，2007年1月1日現在の市町村数は416であった。これについては，"Vuosikirja 2007", 2007, S.355-365を参照。また，本書第5章を参照。
19）後述する注31），注32）の税収格差是正のための自治体間調整（2010年度予算，2011年度予算）に関するフィンランド自治体協会資料により数値を算出した。
20）フィンランド財務省資料 "Project to restructure municipalities and services", 2010を参照。
21）同上。
22）同上。
23）"Vuosikirja 2009", 2009, S.356.
24）注20）のフィンランド財務省資料ならびに注2）の山田眞知子前掲書による。なお，山田眞知子前掲書は自治体間協力・連携について詳しい。
25）注20）のフィンランド財務省資料ならびに注2）の山田眞知子前掲書による。
26）横山純一「フィンランドの地方分権と高齢者福祉(1)（2完)」『都市問題』87巻9号，10号，1996年9月，1996年10月を参照。なお，小野島真「フィンランドの基礎的公共サービスを支える地方行財政制度」『月刊自治研』608号，2010年5月も2010年改革を扱っている。
27）職業学校への補助金については，横山純一「93年，自治体裁量の大きい教育包括

補助金制度を創設」日本教育新聞社『週刊教育資料』949号, 2006年8月, 14-15頁を参照。
28) フィンランド財務省資料 "The system of central government transfers" を参照。
29) この点については, "Valtion talousarvioesiteys 2009", 2008, S.77を参照。
30) 注28) のフィンランド財務省資料を参照。
31) 税収格差是正のための自治体間調整（2011年度予算）に関するフィンランド自治体協会資料 "Laskelma verotuloihin perustuvasta valtionosuuksien tasauksesta vuonna 2011" を参照。
32) 税収格差是正のための自治体間調整（2010年度予算）に関するフィンランド自治体協会資料 "Verotuloihin perustuva valtionosuuksien tasaus vuonna 2010" を参照。
33) 今後の筆者の課題としたい。
34) 島しょ部の自治体には, オーランド諸島の自治体（Ahvenanmaaに所属する自治体）は含まれていない。
35) 注28) のフィンランド財務省資料を参照。
36) 注8) のフィンランド財務省資料を参照。
37) 1993年の国庫支出金改革（包括補助金の創設）の際も, その直後から財政力よりも財政需要因子を重視する改革が志向された。また, 交付基準の改正が繰り返されてきた。たとえば, 福祉・保健医療包括補助金における年齢構成別人口は, 改革時には0～6歳, 7～64歳, 65歳～74歳, 75歳以上の4つにわかれていたが, その後, 75歳以上が分割されて75～84歳, 85歳以上となった。この点については注10) の横山純一前掲論文を参照。その意味で, 2010年の改革後, 数年が経過したときにどのような変化が生じることになるだろうかが注目されるのである。

第7章 義務教育段階の地方教育費の現状と課題[1]

1 はじめに

　21世紀に入ってから，初等中等教育段階の地方教育費・教育財政には大きな変化がみられる。その変化を一言で述べれば，国の教育費支出の減少と都道府県教育費支出の増加，市町村教育費支出の落ち込みである。変化を引き起こした要因は多様だが，主なものとして，税源配分の三位一体改革（以下，三位一体改革と呼ぶ），地方財政の悪化，地方交付税交付金の削減，市町村合併，少子化などがあげられるだろう。

　本章では，都道府県教育費の変容を三位一体改革を軸にして検討すること，ならびに，教育の「現場」である学校運営と直結する市町村教育費の変化の内実を分析することを通じて地方教育費・教育財政の現状と課題を明らかにしたい。

2 税源配分の三位一体改革の経過と内容[2]

(1) 三位一体改革の概要

　三位一体改革は，地方自治体（都道府県，市町村）の主要な財源である地方税，地方交付税交付金，国庫支出金をそれぞれ個別に改革するのではなく，三者を相互に関連づけて改革しようとするもので，小泉政権の目玉施策の1つであった。つまり，2004年度から2006年度までの3年間に，地方自治体むけの国庫支出金約20兆円（国庫支出金全体では約28兆円，このうち約20兆円が都道府県・市町村むけの国庫支出金，2003年度決算）のうち4兆円程度を

廃止・縮減する，廃止・縮減する国庫支出金の対象事業のうち引き続き地方自治体が実施主体で実施するものには税源移譲する，地方交付税交付金は期間中に改革を進める，というものだった。ただし，国庫支出金の削減額と同額の税源移譲が行われるのではなく，義務的な事業については徹底的な効率化を図ったうえで所要の全額を移譲し，その他の事業は8割程度を目安に移譲するとした。

文部科学省所管の教育費については，国庫支出金の廃止・縮減額がとくに大きく，地方自治体の財政に多大なインパクトを与えた。

(2) 三位一体改革の経過と内容 (1)
―2003年度の芽出しと初年度 (2004年度)

まず，三位一体改革に先立って，2003年度に義務教育費国庫負担金中の共済長期負担金と公務災害補償基金負担金が廃止され，義務教育費国庫負担金2,344億円が縮減され，一般財源化された[3]。これにともなって地方自治体への税源移譲がなされることになったが，この段階では移譲する税目が明らかではなかったため，税源移譲する税目が決まるまでの当面の措置として，所得譲与税2,051億円が都道府県に移譲された（三位一体改革の芽出し）（**図表7－1**）。

三位一体改革がスタートした2004年度には，義務教育費国庫負担金中の退職手当・児童手当分（2,309億円）ならびに公立保育所運営費（1,660億円），介護保険事務費交付金（305億円）等の一般財源化が行われた。これにともない前年度に続く当面の措置として，前者には税源移譲予定特例交付金（2,309億円）が，後二者等には所得譲与税（2,198億円）が地方自治体に移譲された。

なお，一般財源化という場合，たとえば，1985年の教材費・旅費関係の国庫支出金の廃止がそうであったように，従来は国庫支出金の廃止分を地方交付税の基準財政需要額に参入する，いわゆる地方交付税化をさしていた。これに対して三位一体改革では，国庫支出金の廃止・縮減額よりもやや少ない税源移譲額になっているなど問題点はあるものの，都道府県と市町村に税源移譲が行われた。つまり，恒久的措置とされた住民税所得割の地方移譲と地方交付税による財源保障がセットになって行われたことに特徴が見いだせる

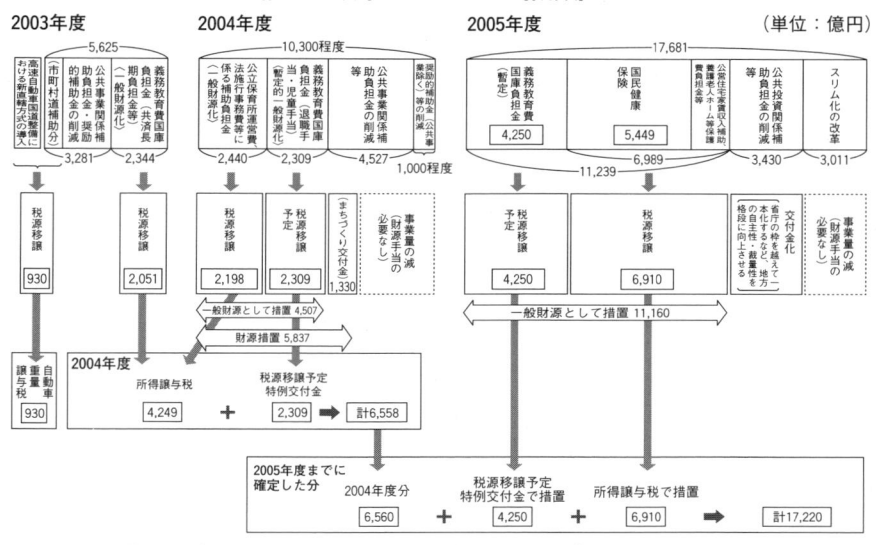

図表7-1　2005年度補助金改革のイメージ（概数）

（単位：億円）

出所：中川真「平成17年度補助金改革（三位一体改革）について」『ファイナンス』2005年2月号。

のである。富裕自治体がある反面，財政力が弱い自治体も多く存在するなど，個別自治体でみれば国庫支出金の廃止・縮減額と税源移譲額が一致しないため，国庫支出金の廃止・縮減分は地方交付税の基準財政需要額に100％参入されるとともに，税源移譲分については，2005年度から100％基準財政収入額に参入されたのである[4]。

(3) 三位一体改革の経過と内容（2） ―2005年度と2006年度

　2年目の2005年度予算をめぐっては激しい攻防が展開された。つまり，2004年8月19日に，全国知事会は2006年度までに約3兆2,000億円の国庫支出金の削減を決めた全国知事会案を決定した。そして，2004年8月24日に地方6団体は，このような全国知事会案を地方6団体の共同案とすることを決定した。この地方6団体案は，2005年度と2006年度に税源移譲の対象とする国庫支出金を約3兆2,000億円とする一方で，税源移譲額を3兆円とするものだった。

　2004年度の国庫支出金の廃止・縮減は，各省庁が所管する国庫支出金を「薄

第7章　義務教育段階の地方教育費の現状と課題　195

く広く」削って積み上げる方式であり，公立保育所運営費国庫支出金など一部の国庫支出金を除けば少額の国庫支出金の廃止・縮減が目立っていた。これに対し，地方6団体案では，金額的に大きい国庫支出金の全廃が打ち出されたところに特徴があった。とくに，文部科学省所管の国庫支出金の削減額は1兆1,458億円と多額にのぼり，地方6団体案の削減額全体の約35％を占めた。なかでも義務教育費国庫負担金のうちの中学校教職員給与費相当分が，地方6団体案では全廃とされた点が注目された。

このような地方6団体案の与えたインパクトは大きかった。2005年度の予算編成では，約2兆6,000億円と規模の大きい義務教育費国庫負担金の義務教育学校教職員給与費相当分の取り扱いが最大の焦点になったのである。

実は，三位一体改革以前にも，義務教育学校の教職員給与については一般財源化の議論が存在していたが，それは教員と切り離して学校事務職員と栄養職員の給与を一般財源化する議論であった。三位一体改革では，教員・学校事務職員・栄養職員の3者を一括して捉えるところに特徴があった。これは，義務教育費国庫負担金の大部分を教員給与が占め，学校事務職員，栄養職員の給与部分は少額にすぎなかった事情があったからだろう。実際，2004年度概算要求額では，義務教育費国庫負担金法にもとづく公立の小学校と中学校の教職員給与費の国庫負担金額が2兆6,891億円，公立養護学校整備特別措置法に基づく養護学校の小学部と中学部の教職員給与費の国庫負担金額が1,319億円（合計2兆8,210億円）であった。これを職種別概算要求額でみると，校長・教諭，養護教諭等が2兆6,642億円（要求人員65万8,754人），学校事務職員1,251億円（要求人員3万5,767人），栄養職員318億円（要求人員9,681人）で，教員の給与費相当分が実に94.5％を占めていたのである。

最終的には，2005年度予算において，1兆7,681億円の国庫支出金の廃止・縮減（義務教育費国庫負担金4,250億円，国民健康保険事業の国庫負担金5,449億円，公共事業関係国庫補助負担金3,430億円等）が行われた。義務教育費国庫負担金4,250億円の縮減については暫定的な決着とされた。つまり，地方6団体案のような中学校教職員給与費相当分を直接対象として一般財源化がなされ，税源移譲が行われたのではなかった。これについては，2005年秋に出ると見込まれていた中央教育審議会（中教審）の答申の結果を待って，

その存廃を決定することになったのである。これにともない，義務教育費国庫負担金4,250億円の縮減分については，当面の措置として4,250億円の税源移譲予定特例交付金が都道府県に移譲された（**図表7-1**）。

　なお，2005年度には義務教育費国庫負担金制度以外においても教育関係で注目されるべき事態が生じた。それは，準要保護児童生徒援助費国庫補助金が廃止され，税源移譲の対象となったことである。今日の厳しい市町村財政と経済情勢のもと，このような一般財源化（税源移譲）にともなって就学援助を削減する市町村がみられる[5]。就学援助に限らず一般財源化は市町村の支出の自由裁量権を拡大させるが，それは「施策展開の充実」にも「これまでの施策を削減する自由」にもつながる。就学援助については，「削る自由」につながってしまった市町村が少なくなかったのである。

　三位一体改革の最終年度は，税源移譲の目標額である3兆円を突破できるのか，地方への移譲税目は何になるのか，福祉関係の国庫支出金の扱いをどうするのかなどの問題と並んで，義務教育費国庫負担金がどのような形で決着をみるのかが注目された。最終的には，約3兆円の税源移譲が実現するとともに，移譲税目は住民税所得割となった。義務教育費国庫負担金については，地方6団体が求めていたような中学校教職員給与費相当分の国庫負担を廃止して都道府県に税源移譲するのではなく，制度を堅持すると明記したうえで，国の負担割合を2分の1から3分の1に引き下げて8,500億円程度を減額し，同額を地方自治体に税源移譲することで決着した。

(4) 三位一体改革と義務教育費国庫負担金

　小学校と中学校の教職員の給与費相当分の3分の1を国が負担する形で決着をみたことにより，同じ義務教育学校であるにもかかわらず，中学校の教職員給与費相当分は全額一般財源化し，小学校の教職員の給与費相当分については現行の2分の1の国庫負担を堅持する，という非体系的なシステムの構築だけは回避することができた。しかし，国と地方の役割分担の議論や，ナショナルミニマムの議論，義務教育費国庫負担金の弾力化（総額裁量制など）の議論などが希薄なまま，国庫負担割合が2分の1から3分の1に引き下げられたことは問題であった。

さらに，三位一体改革によって，義務教育費国庫負担金の対象とされた費目が，義務教育学校の教職員給与費のみになったことも注目されるべきである。義務教育費国庫負担金制度の原型は1917年に成立した市町村義務教育費国庫負担法に求められる[6]。しかし，1950年代にシャウプ勧告にもとづいていったん廃止されて地方財政平衡交付金に吸収されたが，1953年に復活をとげて今日に至っている。1953年の復活の際には，教員の給与費と旅費，退職手当などのほかに，事務職員の給与費と教材費の国庫負担化が実現した。そして，以後，義務教育費国庫負担金の対象とする費目が増大していった（1956年恩給費，1962年共済費，1967年公務災害補償基金負担金，1972年児童手当，1974年栄養職員給与費）。しかし，1985年から始まる地方行政改革のなかで，教材費と旅費の一般財源化が行われたのを皮切りに，国庫負担からはずれる費目が増えていった（1989年に恩給費，1993年に共済費追加費用等，2003年に共済費長期給付等の一般財源化）。そして，三位一体改革の初年度（2004年度）に児童手当と退職手当部分が廃止されることによって，義務教育費国庫負担金は教職員給与費のみを対象とするものになったのである。

3 三位一体改革の地方財源への影響

(1) 学校教育費の動向

　では，三位一体改革は地方財源にどのような影響を与えたのであろうか。文部科学省が毎年度行っている「地方教育費調査」にもとづきながら，三位一体改革終了直後の年度である2007年度の地方教育費をみてみると，地方教育費の総額は16兆5,647億円であった[7]。地方教育費には，都道府県と市町村の歳出決算額として計上された経費のほかに，PTAその他の団体等からの寄付金を財源として支出された教育費を含んでいるが，公立の大学・短期大学の経費および都道府県・市町村が支出した私立学校への補助にかかわる経費は含んでいない。また，学校徴収金（学校が生徒から徴収した学級費・実験実習費・修学旅行費・給食費などの経費）も含まれていない。

　このような地方教育費は学校教育費，社会教育費，教育行政費の合計であ

るため，学校教育費だけを取り出すと，学校教育費の総額は13兆8,077億円であった（社会教育費が1兆8,031億円，教育行政費が9,530億円）。学校教育費の内訳は，小学校費6兆2,550億円（45.3％），中学校費3兆4,484億円（24.9％），高等学校費2兆9,267億円（21.1％），特別支援学校8,751億円（6.3％）等であった（**図表7－2**）。また，『地方財政白書』[8)]によって都道府県と市町村の教育費歳出額（社会教育費等を含む）をみてみると，都道府県が11兆3,330億円，市町村が5兆1,675億円だった。小学校費と中学校費が都道府県の教育費支出額の52％，市町村の教育費支出額の35％を占めていた。また，都道府県支出の85％が人件費であるのに対し，市町村では人件費の割合は32％にとどまっていた[9)]

　図表7－2の文部科学省の「地方教育費調査」によって学校教育費の推移をみてみると，学校教育費は1987～1989年度に12兆円台，1990年度に13兆円台，1991～1994年度に14兆円台，1995～1998年度に15兆円台と着実に金額を増やしてきたが，再び1999年度に14兆円台に下がってからは継続的に金額が減少して，2005年度以降は13兆円台にとどまっている。学校教育費のうち小学校費と中学校費の合計額は9兆5,851億円（2008年度）で，学校教育費総額の70％を占めている。そして，小学校費と中学校費の合計額は1991年度から2003年度までは10兆円台を維持していたが，2004年度に9兆円台になるとともに，以降毎年度減少し続けているのである。

　小学校，中学校の在学者1人当たりの学校教育費は，小学校が2002年度（92.4万円）をピークに減少し，2008年度は88.1万円だった。中学校は2001年度に100万円台に達して以降は横ばいで推移し，2008年度は103.5万円であった（**図表7－3**）。在学者数が少子化の影響で減少しているなか，減少もしくは辛うじて現状維持となっている点は，義務教育の充実の観点からは大きな課題があると思われる。

図表7－2　学校種類別学校教育費の推移

(単位：千円)

区分	全学校	幼稚園	小学校	中学校	特別支援学校	高等学校合計	高等学校全日制	高等学校定時制	高等学校通信制	中等教育学校	専修学校	各種学校	高等学校	(再掲)小学校＋中学校
1987年度	12,248,415,113	199,810,704	5,465,787,193	3,354,628,026	471,680,127	2,715,844,641	2,542,941,256	158,168,654	14,734,731	…	23,389,625	6,978,129	10,296,668	8,820,415,219
1988	12,584,410,355	204,088,597	5,652,202,063	3,394,577,943	492,604,834	2,797,008,158	2,615,522,231	166,491,224	14,994,703	…	27,174,817	7,010,212	9,743,731	9,046,780,006
1989	12,996,305,430	218,958,620	5,845,133,615	3,455,394,224	523,743,872	2,901,324,062	2,711,683,847	173,055,165	16,585,050	…	30,677,449	7,828,050	13,245,538	9,300,527,839
1990	13,830,210,949	234,460,993	6,188,775,470	3,713,728,462	583,870,971	3,053,084,461	2,850,090,319	181,753,863	21,240,279	…	35,174,752	7,551,735	13,564,105	9,902,503,932
1991	14,463,596,923	248,557,820	6,434,163,030	3,917,401,141	622,935,590	3,182,821,589	2,975,325,276	188,150,136	19,346,177	…	38,825,088	7,029,217	11,859,448	10,351,564,171
1992	14,940,668,648	257,707,052	6,646,087,314	4,038,196,072	662,079,651	3,267,857,049	3,039,753,772	205,629,192	22,474,085	…	42,182,385	7,103,471	19,455,654	10,684,283,386
1993	14,955,594,009	254,246,375	6,637,337,255	3,934,774,606	705,749,490	3,360,671,367	3,132,073,059	207,692,804	20,905,504	…	43,119,088	9,129,999	10,565,829	10,572,111,861
1994	14,859,767,145	262,268,102	6,571,574,977	3,889,907,394	719,355,390	3,345,276,088	3,115,461,311	208,953,859	20,860,918	…	56,219,723	5,638,227	9,527,244	10,461,482,371
1995	15,129,384,464	258,949,443	6,739,030,478	3,900,323,388	753,131,927	3,406,376,919	3,172,113,956	211,820,032	22,442,931	…	57,170,467	4,167,289	10,234,573	10,639,353,866
1996	15,244,668,826	265,440,123	6,742,889,917	3,905,904,028	783,298,549	3,481,277,290	3,246,632,996	211,509,689	23,134,605	…	49,498,241	4,828,267	11,532,411	10,648,793,945
1997	15,214,480,890	267,962,463	6,656,444,579	3,947,019,571	799,908,669	3,480,225,341	3,248,420,610	208,953,183	22,851,548	…	48,000,540	3,326,932	11,592,795	10,603,464,150
1998	15,123,000,393	268,974,140	6,639,245,124	3,898,400,442	804,146,288	3,439,201,666	3,212,405,531	203,487,530	23,308,605	…	51,858,889	3,294,738	17,879,106	10,537,645,566
1999	14,912,881,685	271,004,655	6,589,343,868	3,822,969,892	828,142,356	3,336,511,035	3,115,105,983	197,816,943	23,588,109	…	51,489,671	3,175,299	10,244,909	10,412,313,760
2000	14,793,453,451	268,823,589	6,559,606,065	3,736,977,853	832,633,219	3,335,185,115	3,111,312,946	200,292,669	23,579,500	…	47,488,001	2,743,528	9,991,081	10,296,583,918
2001	14,824,525,732	270,862,214	6,607,278,810	3,733,171,830	819,265,300	3,338,768,880	3,114,962,186	199,220,954	24,585,740	…	43,231,974	2,958,022	8,988,702	10,340,450,640
2002	14,729,320,616	268,328,241	6,580,140,244	3,697,583,362	821,964,600	3,306,907,832	3,084,739,846	199,367,261	22,800,725	772,090	42,728,799	2,130,932	8,764,516	10,277,723,606
2003	14,355,015,608	254,877,388	6,470,874,441	3,582,377,839	844,904,255	3,146,285,316	2,933,756,197	189,530,268	22,998,851	1,797,559	42,819,778	2,019,642	9,059,390	10,053,252,280
2004	14,115,307,295	251,713,230	6,387,351,813	3,502,759,809	833,981,874	3,084,662,816	2,865,562,134	194,882,259	24,218,423	2,651,073	42,209,916	1,253,822	8,722,942	9,890,111,622
2005	13,953,118,566	243,774,947	6,334,987,562	3,473,212,662	851,052,392	2,987,001,446	2,781,106,917	184,126,757	21,767,772	7,244,688	46,207,781	810,434	8,826,654	9,808,200,224
2006	13,826,114,231	239,796,886	6,286,188,427	3,433,203,891	864,838,916	2,943,522,936	2,738,008,826	179,682,102	25,832,008	6,671,853	41,445,857	804,112	9,641,353	9,719,392,318
2007	13,807,682,774	237,943,020	6,255,040,728	3,448,460,449	875,112,921	2,926,774,969	2,715,151,682	188,531,892	23,091,395	14,231,939	41,249,701	713,135	8,155,912	9,703,501,177
2008	13,551,014,545	235,246,556	6,165,762,431	3,419,945,396	877,224,494	2,797,193,657	2,601,054,193	174,369,632	21,769,832	8,297,162	42,427,818	719,520	4,797,511	9,585,107,827

出所：文部科学省「地方教育費調査」より作成。

図表7-3　在学者一人当たり地方教育費の推移　（単位：円）

区分	学校教育費				
	幼稚園	小学校	中学校	特別支援学校	高等学校
1987年度	424,719	540,192	572,911	5,158,244	688,281
1988	436,450	578,909	599,117	5,397,226	689,942
1989	482,131	615,501	641,535	5,791,064	703,304
1990	541,178	668,175	723,824	6,560,053	744,927
1991	605,195	711,338	792,639	7,155,373	802,413
1992	658,738	752,326	844,369	7,771,344	863,676
1993	669,321	766,907	857,525	8,439,859	929,423
1994	707,426	776,047	881,029	8,685,454	957,848
1995	715,998	816,383	906,945	9,124,337	1,006,144
1996	736,990	843,914	917,920	9,535,444	1,067,017
1997	743,040	860,011	938,057	9,709,986	1,105,384
1998	747,454	879,584	949,072	9,634,648	1,117,333
1999	751,626	892,252	962,423	9,754,442	1,090,969
2000	738,829	904,615	974,324	9,657,023	1,097,726
2001	750,390	919,922	1,002,240	9,291,777	1,122,311
2002	738,624	923,566	1,027,678	9,107,237	1,147,750
2003	705,766	909,892	1,028,802	9,129,165	1,127,187
2004	705,534	901,573	1,032,028	8,785,322	1,138,482
2005	698,606	894,799	1,036,623	8,705,439	1,139,541
2006	700,544	889,404	1,033,857	8,586,822	1,159,439
2007	718,379	892,064	1,036,342	8,390,908	1,182,878
2008	738,492	880,948	1,035,473	8,088,298	1,145,271

出所：図表7-2に同じ。

(2) 三位一体改革の地方財源への影響（1）──国庫支出金の減少

　三位一体改革終了直後の年度である2007年度の学校教育費の財源は，国財源による教育費支出額（国庫支出金）が1兆8,874億円（13.6％），都道府県税や地方交付税交付金などの都道府県財源による教育費支出額（以下，都道府県教育費と呼ぶ）が8兆2,012億円（59.3％），市町村税や地方交付税交付金などの市町村財源による教育費支出額（以下，市町村教育費と呼ぶ）が3兆1,205億円（22.5％）であった。これらの教育費支出額には地方債や寄付金を財源とする支出額は含まれていない。地方債を財源とする支出額が5,609

図表7－4 財源別学校教育費（全学校）の推移

(単位：千円)

区分	教育費総額	地方債・寄付金以外の公費				地方債	公費組入れ寄付金	公費に組み入れられない寄付金		
		合計	国庫支出金	都道府県教育費	市町村教育費			合計	PTA寄付金	その他の寄付金
1987年度	12,248,415,113	11,709,239,339	2,848,513,788	5,874,312,587	2,986,412,964	477,644,586	7,206,350	54,324,838	27,715,101	26,609,737
1988	12,584,410,355	12,089,246,697	2,874,811,365	6,112,285,026	3,102,150,306	434,242,020	4,181,583	56,740,055	29,418,928	27,321,127
1989	12,996,305,430	12,544,101,473	2,865,195,538	6,338,113,969	3,340,791,966	393,365,496	3,082,821	55,755,640	29,089,379	26,666,261
1990	13,830,210,949	13,322,290,784	3,074,443,203	6,661,774,033	3,586,073,548	448,258,662	5,017,968	54,643,535	28,412,715	26,230,820
1991	14,463,596,923	13,936,181,118	3,193,465,483	6,911,805,395	3,830,910,240	468,134,626	4,766,958	54,514,221	28,820,265	25,693,956
1992	14,940,668,648	14,289,980,180	3,222,731,820	7,119,353,655	3,947,894,705	593,010,122	6,115,820	51,562,526	27,177,259	24,385,267
1993	14,955,594,009	14,211,284,543	3,201,664,554	7,212,844,909	3,796,775,080	691,005,825	3,735,128	49,568,513	26,573,489	22,995,024
1994	14,859,767,145	14,148,006,400	3,165,563,557	7,321,951,185	3,660,491,658	662,509,427	2,204,117	47,047,201	25,428,071	21,619,130
1995	15,129,384,464	14,356,478,418	3,203,576,445	7,449,800,245	3,703,101,728	725,940,713	2,210,516	44,754,817	24,292,508	20,462,309
1996	15,244,668,826	14,599,959,196	3,276,752,968	7,586,212,184	3,736,994,044	598,062,448	2,086,781	44,560,401	24,057,398	20,503,003
1997	15,214,480,890	14,634,159,933	3,247,308,693	7,662,094,531	3,724,756,709	532,414,822	4,206,635	43,699,500	23,269,026	20,430,474
1998	15,123,000,393	14,488,873,258	3,288,094,700	7,519,278,914	3,681,499,644	591,520,180	1,340,407	41,266,548	22,341,167	18,925,381
1999	14,912,881,685	14,367,183,198	3,265,390,128	7,451,138,050	3,650,655,020	504,931,861	1,318,331	39,448,295	22,064,227	17,384,068
2000	14,793,453,451	14,292,845,773	3,224,215,841	7,446,277,953	3,622,351,979	458,497,007	3,036,124	39,074,547	21,607,911	17,466,636
2001	14,824,525,732	14,304,494,553	3,244,359,224	7,444,404,488	3,615,730,841	480,005,428	1,122,626	38,903,125	21,371,339	17,531,786
2002	14,729,320,616	14,196,371,489	3,215,493,636	7,407,324,213	3,573,553,640	494,239,799	1,203,615	37,505,713	20,763,527	16,742,186
2003	14,355,015,608	13,862,045,393	2,965,708,137	7,461,434,113	3,434,903,143	454,757,210	1,448,167	36,764,838	20,652,534	16,112,304
2004	14,115,307,295	13,626,228,141	2,733,692,270	7,548,053,008	3,344,482,863	449,658,447	896,366	38,524,341	21,446,580	17,077,761
2005	13,953,118,566	13,493,872,974	2,270,769,722	7,909,744,839	3,313,358,413	422,481,341	1,073,219	35,691,032	20,785,346	14,905,686
2006	13,826,114,231	13,281,412,538	1,857,655,725	8,254,023,435	3,169,733,378	507,999,341	1,312,837	35,389,515	20,347,419	15,042,096
2007	13,807,682,774	13,209,256,827	1,887,487,148	8,201,262,476	3,120,507,203	560,932,987	1,240,456	36,252,504	21,108,575	15,143,929
2008	13,551,014,545	12,932,788,817	1,896,016,809	7,945,793,138	3,090,978,870	617,003,009	1,222,719	…	…	…

(注1) 都道府県教育費とは、都道府県税や地方交付税交付金等の都道府県財源による教育費支出額を示し、市町村教育費とは、市町村税や地方交付税交付金等の市町村財源による教育費支出額を示す。
(注2) PTA寄付金は、2008会計年度調査より調査対象から除外されている。
出所：図表7－2に同じ。

億円（4.0％），寄付金を財源とする支出額が374億円だった（**図表7－4**）。

　国庫支出金の大部分が人件費に充てられている。2007年度に国庫支出金が充当された人件費の金額は1兆6,735億円で，国庫支出金の88.6％を占めている（**図表7－5**）。国庫支出金で次に充当が多いのは，学校建築費・設備備品費（建築費には土地費，設備・備品費には図書購入費を含む）の2,025億円（10％）である。人件費のうち94％が本務教員給与，5％が事務職員給与である。国庫支出金の学校種類別の充当をみてみると，小学校費・中学校費が圧倒的に多く，国庫支出金の93％（1兆7,600億円）が小学校費と中学校費に充てられている。このうち人件費（1兆5,680億円）に89％，学校建築費・設備備品費（1,855億円）に10％が充当されている。

　国庫支出金は2002年度（3兆2,154億円）に比べ，2003年度（2兆9,657億円）に2,497億円減少し，2004年度（2兆7,336億円）は2003年度に比べて約2,321億円減少した（**図表7－4**）。2003年度の減少は，三位一体改革の芽出しが行われて義務教育費国庫負担金中の共済長期負担金（2,344億円）が廃止されて税源移譲の対象になったこと，2004年度の減少は，三位一体改革がスタートして義務教育費国庫負担金中の退職手当・児童手当（2,309億円）が廃止され税源移譲の対象となったことによるものである。続いて2005年度は義務教育費国庫負担金の縮減（4,250億円）と準要保護児童生徒援助費国庫補助金の廃止が行われ，これらが税源移譲の対象とされたことによって，国庫支出金額は2兆2,707億円になり，2004年度に比べて約4,629億円減少した。三位一体改革の最終年度にあたる2006年度は，義務教育費国庫負担金の小・中学校教職員給与費への国庫負担率が2分の1から3分の1に引き下げになったことや公立学校施設整備の国庫補助金が税源移譲の対象とされることにより，2005年度に比べて4,131億円減少して1兆8,576億円になった。三位一体改革終了後の2007年度は1兆8,874億円で，2006年度とほぼ同額だった。

(3) 三位一体改革の地方財源への影響（2）——都道府県教育費の増大

　学校教育費では，国庫支出金の減少に対して都道府県教育費が増大した。これは，三位一体改革による義務教育費国庫負担金の国庫負担割合の引き下げや，義務教育費国庫負担金中の共済長期負担金や退職手当・児童手当の廃

止にともない，都道府県に税源移譲が行われるとともに，国庫支出金廃止縮減分が都道府県の地方交付税基準財政需要額に100％参入され，税源移譲分が基準財政収入額に100％算入されたためである（100％算入は2005年度から）。

2002年度の都道府県教育費は7兆4,073億円だったが，2003年度は7兆4,614億円（対前年度比541億円増加），2004年度は7兆5,480億円（同866億円増加），2005年度は7兆9,097億円（同3,617億円増加），2006年度は8兆2,540億円（同3,443億円増加）と毎年度増加した（**図表7－4**）。

なお，国庫支出金の減少額と都道府県教育費の増加額を比較すると後者の方が少ないが，これは1997年度以降ほぼ毎年度，学校教育費の総額が減少し続けており，その大部分を占める人件費もまた減少していることが影響している。つまり，2007年度の全学校の人件費総額（10兆3,066億円）（**図表7－5**）の9割を小学校・中学校・高等学校の人件費（9兆3,453億円）（**図表7－6**）が占めていたが，全学校の人件費総額は，2003年度から減少額を大きくし，対前年度比で2003年度は2,347億円，2004年度は1,239億円，2005年度は1,259億円，2006年度は113億円減少しているのである（**図表7－7**）。

このようななかで都道府県教育費（2007年度）の92％が人件費（7兆5,256億円）に充当されているが（人件費以外では，管理費1,239億円，教育活動費1,091億円，建築費・設備備品費885億円等）（**図表7－5**），その人件費の大部分を占める小学校・中学校・高等学校の人件費（本務教員給与，兼務教員給与，事務職員給与，共済組合など負担金，退職・死傷手当など）が，この期間に義務教育費国庫負担金の国庫負担割合が減少したことにより増えてはいるものの，その国庫負担率の減少分に等しい都道府県教育費の増加になってはあらわれなかったのである。また，義務教育費国庫負担金の対象外である高等学校の教職員の人件費の減少も，学校の統廃合などの，いわゆる「高校の再編」等をとおして，都道府県教育費に影響を及ぼしたのである。

このような都道府県教育費の動向をみていくと，少子化と過疎化で児童・生徒数が減少した影響が大きいことがわかる。児童・生徒数の減少のために小学校や中学校の統廃合が進んだり，退職教員数に比べて新規採用教職員数が少ない道府県が増大した。小学校や中学校の統廃合では，市町村合併の影響も無視できない。そして，義務教育費国庫負担金制度の対象外になってい

図表7−5 支出項目別学校教育費（全学校）

（単位：千円）

区　分	教育費総額	地方債・寄付金以外の公費					公費組入れ寄付金	公費に組み入れられない寄付金		
		合計	国庫支出金	都道府県教育費	市町村教育費	地方債		合計	PTA寄付金	その他の寄付金
学校教育費総額	13,807,682,774	13,209,256,827	1,887,487,148	8,201,262,476	3,120,507,203	560,932,987	1,240,456	36,252,504	21,108,575	15,143,929
A 消費的支出	11,655,218,427	11,499,705,320	1,684,950,166	7,799,201,099	2,015,554,055	126,408,814	217,114	28,887,179	17,448,928	11,438,251
1 人件費	10,306,620,607	10,179,540,523	1,673,582,133	7,525,638,087	980,320,303	126,408,750	7,570	663,764	596,412	67,352
a 本務教員給与	6,558,108,137	6,558,108,137	1,570,119,163	4,766,105,868	221,883,606	…	—	…	…	…
b 兼務教員給与	107,32,999	107,725,429	3,547,785	82,827,603	21,350,041	…	7,570	…	…	…
c 事務職員給与	370,996,979	370,710,565	73,840,913	268,475,903	28,393,749	…	—	286,414	260,606	25,808
d その他の職員給与	753,739,416	753,362,066	26,042,551	231,977,864	495,341,651	…	—	377,350	335,806	41,544
e 共済組合等負担金	1,526,850,330	1,526,850,330	20,923	1,408,407,562	118,421,845	…	—	…	…	…
f 恩給費等	19,774,427	19,774,427	—	19,419,636	354,791	…	—	…	…	…
g 退職・死傷手当	969,418,319	843,009,569	10,798	748,424,151	94,574,620	126,408,750	—	…	…	…
2 教育活動費	355,776,547	334,182,369	2,645,694	109,184,708	222,351,967	…	79,400	21,514,778	12,586,293	8,928,485
3 管理費	593,887,270	589,224,739	2,801,367	123,945,285	462,478,087	…	105,284	4,557,247	2,729,037	1,828,210
a 修繕費	121,387,826	119,230,689	538,281	23,481,449	95,210,959	…	34,641	2,122,496	1,153,041	969,455
b その他の管理費	472,499,444	469,994,050	2,263,086	100,463,836	367,267,128	…	70,643	2,434,751	1,575,996	858,755
4 補助活動費	348,400,824	347,755,378	5,914,242	32,520,702	309,320,434	…	17,999	627,447	430,748	196,699
5 所定支払金	50,533,179	49,002,311	6,730	7,912,317	41,083,264	64	6,861	1,523,943	1,106,438	417,505
B 資本的支出	1,183,948,879	742,277,758	202,536,982	88,585,832	451,154,944	433,703,901	601,895	7,365,325	3,659,647	3,705,678
1 土地費	57,280,278	36,027,982	1,815,643	3,123,211	31,089,128	21,222,112	5,250	24,934	12,163	12,771
2 建築費	981,160,296	574,389,198	194,573,521	50,707,914	329,107,763	406,034,754	131,531	604,813	74,110	530,703
3 設備・備品費	125,751,021	114,311,339	6,144,986	32,179,813	75,986,540	6,446,476	279,349	4,713,857	2,132,991	2,580,866
4 図書購入費	19,757,284	17,549,239	2,832	2,574,894	14,971,513	559	185,765	2,021,721	1,440,383	581,338
C 債務償還費	968,515,468	967,273,749	…	313,475,545	653,798,204	820,272	421,447	…	…	…

（注）都道府県教育費と市町村教育費については図表7−4の（注1）に同じ。
出所：図表7−2に同じ。

第7章　義務教育段階の地方教育費の現状と課題

図表7−6　小学校，中学校，高等学校の教育費　　　　　　　　　　　　　　（単位：千円）
2007会計年度

区　　分	小　学　校 教育費総額	中　学　校 教育費総額	高等学校 教育費総額
学校教育費総額	6,255,040,728	3,448,460,449	2,926,774,969
A　消費的支出	5,331,122,327	2,853,835,938	2,407,446,947
1　人件費	4,674,031,711	2,472,578,050	2,198,867,715
a　本務教員給与	2,911,720,522	1,649,985,823	1,377,424,536
b　兼務教員給与	36,992,426	26,965,990	34,370,461
c　事務職員給与	148,269,542	78,811,663	114,680,924
d　その他の職員給与	378,032,662	138,587,903	149,331,164
e　共済組合等負担金	713,161,617	385,340,544	292,481,671
f　恩給費等	13,598,118	5,281,869	571,689
g　退職・死傷手当	472,256,824	187,604,258	230,007,270
2　教育活動費	143,882,469	107,691,517	81,846,170
3　管理費	297,295,508	146,495,117	109,716,940
a　修繕費	63,442,067	28,725,278	21,732,694
b　その他の管理費	233,853,441	117,769,839	87,984,246
4　補助活動費	191,175,554	112,165,606	9,391,265
5　所定支払金	24,737,085	14,905,648	7,624,857
B　資本的支出	557,979,637	337,749,635	223,789,599
1　土地費	28,820,155	11,345,429	5,783,594
2　建築費	465,415,507	290,369,815	181,385,624
3　設備・備品費	53,622,693	30,025,050	33,527,132
4　図書購入費	10,121,282	6,009,341	3,093,249
C　債務償還費	365,938,764	256,874,876	295,538,423

出所：図表7−2に同じ。

る高等学校についても統廃合が進んだのである。さらに，給与カットを実施している道府県が存在していることも都道府県教育費の減少につながった。たとえば，財政状況がきわめて厳しい北海道では，約1割の給与カットが道庁職員，警察職員，教職員において，数年間ずっと続いて今日に至っているのである。

　また，都道府県の教育費に関する地方交付税の基準財政需要額（建築費を含む）を[10]，小学校費と中学校費とに区分してみてみると（**図表7−8**），小学校費と中学校費の基準財政需要額は，1997年度から2002年度までほぼ横ばいだったのに対し，2003年度から2006年度にかけて上昇している。小学校費の基準財政需要額は2002年度（2兆3,099億円）に比べて2006年度（2兆9,193億円）は26％増，同じく中学校費の基準財政需要額は25％増（2002年度1兆3,046億円，2006年度1兆6,247億円）となっているのである。これに

図表7-7 支出項目別学校教育費（全学校）の推移

(単位：千円)

区分	教育費総額 (A+B+C)	A 消費的支出	人件費	教員の給与	その他の人件費	教育活動費	管理費	補助活動費	所定支払金	B 資本的支出	うち土地費	うち建築費	C 債務償還費
1987年度	12,248,415,113	9,489,201,073	8,443,899,731	5,363,810,182	3,080,089,549	291,426,034	460,623,972	241,789,303	51,462,033	1,713,615,527	275,388,226	1,245,583,862	1,045,598,513
1988	12,584,410,355	9,828,656,547	8,765,558,358	5,489,117,932	3,276,440,426	300,951,488	468,809,783	233,921,636	59,415,282	1,729,681,473	296,876,990	1,234,080,209	1,026,072,335
1989	12,996,305,430	10,180,554,309	9,055,630,493	5,726,440,709	3,329,189,784	326,774,563	493,717,678	239,149,600	65,281,975	1,811,252,233	238,504,291	1,354,045,971	1,004,498,888
1990	13,830,210,949	10,832,306,264	9,651,298,538	6,134,502,250	3,516,796,288	340,969,956	525,006,087	248,821,135	66,210,548	2,009,089,650	328,314,352	1,441,725,932	988,815,035
1991	14,463,596,923	11,266,562,011	10,021,506,625	6,419,518,772	3,601,987,853	360,938,457	554,877,515	257,768,223	71,471,191	2,170,535,673	304,479,958	1,601,225,771	1,026,499,239
1992	14,940,668,648	11,573,893,831	10,272,583,336	6,597,290,643	3,675,292,693	391,861,966	570,100,319	266,282,631	73,065,579	2,359,673,178	277,592,350	1,788,052,816	1,007,101,639
1993	14,955,594,009	11,648,314,320	10,331,410,454	6,686,377,326	3,645,033,128	388,946,166	576,645,750	273,030,570	78,281,380	2,264,601,459	259,555,500	1,720,804,250	1,042,678,230
1994	14,859,767,145	11,823,652,103	10,516,546,024	6,775,862,087	3,740,683,937	366,105,396	599,734,396	270,153,301	71,112,986	1,992,610,182	247,133,441	1,488,015,854	1,043,504,860
1995	15,129,384,464	12,020,190,546	10,703,835,062	6,871,346,497	3,832,488,565	366,504,469	613,100,643	266,044,346	70,706,026	2,031,249,690	246,330,828	1,537,618,602	1,077,944,228
1996	15,244,668,826	12,257,271,747	10,923,077,539	6,985,534,044	3,937,543,495	379,604,595	619,189,098	272,900,938	62,499,577	1,891,932,047	185,846,768	1,447,138,230	1,095,465,032
1997	15,214,480,890	12,422,234,064	11,081,651,021	7,115,542,125	3,966,108,896	373,834,638	626,355,152	279,833,778	60,559,475	1,689,411,062	150,996,647	1,296,868,969	1,102,835,764
1998	15,123,000,393	12,334,608,848	11,003,539,209	7,174,742,047	3,828,797,162	369,159,831	622,672,506	282,810,362	56,426,940	1,698,964,568	138,717,096	1,327,636,437	1,089,426,977
1999	14,912,881,685	12,261,986,780	10,929,120,002	7,106,329,503	3,822,790,499	369,889,976	617,921,895	288,503,796	56,551,111	1,501,840,295	99,992,153	1,180,196,978	1,149,054,610
2000	14,793,453,451	12,251,935,581	10,876,587,678	7,028,576,733	3,848,010,945	392,888,496	626,085,574	298,373,131	58,000,702	1,465,460,978	131,617,757	1,117,804,285	1,076,056,892
2001	14,824,525,732	12,275,089,225	10,893,889,048	7,051,152,492	3,842,736,556	390,839,586	632,358,896	302,578,044	55,423,651	1,449,000,590	99,452,954	1,129,833,344	1,100,435,917
2002	14,729,320,616	12,161,130,005	10,767,008,347	6,973,944,356	3,793,063,991	416,430,128	617,544,034	306,927,392	53,220,104	1,405,095,006	85,185,982	1,115,347,414	1,163,095,605
2003	14,355,015,608	11,884,234,563	10,532,322,806	6,795,382,644	3,736,940,162	384,043,052	598,232,698	316,142,098	53,493,909	1,345,777,480	71,970,733	1,095,391,956	1,125,003,565
2004	14,115,307,295	11,763,019,252	10,408,405,299	6,767,141,313	3,641,263,986	377,351,708	601,942,988	322,263,103	53,056,154	1,266,683,068	79,862,607	1,019,105,690	1,085,604,975
2005	13,953,118,566	11,651,648,984	10,282,502,944	6,767,853,860	3,514,649,084	382,062,002	602,089,405	332,159,418	52,835,215	1,233,294,732	85,261,582	991,921,071	1,068,174,850
2006	13,826,114,231	11,619,095,462	10,271,202,789	6,719,903,891	3,551,298,898	369,436,793	586,448,278	341,598,414	50,409,188	1,220,949,883	51,176,987	1,024,622,578	986,068,886
2007	13,807,682,774	11,655,218,427	10,306,620,607	6,665,841,136	3,640,779,471	355,776,547	593,887,270	348,400,824	50,533,179	1,183,948,879	57,280,278	981,160,296	968,515,468
2008	13,551,014,545	11,391,279,721	10,060,769,722	6,544,705,884	3,516,063,838	327,645,146	581,847,972	373,268,742	47,748,139	1,190,023,613	55,327,544	1,007,182,884	969,711,211

出所：図表7-2に同じ。

図表7-8 都道府県の教育費の実支出額と基準財政需要額ならびに基準財政需要額に対する実支出額の比率（建築費分を含めた総額について各年度を比較した場合）

小学校費
(単位：億円)

	実支出額A	基準財政需要額B	AがBを下回った都道府県数	A÷B（全国）	A÷B（東京）
2008	30,465	28,065	5	1.09	1.26
2007	31,594	28,035	3	1.13	1.32
2006	31,790	29,193	7	1.09	1.30
2005	29,446	27,099	9	1.09	1.30
2004	26,838	24,310	7	1.10	1.38
2003	25,733	24,082	19	1.07	1.37
2002	24,660	23,099	22	1.06	1.37
2001	24,424	22,791	19	1.07	1.31
2000	24,302	22,097	4	1.10	1.33
1999	24,311	22,370	7	1.09	1.40
1998	24,332	22,197	3	1.10	1.39
1997	24,808	22,103	2	1.12	1.45

中学校費

	実支出額A	基準財政需要額B	AがBを下回った都道府県数	A÷B（全国）	A÷B（東京）
2008	16,737	15,844	14	1.06	1.30
2007	17,157	15,720	6	1.09	1.34
2006	17,199	16,247	16	1.06	1.31
2005	15,907	14,684	10	1.08	1.35
2004	14,641	13,522	14	1.08	1.35
2003	14,314	13,467	22	1.06	1.31
2002	13,812	13,046	23	1.06	1.30
2001	13,848	12,960	14	1.07	1.23
2000	14,017	12,648	4	1.11	1.26
1999	14,217	12,972	3	1.10	1.34
1998	14,490	13,017	1	1.11	1.34
1997	14,842	13,044	0	1.14	1.46

出所：図表7-2に同じ。

対して，**図表7-8**では示されていないが，高等学校費の基準財政需要額は，2002年度以降減少の一途をたどっている。2007年度（1兆7,194億円）は2002年度（2兆220億円）の85％に落ち込んでいるのである。このような数値の動きは，三位一体改革で義務教育費国庫負担金の縮減が進む一方で，義務教育費国庫負担金減額分が教育費にかかわる都道府県の地方交付税の基準

財政需要額に計上されたことを示している。

さらに，**図表7-8**によって，都道府県教育費の地方交付税の基準財政需要額（建築費を含む）に対する実支出額の比率を検討すると，2000年度まで基準財政需要額が実支出額を上回る都道府県数は小学校費，中学校費とも少なく，ほぼ1桁台前半にとどまっていたが，2001年度に急増した。小学校費では，2001年度が19，2002年度が22，2003年度が19となっているのである。2004年度には減少し7県となり，2005年度，2006年度も，1桁台後半で推移している。中学校費でも同様な傾向がみられ，基準財政需要額が実支出額を上回った都道府県は，2001年度が14だったのに対し，2002年度が23，2003年度が22と急増した。それ以降は，2004年度が14，2005年度が10，2006年度が16と減少している。

もっとも，都道府県の教育費支出の大部分が教職員人件費のため，都道府県の教育費の基準財政需要額と実支出額との間の乖離はそれ程大きくなく，小学校費の場合の全国平均は1997年度から2008年度にかけて，ほぼ1.06-1.13倍で推移しているし，実支出額が基準財政需要額を下回った都道府県の場合でも0.9未満になったケースはきわめて少ない[11]。同様に，中学校費もほぼ1.06-1.14倍で推移し，実支出額が基準財政需要額を下回った都道府県の場合でも0.9未満のケースはほとんどない。とはいうものの，2001年度から教育費の基準財政需要額が教育費の実支出額を上回る都道府県が急増した点は注視されるべきである。地方債現在高の上昇や，公債費支出の増加など，都道府県財政が厳しい状況におかれている一方で，都道府県と市町村に交付されるマクロの地方交付税額が落ち込んだことが影響したのである。小学校費や中学校費においては，三位一体改革で基準財政需要額が増大したけれども，実支出額はそれに見合う形では伸長しなかったのである[12]。

4 市町村教育費の動向

(1) 市町村教育費の動向

学校教育費の財源のうち，市町村の教育費支出額は，1998～2001年度には

3兆6,000億円台だったが，2002年度は3兆5,735億円，2003年度は3兆4,349億円，2004年度は3兆3,444億円と，毎年度1,000億円以上の低下を示してきた（**図表7-4**）。さらに，2005年度は3兆3,133億円，2006年度は3兆1,697億円，2007年度は3兆1,205億円，2008年度は3兆909億円といっそうの低下となった。2007年度の市町村教育費は，実に1998年度の85％，同じく2008年度の市町村教育費は84％に落ち込んでいるのである。

　教育分野では，三位一体改革の市町村財政への影響は都道府県財政に比べれば小さかった。三位一体改革では，もっぱら，学校教育費については義務教育費国庫負担金が対象とされたからである。市町村教育費にかかわるところでは，就学援助や一部の施設建設の国庫補助金の廃止・縮減と一般財源化（税源移譲と地方交付税の基準財政需要額への所要額の計上）がなされたことが注目される。さらに，このような一般財源化にともなう所要額の基準財政需要額への計上を除けば，後述するように，市町村の学校教育費関係の地方交付税の基準財政需要額は総体では下がっている点が注目されなければならない。

　このようななかで，市町村の教育費支出額が減少しているのであるが，その最大の要因は市町村財政の悪化にある。1990年代前半のバブル景気のときの，主に地域総合整備事業債を用いた地方単独事業の拡大（地域づくり推進事業等），1997年の北海道拓殖銀行破綻や山一證券の倒産などに見舞われた直後の不況対策による普通建設事業費の増大と地方債への依存により，地方財政（都道府県財政と市町村財政）における地方債現在高が増大した。2007年度末の地方債現在高は138兆円に上っている。これに，地方交付税および譲与税配付金特別会計借入金残高（地方負担分）と企業債現在高のうちの普通会計負担分を加えると，地方自治体の普通会計が負担すべき借入金残高は約198兆円に達するのである。地方債現在高の歳入総額に占める割合は，1975年度末では0.44倍だったが，1992年度末以降，地方債現在高が急速に増大したために，1995年度末に0.92倍，2007年度末には1.52倍に上昇しているのである[13]。

　また，小泉首相のもとでの構造改革で，市町村が受け取る地方交付税の総額が減少した。さらに，財政調整基金などの積立金を費消していった市町村

も少なくなかった。このようななかで，市町村歳出総額に占める公債費の割合は高まった。市町村が借金返済（元利償還）に充てる金額が大きくなれば，福祉や教育に充当する部分が減少する。このようななかで，市町村教育費が減少してきたということができよう。

　さらに，次の点を指摘しておこう。つまり，そのほとんどが人件費（主に本務教員給与）に充当される都道府県教育費とは異なって，市町村教育費では，市町村が小学校・中学校の本務教員給与分を負担しないでよいために，市町村教育費は学校配当予算など，多様かつ学校現場に密着する経費に充当されてきたところに特徴が見いだせる。その市町村教育費が減少しているのだから，学校現場が受ける影響は大きいのである。

　2007年度の市町村教育費（3兆1,205億円）のうち人件費充当部分は31.4％（9,803億円）であった（**図表7−5**）。その中身は，小学校と中学校に勤務する給食従事員，用務員，市町村費負担学校事務職員，市町村立の幼稚園教諭等の人件費が中心である。このほかには，管理費4,624億円（小学校・中学校分は4,362億円），建築費・設備備品費（土地費，図書購入費を含む）4,511億円（小学校・中学校分は4,251億円），補助活動費3,093億円（小学校・中学校分は2,990億円），教育活動費2,223億円（小学校・中学校分は2,069億円）があるが，いずれも小学校費・中学校費が大部分を占めている。このような多様な教育費の支出を行う市町村財政が厳しい状況におかれれば，施設整備の遅れ，学校配当予算の縮小や，設備備品購入の滞り，就学援助費の削減，給食の民間委託化，市町村費負担の学校事務職員のひきあげなど，小学校，中学校の教育現場に多大な影響を与えることになるのである。

(2) 厳しい北海道内の市町村財政の状況と北海道内の市町村教育費の推移

　市町村財政の現状を詳しく把握するために，北海道内の市町村を対象に検討したい[14]。

　北海道内の市町村の財政規模は，近年，縮小傾向にある。2007年度の財政規模（決算）は，歳入総額で2兆7,588億円，歳出総額で2兆7,682億円だった。1999年度決算以降，ほぼ毎年度，歳入総額，歳出総額ともに減少し，

1999年度決算に比べて2007年度決算の財政規模は20％近い大幅な減少となっている。とくに，町村の財政規模縮小が著しい。1997年度の1市町村当たりの決算額を100としたときの2006年度の決算額は，歳入総額で市が95，町村が81，歳出総額で市が97，町村が80となっているのである。

　このような財政規模の縮小を余儀なくされた要因としては，地方債現在高が多額に上っていることがあげられる。市町村の地方債現在高は1997年度以降増加し続け，2003年度に3兆9,481億円とピークを迎えた。それ以後減少しているが，依然として高水準にある（2007年度の地方債現在高は3兆6,093億円）。現在，投資的経費支出を縮小して地方債発行を抑制する市町村が増大しているが，近年の地方交付税削減のなかで代替財源としての臨時財政対策債が発行されるなど，地方債現在高は簡単には減らないのである。

　経常収支比率も上昇している。1990年代後半は80％台前半で推移していたが，2004年度には90％台になり，2007年度に92％と上昇した。経常収支比率計算の際の経常経費には，人件費，公債費，扶助費，維持補修費，物件費，補助費等などがあるが，大きな比重を占めるのは人件費と公債費である。その人件費は，ほとんどの市町村が職員数を削減していることや，一部の市町村が職員給与カットを進めていることのため縮減傾向にあるため，近年は公債費の比重が高まっている。また，経常収支比率が90％台という数値は，財政硬直化が進んで地方税や普通交付税などの一般財源で義務的・経常的な経費を賄うことに汲々とした苦しい財政運営になっていることを示している。

　性質別決算額をみれば，市町村の歳出に占める公債費の割合は15％と高いが，この数値は道内市町村の平均であり，実際には，20％台の市町村が多数存在しているし，なかには，30％台の市町村もある。公債費の歳出総額に占める割合が高まれば高まるほど，市町村が福祉や教育，建設事業などを行う余地は狭められてしまうのである。

　北海道内の市町村の特徴は，市町村合併が進まなかったため人口5,000人未満の小規模町村が多いこと，都市部においても，一部の市を除けば市においても少子化は避けられず，社会減とあいまって人口減少が進んでいること，地方債現在高が多額で財政硬直化が進んでいる市が多いことなどがあげられる。

このようななかで，市町村教育費が減少している。市の教育費支出額（性質別歳出額，学校教育費だけではなく社会教育費，教育行政費を含む，学校教育費には学校建築費を含む）について，1997年度と2006年度とを比較すれば，道内34市（上磯町と大野町が合併した北斗市を除く）について，1997年度に比べて2006年度の方が，教育費が増加しているのは，石狩市，室蘭市，釧路市，北見市，名寄市，恵庭市だけである[15]。このうち，石狩市は厚田村と浜益村，釧路市は音別町と阿寒町，北見市は留辺蘂町と常呂町と端野町，名寄市は風連町というように，それぞれ周辺町村と合併していることを斟酌すれば，市町村合併と関係なく増加しているのは2市にすぎない。また，1997年度に比べて2006年度の方が歳出総額に占める教育費の割合が高かったのは，室蘭市，恵庭市，滝川市の3市にすぎなかった。さらに，歳出総額に占める教育費の割合が10％台の市は1997年度に23市あったが，2006年度はわずか9市しかない[16]。最も低いのが夕張市の1.0％，次に低いのが歌志内市の3.3％であった（2006年度）。

　また，空知支庁管内の町村（岩見沢市と合併した北村と栗沢町を除いた15町村）をみれば，いずれにおいても1997年度に比べて2006年度の教育費が減少している。歳出総額に占める教育費の割合（2006年度）が10％台は3町にすぎない。さらに，歳出総額に占める教育費の割合が6％未満の市町村が，北海道には市町村数全体の9分の1にあたる20市町村存在する（2006年度）。これらの市町村のうち小樽市，夕張市，赤平市，三笠市，歌志内市，上砂川町においては，2006年度の経常収支比率（減税補てん債および臨時財政対策債を除く）が100％を超過し，著しい財政硬直化に陥っているのである[17]。なお，財政健全化法のもとで，夕張市は日本で唯一の財政再生団体となっている。

(3) 市町村教育費と学校配当予算

　市町村教育費を構成するものとして重要なものは，各学校に配分される学校配当予算とよばれている経費である。これは各学校において費消されるもので，学校教育や学校現場と最も密接に関係する経費である。

　学校配当予算は市町村によって，その金額の多寡が著しく異なるとともに，

図表7－9　北海道のA町にあるB中学校の学校配当予算（2010年度）

```
総額　（1,190万8000円）

A　教育振興費（193万8,000円）
1　消耗品費660,000円――各教科の消耗品，各種行事・部活動等消耗品，諸用紙など
2　印刷製本費150,000円――印刷代など
3　総合学習対応費30,000円――総合学習にかかる消耗品
4　役務費62,000円――学校インターネット通信費
5　使用料・賃借料171,000円――スキー用具輸送等の車借上料
6　図書購入費450,000円――学校図書代
7　教材備品費350,000円――一般備品，パソコンソフト，デジタルカメラ，カラー大玉など
8　負担金補助65,000円――家庭訪問等で個人の車を使用した場合の生徒生活指導負担金としての配当（1キロメートルあたり30円）

B　学校管理費（997万円）
1　消耗品費1,550,000円――管理的消耗品費（事務用文具，諸用紙など）
2　燃料費100,000円――プロパンガス，灯油，ガソリン代
3　光熱水費7,150,000円――電気代6,400,000円，水道料750,000円
4　食糧費10,000円――来客用のお茶代
5　印刷製本費50,000円――管理的内容の印刷代
6　修繕費750,000円――突発的内容の建物・備品の修繕費用，複写機のパフォーマンス料
7　電話料150,000円
8　通信費60,000円――切手など
9　汲取り料10,000円
10　洗濯代17,000円
11　ごみ処理量40,000円
12　使用料・賃借料83,000円――清掃用具借上料
```

出所：北海道A町資料より作成。

配当費目も異なる。たとえば，**図表7－9**のように，北海道A町にあるB中学校（生徒数124人，町内の中学校はB中学校のみ）の学校配当予算は1,190万円だが，これと生徒数が同等規模の他市町村の中学校の学校配当予算の規模が同じになるとは限らない。また，B中学校の配当費目は**図表7－9**のとおりであるが，配当費目の分類の仕方は全国一律ではないし，県内で統一されているものでもなく，市町村の判断と裁量の余地がかなり大きい。

さらに，ある市町村で学校配当予算で計上されている費目が，他の市町村では学校配当予算ではなく，教育委員会の本体予算など，別の市町村教育費の費目に計上されている場合も多い。たとえば，A町では学校管理委託料は学校配当予算ではなく，教育委員会の本体予算で計上されるが，市町村によっては学校配当予算に計上されている場合がある。**図表7－10**のC市のD中学校のように，燃料費（暖房代）や学校警備委託料を学校配当予算に計上し

図表7-10 山梨県のC市にあるD中学校の学校配当予算（2005年度）

1	報償費844,000円──入学祝品・卒業祝品，修了祝品，スキー教室講師代，吹奏楽臨時講師謝礼など
2	消耗品費3,895,000円──各教科の消耗品・印刷用品，副読本，各種行事・部活動等消耗品，清掃用具，諸用紙など
3	燃料費597,000円──暖房用灯油など
4	食糧費10,000円──来客用お茶・菓子代
5	印刷制本費693,000円──学校要覧，行事記録用写真，研究紀要製本，各種封筒，賞状印刷など
6	光熱水費5,675,000円──電気代4,212,000円，ガス代756,000円，水道料1,387,400円
7	修繕料及び工事請負費1,960,000円──学校用備品等の修理代，水道・ガラス等の修理，プールろ過装置の修繕，プール更衣室屋根塗替え
8	医薬材料費24,000円──保健室医薬材料費
9	原材料225,000円──砂・土・花の苗など，体育用石灰，理科薬品
10	役務費1,050,000円──ピアノ調律，電話使用料，飲料水，プール水質検査代など
11	委託料1,525,000円──学校警備委託料，防災設備等点検委託料，電気保安業務委託料など
12	使用料及び賃借料9,263,000円──パソコンレンタル料，印刷機使用料，コピー使用料，部活動等バス借り上げ料など
13	備品購入費3,404,000円──教材備品，一般備品，生徒用図書
14	負担金・補助金・交付金2,825,000円──日本スポーツ振興センター掛金，親子安全会生徒・保護者掛金，各種負担金など
15	諸材料費120,000円（家庭科・総合学習，実習材料費）
合計32,110,000円	

出所：山梨県C市資料より作成。

ている市町村もあるのである。また，A町では小・中学校の教育備品（児童・生徒用の机，楽器，サッカーボール，シュレッダーなど）についても，小さなものを除けば学校配当予算で賄うのではなく，教育委員会の本体予算の小・中学校教育備品整備費（小学校250万円，中学校430万円）の財源で対応することになっているが，C市のように，これらの経費支出の多くを学校配当予算で賄う市町村もみられる。また，ある市町村で公費支出として認められて配当されている費目が，他の市町村では公費支出として認められていないケースがあるし，その反対に，ある市町村で配当されていない費目が，他の市町村では配当されている場合もある。同一の学校においても，かつて配当されていたものが配当されなくなったり，その反対に，これまで配当されていなかったものが新しく配当されるようになったケースは，しばしばみられることである。

さらに，学校配当予算の各学校への配分方法も市町村ごとに相違があり，学校割を重視する市町村がある一方で，児童・生徒数や学級数を重んずる市町村もある。学校配当予算は，大別すれば学校管理費と教育振興費にわけら

れるが，このような区分にあまりこだわらないケースもみられる（とくに町村）。また，学校配当予算の流用がかなり認められている市町村もあれば，そうではない市町村もある。

ともあれ，**図表7－9**，**図表7－10**により，学校配当予算の中身を検討すれば，学校配当予算が児童・生徒の教育充実のために，最も大切な費目になっていることが理解できるのである。

（4）市町村教育費と地方交付税

このような学校配当予算を含む市町村教育費に対しては，財源保障として地方交付税措置が行われている。たとえば，小学校費では，児童数，学級数，学校数の3つが測定単位として用いられ，その合計額が小学校費の基準財政需要額になる。しかし，近年，財政状況が厳しい市町村を中心に学校配当予算の削減を行う市町村が増大している。各教科の消耗品や備品購入費の削減や卒業祝品の削減が行われているし，スキー教室・吹奏楽などの講師代の公費支出を廃止する動きもある。そうなれば，授業や部活動に支障をきたしたり，財源に学校徴収金を充てることが行われることにならざるを得ない。そして，学校徴収金の増加が保護者負担の増大に直結する可能性が高くなるのである。

そこで，市町村の教育費の基準財政需要額（建築費分を除いた額）をみてみよう（**図表7－11**）。小学校費では，1997年度から2003年度にかけてほぼ基準財政需要額は横ばいで推移していたが，2004年度から2006年度にかけては毎年度大幅に減少した。減少率（対前年度比）は，2004年度が5.3％，2005年度が3.6％，2006年度が10.3％で，2003年度に比べて2006年度は1,669億円（18.1％）減少した。中学校費は1997年度から2001年度まで横ばいで推移していたが，2002年度から2007年度にかけては継続的に減少している。減少率（対前年度比）は，2002年度が4.5％，2003年度が3.8％，2004年度が6.1％，2005年度が4.5％，2006年度が8.0％で，2001年度に比べて2006年度は金額で1,152億円減少し，減少率は実に24.1％に達した。このような近年の基準財政需要額の大幅な減少をもたらしたものは，単位費用や補正係数の見直し，少子化による児童・生徒数の減少，市町村合併や少子化による学校統廃合で

図表7-11 市町村の教育費の実支出額と基準財政需要額ならびに基準財政需要額に対する実支出額の比率（建築費分を除いた総額について各年度を比較した場合）

小学校費
(単位：億円)

	実支出額A	基準財政需要額B	AがBを下回った都道府県数	A÷B（全国）	A÷B（東京）
2008	11,191	7,716	2	1.45	2.73
2007	11,391	7,462	0	1.53	2.84
2006	11,351	7,509	0	1.51	2.84
2005	11,733	8,375	1	1.40	2.52
2004	11,638	8,686	6	1.34	2.42
2003	11,869	9,178	9	1.29	2.36
2002	12,423	9,227	2	1.35	2.48
2001	12,542	9,225	3	1.36	2.57
2000	12,588	9,192	2	1.37	2.26
1999	12,358	9,202	3	1.34	2.75
1998	12,447	9,195	5	1.35	2.78
1997	12,553	9,164	5	1.37	2.90

中学校費

	実支出額A	基準財政需要額B	AがBを下回った都道府県数	A÷B（全国）	A÷B（東京）
2008	5,551	3,785	2	1.47	2.70
2007	5,579	3,593	0	1.55	2.62
2006	5,731	3,628	0	1.58	3.13
2005	5,739	3,945	2	1.45	2.77
2004	5,872	4,131	1	1.42	2.67
2003	6,021	4,403	3	1.37	2.57
2002	6,306	4,577	2	1.38	2.59
2001	6,383	4,780	3	1.34	2.58
2000	6,409	4,710	2	1.36	2.23
1999	6,366	4,849	7	1.31	2.72
1998	6,408	4,861	8	1.32	2.76
1997	6,475	4,813	4	1.35	2.87

出所：図表7-2に同じ。

学校数が減少したことがあげられるだろう。

　さらに，**図表7-11**により，1997年度から2006年度までの市町村教育費の実支出額の基準財政需要額に対する割合をみてみよう。小学校費，中学校費はともに1.3倍以上を示し（全国平均），実支出額の方が上回っている。とくに，2006年度は高く，小学校費，中学校費ともに1.5倍を超過した。また，東京

図表7-12 市町村教育費の単位費用の変化

(年度，円)

	1997	1999	2001	2003	2005
小学校費（児童数）	45,300	46,600	47,200	46,600	43,800
小学校費（学級数）	896,000	906,000	944,000	972,000	969,000
小学校費（学校数）	8,602,000	9,485,000	10,812,000	10,938,000	9,818,000
中学校費（生徒数）	38,400	39,300	40,000	38,900	39,200
中学校費（学級数）	1,119,000	1,123,000	1,150,000	1,176,000	1,167,000
中学校費（学校数）	10,425,000	12,027,000	13,721,000	12,955,000	10,723,000
	2006	2007	2008	2009	2010
小学校費（児童数）	41,700	40,800	39,600	41,100	43,400
小学校費（学級数）	907,000	853,000	824,000	834,000	930,000
小学校費（学校数）	7,692,000	8,385,000	8,672,000	8,659,000	9,490,000
中学校費（生徒数）	38,100	37,000	36,500	38,300	42,400
中学校費（学級数）	1,126,000	1,068,000	1,040,000	1,091,000	1,251,000
中学校費（学校数）	9,020,000	9,042,000	9,329,000	9,306,000	9,972,000

出所：『地方交付税制度解説』より作成。

　都内の市町村は，一部の年度を除けば，小学校費，中学校費ともに2.5倍以上で，他の道府県を大きく上回っている。ただし，市町村教育費の実支出額が基準財政需要額を下回る市町村も少なくなく，小学校費では，2003年度に9都道府県，2004年度に6都道府県において，市町村の教育費の実支出額が基準財政需要額を下回った。地方債現在高の増加や公債費の増加，地方交付税総額の減少など財政状況が厳しくなるなかで，教育費支出の減少を意図した市町村が増えていることを示しているといえよう。そうなれば，学校配当予算や就学援助費などに影響が出てくるのである。

　なお，小学校費では，市町村の実支出額が基準財政需要額を下回った都道府県が2005年度に1つに減少し，2006年度，2007年度は皆無になった。これは市町村の実支出額が増えたからではなく，単位費用などの見直しにより基準財政需要額が大幅に減少したからである（**図表7-12**）。

　実際，近年，単位費用は上昇していない。たとえば，小学校費の児童数を測定単位とするものについて検討すれば，1995年度の単位費用が44,100円，1997年度が45,300円，2001年度が47,200円と着実に伸長していたが，2005年度が43,800円と下がり，以後，2006年度が41,700円，2007年度が40,800円，

2008年度が39,600円と毎年度下がっているのである。これは，標準行政団体（児童数720人，学級数18学級）の単位費用積算の数値が，3,177万円（1995年度）から2,853万円（2008年度）に下がっているからである。つまり，給食経費全体で減少（給食従事員給与の減少と給食委託料の増加）したことや，需用費（燃料費や光熱水費，消耗品費など）が減少したのである。さらに，小学校費の学級数を測定単位とするものや，小学校費の学校数を測定単位とするものについても，児童数を測定単位とするものとほぼ同様な傾向がみられた。なかでも2006年度は，児童数，学級数，学校数を測定単位とするもののいずれもが前年度よりも大幅に減少しているのである。

また，中学校費においても同様な傾向がみられ，市町村の実支出額が基準財政需要額を下回った都道府県は1998年度に8，1999年度に7と多かったが，21世紀にはいってからも市町村の実支出額が基準財政需要額を下回った都道府県が存在した。市町村財政が厳しいなかで教育費支出を抑制した市町村が多かったのである。なお，2006年度と2007年度は皆無となった。このことは，中学校費においても小学校費と同様に市町村の実支出額が増えたからではなく，基準財政需要額が減少したことがあったからである（**図表7－12**）。2006年度は，小学校費と同様に，中学校費においても生徒数，学級数，学校数を測定単位とするものの単位費用がいずれも前年度よりも減少している。とくに，学校数を測定単位とするものについては，2006年度の数値は2001年度に比べて34％と大幅に減少しているのである。少子化の影響は無視できないとはいえ，引き下げ幅が大きく，その意味では改めてナショナルミニマムが問われているということができるのである[18]。

5 むすびにかえて

以上，初等・中等教育段階の地方教育費，教育財政について検討してきた。都道府県教育費が三位一体改革によって大きく影響を受けたこと，厳しい市町村財政状況や近年の地方交付税の総額抑制，教育費関係の地方交付税の単位費用の見直しのなかで市町村教育費が減少していることを明らかにした。

改めて，教育のナショナルミニマムの重要性を指摘したいし，義務教育費

国庫負担金の2分の1復元を主張したい。また，市町村教育費については学校現場に直結しており，学校配当予算が削減されれば保護者負担の上昇や教育内容の低下が懸念されるし，就学援助費が抑制されれば経済困窮家庭の児童・生徒の教育を受ける権利が阻害されることになる。施設整備が立ち遅れれば，教育の質低下に直結する場合もあるだろう。

　そこで，地方教育予算とりわけ市町村教育予算の充実が必要となる。市町村教育予算の充実のためには学校現場から積み上げた予算要求が不可欠である。また，就学援助制度の保護者への周知は教育委員会とともに，学校現場とくに学校事務職員の役割である。施設整備もまた，学校現場の細かなニーズを反映する仕組みづくりが重要となる。このような予算にかかわる学校現場の役割が大きいことを自治体は十分認識して施策展開を行わなければならないし，学校現場も教育財政や自治体財政，自治体政策への深い理解にもとづきながら，教育予算要望を熱心に推し進める必要がある。また，自治体は自治体のあらゆる事業の点検・見直しを行うとともに予算内容の組み替えに取り組む一方，国には地方交付税の増額を求める姿勢が必要となるであろう。

　現在，地域主権推進の動きがみられる。基本的な方向性としては間違っていないだろうが，教育や福祉分野においては，国や地方の役割分担やナショナルミニマムの議論，厳しい地方財政状況を踏まえる必要がある。地方自治体の支出の自由裁量権が拡大しても，厳しい地方自治体の財政状況を反映し，富裕自治体や政策への問題意識を明確にもつ自治体を除いた自治体においては，「増やす自由」ではなく「削る自由」が優先される可能性がある。そうなれば，公共サービスの低下につながることが懸念される。慎重かつ拙速ではない対応が今後求められているといえるだろう。

注

1）本章は，横山純一「地方教育費・教育財政（初等中等教育段階）の現状と課題」『日本教育行政学会年報』No.36，2010年9月を加筆修正するとともに，図表などの資料を大幅に付け加えたものである。
2）税源配分の三位一体改革の経過と内容については，横山純一「第1章　税源配分の三位一体改革と中央─地方」『現代地方自治の焦点』同文舘出版，2006年2月を参照。また，主に総務省職員が執筆した神野直彦編『三位一体改革と地方税財政』

学陽書房，2006年11月を参照。さらに，三位一体改革に関する文部科学省，財務省，総務省の各資料，中川真「平成17年度補助金改革（三位一体改革）について」『ファイナンス』2005年2月号，2005年2月など『ファイナンス』『地方財務』『地方財政』等の雑誌における三位一体改革に関する諸論文を参照。

3）共済長期給付とは民間の厚生年金に相当するもので，都道府県（事業主）と教職員本人が折半し，都道府県負担分の2分の1を国が負担（国庫負担）していたものである。また，公務災害補償基金負担金は民間の労災保険に相当するもので都道府県が全額を支出し，都道府県負担額の2分の1を国が負担していたものである。

4）三位一体改革と地方交付税の関係を詳細に検討した高木健二「三位一体改革と交付税配分」地方自治総合研究所地方財政研究会編『三位一体改革の決算と第2期改革（地方財政レポート2006）』2007年3月を参照。

5）横山純一「『子どもの貧困』と就学援助制度」『日本地域福祉学会第24回大会報告』敬和学園大学，2010年6月13日を参照。また詳しくは本書第8章を参照。

6）義務教育費国庫負担金制度の歴史的な変遷については，注2）の横山純一前掲書，第1章を参照。

7）本章では，とくに断らないかぎり，データについては各年度の文部科学省「地方教育費調査」に依拠している。

8）総務省編『地方財政白書』平成21年版（平成19年度決算），2009年3月，49-51頁を参照。

9）なお，注8）による2007年度の地方教育費総額（決算）は16兆4,318億円で，注7）の文部科学省「地方教育費調査」の金額とほぼ一致するが，その内訳は異なっている。『地方財政白書』では，小学校費が4兆9,485億円，中学校費が2兆8,363億円，高等学校費が2兆3,903億円，社会教育費が1兆2,162億円，保健体育費が1兆1,782億円，教育総務費が2兆6,368億円となっている。注8）の前掲書49-51頁，資68-70頁を参照。

10）都道府県の場合は市町村とは異なり建築費の比重がきわめて小さいため，建築費を含んだ資料を示してある。

11）注7）による。

12）いわゆる県単定数の動向，本務教員だけではなく兼務教員給与やその他の職員給与の動向などを調査しながら，実支出額の内実をいっそう考察することが必要で，今後の筆者の課題としたい。

13）注8）の前掲書27-32頁。

14）各年度とも北海道企画振興部市町村課『北海道市町村の決算の概要』を参照。また，ほぼ毎年9月に発行される，北海道市町村振興協会『北海道市町村の財政概要』もあわせて参照。さらに，財政健全化法との関連で道内市町村の財政状況を分析した横山純一「北海道内の自治体の財政再建─改革の方向性」公職研『地方自治職員研修』590号，2009年7月，66-84頁を参照。

15）注14）の『北海道市町村の決算の概要』を参照。

16）同上。

17) 同上。
18) 念のためではあるが,筆者は地方交付税の基準財政需要額がストレートにナショナルミニマムになるとは考えていないことを表明しておきたい。なお,2010年度には小学校費と中学校費ともに単位費用が上昇している。この点については今後の検討課題としたい。

第 8 章 「子どもの貧困」と就学援助制度

1 問題の所在

　近年，雇用構造の激変と厳しい経済状況を反映してリストラが進行し，失業者が増大するとともに，正社員の減少，派遣労働者やパート労働者の比重の増加が進んでいる。このような状況のなかで，現在，親の貧困が子どもの貧困につながっていく，いわゆる「貧困の連鎖」が大きな問題となっている。すでに義務教育の段階において，家庭状況によって大きなハンディを背負い，自らの能力開発の機会さえも失っている児童生徒が少なくないのである。本人のたゆまぬ努力と意欲さえあればだれにでも人生におけるチャンスがあるという，いわゆる「機会の平等」論は，今日では現実と乖離した議論と言わざるを得ないのである。

　このような経済的に困窮している家庭の児童生徒の学業支援の制度として就学援助制度があるが，その就学援助制度には課題が山積している。本章では，就学援助制度のしくみ，就学援助受給者数（率）の推移やその地域別の動向，就学援助費の推移など就学援助制度の実態把握とその要因分析に努めるとともに，就学援助制度の問題点や課題について明らかにしたい。とくに，税源配分の三位一体改革（以下，三位一体改革と略す）により，2005年度に準要保護児童生徒援助費国庫補助金の廃止と一般財源化（市町村への税源移譲と所要額の地方交付税の基準財政需要額への参入）が行われたが，それが就学援助制度や受給動向に与えた影響について論じながら問題点を浮き彫りにしたい。

2 就学援助制度のしくみ（1）[1]

(1) 就学援助制度の目的

　就学援助制度は，経済的理由で就学困難な児童生徒の保護者に対し，地方自治体（市町村）が必要な援助を行って，義務教育の円滑な実施を図ることを目的としている制度である。就学援助制度は，「すべて国民は，法律の定めるところにより，その能力に応じて，ひとしく教育を受ける権利を有する」という日本国憲法（第26条）や，教育基本法（第4条），「経済的理由によって，就学困難と認められる学齢児童または学齢生徒の保護者に対しては，市町村は，必要な援助を与えなければならない」という学校教育法（第19条）に根拠をもつが，市町村が行う援助の具体的な内容については，就学困難な児童および生徒に係る就学奨励についての国の援助に関する法律ならびに同法施行令，学校給食法ならびに同法施行令，学校保健安全法ならびに同法施行令に定められている。この3つの法律・施行令をまとめて就学援助制度という場合が多い。

(2) 就学援助制度の特徴

　就学援助制度の特徴は，認定基準，申請手続，給付内容等において，市町村の裁量の余地がかなり大きいことである。生活保護については国としての統一した制度のもとで定められているが，就学援助については，1964年2月3日に，各都道府県教育委員会教育長にあてた当時の文部省初中局長・体育局長通達「要保護および準要保護児童生徒に対する就学援助費に係る事務処理要領について」があるにすぎず，統一的な基準は示されていない。その運用は実質的に，各市町村の裁量に任せられている部分が多いのである。
　つまり，申請者（受給希望者）の受給が認定されるか否かを判定する基準は具体的に定まっていないし，申請手続についても具体的な方法が示されているわけではない。このために，認定基準や申請手続における市町村間の違いは大きいし，保護者への周知についても，学校が主に対応している市町村

と教育委員会が主に行っている市町村とに大別される。また，同一市町村のなかにおいても，とくに保護者への周知について熱心に対応している学校と必ずしもそうではない学校とが存在するのである。

　さらに，内容面では，金額について国の基準（児童生徒1人当たりの予算単価）が毎年度示されている。多くの市町村ではこのような国の基準を給付額の上限と捉えているが，市町村のなかには給付を低く抑えているところもある。また，国の基準を上回る金額を支給する市町村や，国の基準にはない費目を市町村独自に設定して支給している市町村も少なくない。保護者への給付時期についても，市町村の間でばらつきがみられる。

　このような就学援助に関する状況は，市町村の裁量があるということで評価されるべきことではない。むしろ，制度発足以降，本格的・統一的な制度にしようという国の努力が不足していて，国のナショナルミニマム形成が不十分だったというべきだろう。それゆえに市町村丸投げが行われてきたということができるのである。国民からすれば，どの市町村に居住するのかによって就学援助サービスを受給できたりできなかったりすることになるし，たとえ受給できた場合でも市町村によって給付面で違いがあるなど，市町村による考え方やサービスの面での対応の違いがサービス受給の不公平を産む構造になっていることが直視されなければならないのである。

(3) 受給できる世帯

　就学援助を受けることができる世帯は，要保護世帯（生活保護世帯）と準要保護世帯（生活保護を受けていないが経済的に困窮している世帯）である。その認定と給付等については，要保護は生活保護担当部署（福祉事務所等），準要保護は教育委員会が取り扱うことになっている。要保護世帯には生活保護法にもとづいて教育扶助が給付され，準要保護世帯には就学援助給付が行われる。ただし，教育扶助には給食費，通学用品費，学用品費などは含まれるが修学旅行費と医療費が含まれていないために，要保護世帯には，準要保護世帯と同様に，修学旅行費と医療費が就学援助制度にもとづいて教育委員会から支給されるのである。

(4) 給付対象費目と給付対象費目の補助限度額（2009年度），自治体独自の給付の上乗せ

　就学援助の給付対象となる費目には，学用品費，新入学児童生徒学用品費（小学校・中学校の１年生，ランドセル，靴，制服など），医療費，給食費，修学旅行費，宿泊をともなう校外活動費，宿泊をともなわない校外活動費，通学費（交通機関を使う遠距離児童生徒の交通費），通学用品費（小学校・中学校の１年生を除く，靴，雨傘，上履など），体育実技用具費（小学校の１年生・４年生，中学校の１年生）である（**図表8－1**）。これらの費目については，定額ないし実費での支給が行われる。給付対象費目の補助限度額は，図表8-1のとおりである。

　新入学児童生徒学用品費については，教育扶助の場合，小学校１年生が３万9,500円，中学校１年生が４万6,100円であるため，教育扶助の約半分の金額が準要保護の補助限度額になっていることが把握できる。同様なことは，学用品費にもあてはまり，教育扶助基準額は小学生２万5,800円，中学生５万160円（2009年度）のため，その約半分の金額が準要保護の補助限度額になっている。一般に，新入学児童生徒学用品費や学用品費，通学用品費が定額支給，修学旅行費と通学費が実費支給の市町村が多い。校外活動費は，定

図表8－1　就学援助対象費目と援助の限度額（2009年度）

	限度額（円）	
	小学生	中学生
学用品費	11,000	21,700
新入学時児童学用品費	19,900	22,900
通学費	38,200	77,200
通学用品費	2,170	2,170
修学旅行費	20,600	55,900
校外活動費（宿泊）	3,470	5,840
校外活動費（非宿泊）	1,510	2,180
給食費	実費	実費
医療費	治療費	治療費
体育実技用具費（柔道）		7,300
（剣道）		50,500
（スキー）	25,300	36,300

出所：A市，B市，C市，D町資料より作成。

額支給の市町村がある一方で，実費支給の市町村もある。

　体育実技用具費は受給世帯が自ら選択して購入することが多いため，実費支給としながらも，上限を設けて補助限度額までの支給とし，それを超過した場合は自己負担としている市町村が多い。また，市町村のなかには現物支給としているところもある。体育実技用具費の対象となるのは柔道，剣道，スキーのみだが，北海道では降雪量の少ない地域に配慮し，スケートも支給対象としている（限度額は小学生，中学生ともに11,270円）。北海道の全市を検討するかぎり[2]，この4つすべてを対象として支給しているところはない。学校の授業の取り組み状況（種目選択状況）によって支給できない場合もでてくるだろうし，児童生徒全員分の用具を別途予算で確保したり，確保しようとしている市町村もあり，対応は複雑なのである。降雪量が少なくスケートが伝統的に盛んなB市ではスキーの代わりにスケートを支給対象としている。スキーを支給対象としている市町村においても，C市のように，補助限度額の枠内で，たとえば，セットスキーを購入する場合，スキー関係の単品購入（スキー板，金具，ストック，スキー靴）の場合など，細かく規定しているところも存在する（図表8－2）。

　医療費支給は，健康保険使用後の自己負担分を援助して自己負担が起きないようにするものであるが，学校保健安全法施行令で定められた病気（う歯，結膜炎，かいせん，中耳炎，慢性副鼻腔炎，寄生虫病など）のみが援助の対象となっている。実際には，う歯（虫歯）が圧倒的に多い。

図表8－2　C市における体育実技用具費（スキー）の援助限度額（2009年度）
2009年度の支給額（援助上限額）

項　目	低学年	高学年	中学生
セットスキー	18,800円	21,200円	37,600円
（単品購入の場合）			
スキー板	7,900円	7,900円	14,900円
金　具	4,900円	4,900円	8,000円
ストック	1,600円	1,900円	2,900円
スキー靴	5,300円	6,500円	10,500円

（注1）4点セット（スキー板・金具・ストック・スキー靴）で購入する場合は，上記セットスキーの上限額が適用となり，単品で購入する場合は，単品ごとの上限額となる。
（注2）上限額を超えた分については，自己負担となる。
（注3）上限額を超えない場合は，実際の購入額が援助額となる。
出所：C市資料より作成。

なお，2010年度からクラブ活動費（小学生2,550円，中学生26,500円），生徒会費（小学生4,350円，中学生4,940円），PTA会費（小学生3,040円，中学生3,960円）が，就学援助の給付対象として新たに加えられ，そのための財源措置（地方交付税の基準財政需要額に算入）がなされた。

　先述したように，就学援助制度では市町村独自の上乗せが可能である。全国でみれば，市町村のなかには独自に医療費の疾病の範囲を広げているところがある。また，メガネ・コンタクトレンズ代，卒業アルバム代の支給や，修学旅行費の上乗せ支給を行っている市町村もある。たとえば，東京都中野区は小・中学校卒業記念アルバム代を上限1万1,000円まで支給している。また，東京都墨田区はメガネ・コンタクトレンズ代（上限2万2,000円）を支給し，神奈川県川崎市は自然教室の食事代実費を補助している[3]。B市では，学用品費（通学用品費を含む）の支給額に学年差を設け，小学校1年生が1万2,610円，小学校2-6年生は1万4,780円，中学校1年生が2万3,880円，中学校2-3年生が2万6,050円として，1年生を除いて実質的な上乗せをしている。ただし，B市では市単独事業の修学旅行小遣い銭支給と卒業アルバム代の一部支給を，2006年度から減額し，2008年度に廃止している[4]。

　また，これとは反対に市町村独自に給付制限を設けているところもある。たとえば北海道のK町では，就学援助受給者に学校給食費の一部を自己負担させている。つまり，K町では学校給食の年間実施日数を198日と定めているが，このうちの62日分の給食費については就学援助受給者の負担としているのである[5]。

　さらに，先述したように，2010年度に新設されたクラブ活動費，PTA会費，生徒会費については財源措置がなされているが，これらの3経費についての支給を行っていない市町村が少なくないのである。

(5) 就学援助費の支給までの流れ

　保護者への就学援助の支給までの流れは，市町村間でかなり異なる。事務取扱要綱や手引がない市町村や制度案内書を保護者に配付しない市町村がある一方で，制度案内書を全数配付するなど保護者への制度周知に熱心な市町村が存在するのである。一般に大都市ほど後者の市町村が多い。

図表8−3　B市における就学援助の流れ（2009年度）

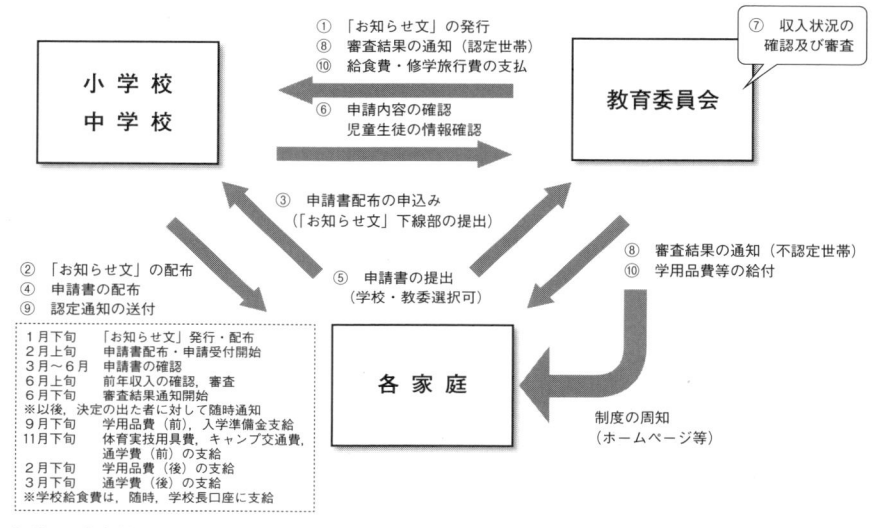

```
                    ① 「お知らせ文」の発行              ⑦ 収入状況の
                    ⑧ 審査結果の通知（認定世帯）         確認及び審査
 ┌──────┐    ⑩ 給食費・修学旅行費の支払  ┌──────┐
 │ 小 学 校 │ ←─────────────────── │ 教育委員会 │
 │ 中 学 校 │    ⑥ 申請内容の確認          │        │
 └──────┘ ───────────────────→ └──────┘
                      児童生徒の情報確認
        ↑ ↓    ③ 申請書                      ↑
              配布の申込み
              （「お知らせ文」下線部の提出）
② 「お知らせ文」の配布                        ⑧ 審査結果の通知（不認定世帯）
④ 申請書の配布       ⑤ 申請書の提出          ⑩ 学用品費等の給付
⑨ 認定通知の送付       （学校・教委選択可）
  1月下旬  「お知らせ文」発行・配布
  2月上旬  申請書配布・申請受付開始   ┌──────┐
  3月〜6月 申請書の確認              │ 各 家 庭 │
  6月上旬  前年収入の確認，審査       │        │
  6月下旬  審査結果通知開始           └──────┘
  ※以後，決定の出た者に対して随時通知
  9月下旬  学用品費（前），入学準備金支給        制度の周知
 11月下旬  体育実技用具費，キャンプ交通費，      （ホームページ等）
           通学費（前）の支給
  2月下旬  学用品費（後）の支給
  3月下旬  通学費（後）の支給
  ※学校給食費は，随時，学校長口座に支給
```

出所：B市資料。

　本章では一般的に市町村で行われていると思われるB市のケースを示したい（**図表8−3**）。まず，1月下旬に市教育委員会が保護者あてのお知らせ文書（全児童生徒分）を各学校へ配布する。配付を受けた各学校はほぼ2月上旬までに保護者にこのお知らせ文を配付する[6]。このお知らせ文を読んだ保護者のなかで受給を希望する者は，申請書配付の申し込みを行い，学校から申請書の配付を受け，申請書に記入して学校へ提出することになるが（2月上旬申請受付開始），その際に，申請書を学校に提出せずに教育委員会に直接提出しても構わない。B市では，教育委員会に直接提出する者は，ごくわずかである。申請書を受け取った学校は，申請内容を確認するとともに，児童生徒の情報を確認して，教育委員会に申請書を送付する。教育委員会は保護者の収入状況（世帯構成員全員の収入合計額）の確認・審査をし（6月上旬に前年度収入の確認・審査），6月下旬に保護者に審査結果を通知するが（以後，決定の出た者に対して随時通知），認定された家庭には学校を通じて，不認定となった家庭には教育委員会が直接に通知する。

　このような過程を経て給付がなされることになるが，学用品費等について

は教育委員会から保護者に直接支払われ（保護者の個人口座に振込），給食費，修学旅行費については教育委員会が学校に支払うことになる（給食費については各学校の学校長の口座に随時，振り込みがなされる）。おおよそ9月下旬に学用品費（前期），入学準備金，11月下旬に体育実技用具費，校外活動交通費，通学費（前期），2月下旬に学用品費（後期），3月下旬に通学費（後期）が支給されることになっている。医療費については，随時，各医療機関の口座への支給となる。なお，年度途中の申請は随時受け付けているが，近年はリストラや離婚など家庭環境の変化が大きいので，学校からの早急な働きかけが重要になっている。

3 就学援助制度の仕組み（2）[7]

(1) 準要保護の認定基準

多くの市町村において次のいずれかに該当する世帯が就学援助を受けることができる世帯となっている。つまり，生活保護を受けている世帯（要保護として認定），生活保護が廃止または停止になった世帯で援助が必要と認められる世帯，世帯全員の市町村民税が非課税または全額減免の世帯，国民年金保険料や国民健康保険料を減免された世帯，生活福祉資金の貸付の決定を受けた世帯，児童扶養手当の受給が認められた世帯，それに上記には該当しないが経済的に困窮している世帯である。このなかでとくに問題となるのが，「上記には該当しないが経済的に困窮している世帯」の認定である。市町村によってその認定方法や認定基準がまちまちになっているのである。

多くの市町村では，前年度の生活保護基準額の○○倍といった具合に定められる。つまり，「前年の当該世帯の収入認定額が，生活保護基準の一般生活費第1類，第2類，期末1次扶助，教育扶助，住宅扶助の合計額に1.2を乗じて得た額以下の者」（筆者がヒアリングした北海道のD町の例）などというように決められている。D町では生活保護基準の1.2倍までの所得の者を準要保護としている。なお，生活保護の基準額は，期末一次扶助などが市町村の級地により異なるため，1.2を乗じたすべての市町村の認定基準額が同

図表8-4　準要保護基準判定（2009年度）

世帯一覧表	区分	氏名	続柄	年齢	対象区分 小学生	対象区分 中学生	対象収入(所得)額	備考
	申請者	○○　○○	世帯主	32			1,562,508	
	世帯員	△△	子	7	○			
					世帯内所得		1,562,508	

準要保護基準算定詳細

区分			生活保護基準額		
	続柄	年齢	月額	年額	
一般生活費 第1類	世帯主	32	33,020		D町就学援助実施要綱第3条1号及び2号に基づき算定した額
	子	7	27,940	731,520	
	算定対象額		60,960		
第2類	基準額		39,420	473,040	
	冬季加算額		25,850	129,250	
期末一時扶助			23,260	23,260	
住宅扶助			8,000	96,000	
教育扶助	基準額		2,150	25,800	
	教材費		620	7,440	
	給食費		3,583	43,000	
	計		6,353	76,240	
その他					倍率1.2
総計			221,220	1,529,310	1,835,172

出所：D町資料。

額になるわけではない。D町は3級地となっている。

　図表8-4によりD町の母1人，子（小学校1年生）1人の2人世帯の事例により具体的な計算方法を示したが（2009年度），D町では年所得183万5,172円までの世帯が援助対象となっているのである。**図表8-4**のケースでは，対象収入（所得）額が年156万2,508円であるため認定とされるのである。北海道内の市町村では，生活保護基準の1.2倍もしくは1.3倍の自治体が多いが[8]，全国的にみれば1.05倍や1.5倍とする市町村が少数存在している。

　さらに，都道府県庁所在市について家族構成別に受給できる所得を検討した世帯状況による所得基準をみれば[9]，自治体間の差は歴然としている（2011

年度)。県庁所在都市である千葉市と宇都宮市について，2人世帯（母と小学生の子ども）で援助対象となる世帯の所得額（前年中の世帯全員の総所得金額）の目安を比較してみると，千葉市は156万円程度まで（持ち家の場合，賃貸住宅の場合は156万円よりも基準額が緩和される），宇都宮市は240万円程度までと大きな違いがある。3人世帯の場合（母と小学生の子ども，中学生の子ども）でも千葉市が210万円程度までなのに対して宇都宮市は330万円程度までと高くなっている。宇都宮市では生活保護の基準額の1.5倍に準要保護の基準額が設定されているために，生活保護世帯よりも所得面で余裕がある世帯への支給が行われているのに対し，千葉市では生活保護世帯とほぼ同じレベルに準要保護の基準を設定しているために，ごく限定された世帯だけしか就学援助が受けられないのである。また，2人世帯（母と小学生の子ども）の場合，大阪市が202万円程度まで，熊本市が181万円程度まで，長崎市が204万円程度まで，名古屋市が249万円程度まで，札幌市では給与以外の収入のある世帯で持ち家もしくは自家用車がある場合は167万円程度まで，持ち家も自家用車もない場合が175万円程度までとなっている。なお，札幌市の場合，給与収入のみの世帯に関しては，所得ではなく給与収入（源泉徴収票の支払金額）で認定することになっており，持ち家または自家用車を所有する場合は給与収入が264万円程度まで，持ち家も自家用車もない場合は277万円程度までとなっている。

　このように，市町村の多くは就学援助支給の基準を「所得」に求め，生活保護基準額の○○倍程度までを認定しているが，宇都宮市のように1.5倍とするところがある反面，生活保護基準並みに厳しい1.0倍，1.05倍に設定している自治体も少なくないのである。また，札幌市のように「所得」ではなく「収入」を基準にしているところも存在しているのである。なお，給与所得者の「所得」という場合は，給与所得控除後の金額を指すが，さらに社会保険料控除，生命保険料控除，地震保険料控除がある場合は，それらを除した金額とする市町村が多い。市町村の間では大きなばらつきがみられることが把握できるのである[10]。

(2) 所得認定額

　所得の認定については，所得の捕捉が難しいため，税法上の課税所得（住民税）で行う市町村が多い（上述のＢ市やＤ町もこの方法である）。このため，一般に，６月に前年度収入の確認，審査が行われ，６月下旬から７月上旬にかけて保護者への審査結果の通知が開始されるので，学用品費や新入学児童生徒学用品費などの保護者への支給が９月下旬にずれ込む市町村が少なくない。お金のかかる新学期のはじめに保護者に支給されないことによるマイナス面は大きいといえよう。このため，たとえばＣ市のように，市町村のなかには，給与収入の者には前年分の給与所得の源泉徴収票もしくは事業主の発行する「給与支払証明書」，事業所得の者には前年分の「所得税確定申告書（控）」の写しを提出すればよいとするところもある。保護者への支給を早めるのならば，このような方法の方が明らかによいだろうが，客観性と正確性という点では，前者の方法の方がまさっている点は否めないだろう。

(3) 就学援助と生活保護の混同

　就学援助制度は，生活保護にはいたらないけれども，経済的に困窮して就学困難な状況におかれている世帯の子どもを援助する制度である。その意味では，明らかに，生活保護制度とは制度の目的や趣旨が異なるのである。ところが，一部の市では，居住している家が持ち家であるのかどうか，自家用車を所有しているのかどうかも考慮にいれて認定している。たとえば，北海道で最も厳しい認定基準をとっている札幌市では，持ち家や自家用車保有世帯の場合には，生活保護基準の1.05倍，自家用車や持ち家を保有していない世帯の場合には，1.1倍となっている。就学援助の認定基準が，生活保護基準の1.05倍，1.1倍という厳しさにも疑問符がつくし，資産調査を加味して就学援助の認定を行うことは，生活保護そのものの考え方が就学援助制度に直接的に入ってきている点で問題視しておきたいのである。

4 就学援助の実態 ——厳しい経済雇用状況と受給者の急増[11]

(1) 準要保護児童生徒数の動向

　1990年代後半以降，準要保護児童生徒数の増加が著しい。1997年度には70万2,064人だったが，1998年度に74万8,835人，1999年度に81万3,625人，2000年度に88万8,560人，2001年度に95万8,166人，2002年度に104万577人，2003年度に113万2,543人，2004年度に120万6,192人と増加した。1999年度以降は，各年度とも，対前年度比6万人から8万人にかけて増加しており，1997年度に対する2004年度の伸び率は実に71.8％にのぼっている。その後は増加の鈍化がみられ，2005年度に124万8,657人，2006年度に127万6,555人，2007年度に128万8,755人となった（2004年度に対する2007年度の伸び率は6.8％）。そして，1997年度と2007年度の準要保護児童生徒数を比較してみると，2007年度は1997年度に比べ84％の著増となっているのである。

　準要保護児童生徒数の公立小・中学校児童生徒数に占める割合を都道府県別に調べてみると（2007年度），最高は大阪府の24.67％で，次に高いのは山口県の23.58％，3番目が東京都の21.54％であった。これに高知県（18.27％），北海道（17.64％），福岡県（17.06％）が続いている。この反対に，最も低いのは静岡県の4.11％で，次に低いのは栃木県（4.79％）であった。これに続くのは，山形県（5.44％），茨城県（5.55％），群馬県（5.57％），岐阜県（5.99％）であった。都道府県間で受給者の割合において大きな相違があること，都道府県でみても，児童生徒の5分の1以上が受給している都道府県が3つ存在していることが把握できるのである。さらに，2004年度の東京都の23区・市でみてみると[12]，準要保護児童生徒数の割合が当該区市の公立小・中学校児童生徒数に占める割合において最も高かったのは足立区の43.12％であった。続いて墨田区（34.57％），板橋区（32.96％），荒川区（32.40％），北区（31.77％），江東区（31.41％），武蔵村山市（31.40％），江戸川区（31.01％）の順になっている。これら8区市では，児童生徒のうちほぼ3人に1人が受給している計算になるのである。また，20％を超過している区市が広範囲に存在

し，15％未満の区市はわずか10にすぎない。最も低いのは千代田区の6.45％，次に低いのが青梅市の9.34％であった。これに，国分寺市（10.38％），小金井市（11.18％），武蔵野市（11.91％）が続いている。

また，学校単位でみれば，受給者が全児童生徒の5割を超過している学校や受給者が当該学年の児童生徒数の過半数を占める学校が多数みられる。たとえば，筆者が調査したA市では，P小学校1年生全体（5名）のうち60％の3名が受給し，Q小学校では1年生全体（59名）のうち約50％にあたる29人が受給していたのである（2009年度）[13]。

(2) 要保護児童生徒数の動向

要保護児童生徒とは生活保護を受けている家庭の子どもである。すでに述べたように，要保護児童生徒については，学用品費や給食費などが生活保護法に基づく教育扶助により給付されるため，就学援助の対象となる費目は医療費と修学旅行費に限られる。そこで，要保護児童生徒のなかで就学援助の対象者はその一部にすぎないし，金額的にも要保護児童生徒分の就学援助費は少額である。なお，要保護児童生徒の就学援助にかかわる国庫支出金については，三位一体改革の対象にはならず，その廃止と一般財源化は行われていない。

要保護児童生徒数は，準要保護児童生徒数の約1割と数は少ないが，準要保護児童生徒数と同様に，2000年度以降2004年度までの増加が著しかった。1997年度が8万2,512人，1998年度が8万4,696人，1999年度が8万7,690人とほぼ横ばいだったが，2000年度に9万人台（9万2,593人），2001年度に10万人台（10万1,824人）になった。さらに，2002年度に11万人台（11万792人），2003年度に12万人台（12万3,055人），2004年度に13万人台（13万635人）となったのである。2005年度以降は伸びが鈍化し，2005年度が13万2,168人，2006年度が13万3,705人，2007年度が13万2,372人となっている。

要保護児童生徒数の公立小・中学校児童生徒数に占める割合を都道府県別にみると（2007年度），最高は北海道（3.46％），次が大阪府（3.29％）であった。これに京都府（3.02％），兵庫県（1.73％）が続いている。これとは反対に，最も低いのは，富山県（0.04％），2位が岐阜県（0.14％），3位が福

井県（0.15％）であった。

　公立小・中学校児童生徒数に占める要保護児童生徒ならびに準要保護児童生徒の比率は，ともに都道府県間で大きく異なっている。産業構造の特性，生活保護や就学援助，就労支援への市町村の取り組み方，市町村の住民への周知方法や住民の意識など，多様な要因が重なり合って，このような結果になったものと推測できるのである。

(3) 就学援助受給率の推移――2005年度以降の伸びの鈍化

　先に2007年度の準要保護児童生徒数の公立小・中学校児童生徒数にしめる割合を示したが，より詳しく1997年度以降の状況を検討しよう。その割合は，1997年度が6.6％，1998年度が7.2％だったが，1999年度以降大幅に上昇する。1999年度が7.9％，2000年度が8.8％，2001年度が9.7％，2002年度が10.7％，2003年度が11.9％，2004年度が12.8％となっており，ほぼ毎年度1ポイント増加したのである。その後伸びはゆるやかになり，2005年度が13.2％，2006年度が13.6％，2007年度が13.7％，2008年度が13.9％となっている。このような受給率の変化の特徴を一言で表現すれば，1999年度以降の急増と2005年度以降の伸びの鈍化となるだろう。

　さらに，**図表8－5**により，東京都の23区と東京都の主要市の就学援助受給者数（準要保護児童生徒数）の変化についてみてみよう。2002年度から2004年度にかけて，東京都のすべての区市町村の準要保護児童生徒数の合計は15万9,824人から17万5,404人に増加し，その伸び率は9.7％である（**図表8－5**には掲げていないが要保護児童生徒数は，2002年度1万559人，2004年度は1万2,724人，伸び率は20.5％）。そして，ほとんどの区市において，準要保護児童生徒数，要保護児童生徒数ともに伸長している。準要保護受給者数と要保護受給者数ともに，最も多かったのは足立区であった（2004年度，2万170人，1,887人）。

　2004年度から2007年度にかけては，準要保護児童生徒数，要保護児童生徒数ともに伸びが鈍化している。東京都全体の要保護児童生徒数は1万2,989人と微増となり，準要保護受給者数は16万6,132人と2004年度よりも9,272人減少しているのである。準要保護児童生徒数，要保護児童生徒数ともに足立

図表8-5　東京23区ならびに東京都の主要市の準要保護児童生徒数の推移 (人)

	2002年度	2004年度	2007年度
千代田区	213	249	254
中央区	742	812	948
港区	1,745	1,728	1,585
新宿区	2,230	2,388	2,360
文京区	1,079	1,337	1,374
台東区	1,869	2,176	2,351
墨田区	3,733	4,340	4,183
江東区	6,676	7,121	7,523
品川区	4,156	4,479	4,397
目黒区	1,422	1,355	1,164
大田区	9,533	10,809	10,312
世田谷区	5,140	5,604	5,535
渋谷区	1,507	1,585	1,553
中野区	2,875	3,259	2,998
杉並区	4,478	5,020	5,069
豊島区	1,809	2,034	1,881
北区	4,741	5,086	4,554
荒川区	2,900	3,203	3,154
板橋区	10,189	10,159	9,635
練馬区	10,276	11,139	11,109
足立区	18,351	20,170	17,468
葛飾区	7,337	8,415	8,939
江戸川区	14,351	15,584	14,730
八王子市	5,599	5,791	5,756
立川市	2,172	2,569	2,168
武蔵野市	784	836	783
三鷹市	1,616	1,686	1,633
青梅市	1,147	1,163	1,244
府中市	2,240	2,336	2,368
昭島市	1,647	1,951	1,698
町田市	4,414	4,976	4,803
日野市	1,540	2,064	1,984
国立市	818	940	867
狛江市	1,068	1,009	628
武蔵村山市	1,565	1,877	1,466
多摩市	2,137	2,302	2,378
東京都合計	159,824	175,404	166,132

出所：東京都資料より作成。

区が最多である点は変化がないが（1万7,468人，1,754人），いずれも2004年度に比べて減少している。

(4) 2005年度以降の伸びの鈍化の要因

では，このような特徴，つまり2005年度以降に受給率の伸びが鈍化した要因は何であろうか。

次の2つの要因が考えられるだろう。まず，1997年の北海道拓殖銀行の破綻や山一證券の倒産に示される不況の深化と2004年度以降2007年秋頃までの明るさを取り戻した景気・雇用の動向があげられる。つまり，景気が回復したことにより，貧困層の増加に歯止めがかかった可能性が考えられるのである。もう1つの要因は三位一体改革で，2005年度に準要保護児童生徒援助費国庫補助金が廃止されたことによる影響である。三位一体改革において，準要保護児童生徒援助費国庫補助金が廃止され，市町村に税源移譲がなされるとともに，所要の事業費が地方財政計画に計上され，地方交付税の算定の際の基準財政需要額に算入された。また，税源移譲された金額は100％基準財政収入額に算入されたのである。このような財源保障が行われたなかでの一般財源化ではあったものの，地方債残高の増加，総額としての地方交付税収入の減少，財政調整基金の取り崩しがすすむなど市町村財政を取り巻く厳しい状況下で，一部の市町村が給付抑制に動いた可能性が考えられるのである。

5 文部科学省「就学援助に関する調査結果について」
（2006年6月16日）

そこで，次に，2005年度に行われた準要保護児童生徒にかかわる就学援助の国庫補助金（準要保護児童生徒援助費国庫補助金）の廃止・一般財源化の影響について，文部科学省が調査した「就学援助に関する調査結果」（2006年6月16日）を検討しながら，国庫補助金廃止・一般財源化の影響をみてみよう。

文部科学省は，近年の就学援助受給者数の増加傾向の要因を把握するため，全国の市区町村を対象とする2つの調査を行った。つまり，一部の市区町教育委員会を対象とした「就学援助受給者数の変化の要因などに関するアンケ

ート調査」、ならびに準要保護児童生徒の就学援助に関する国庫補助金廃止後の市区町村の準要保護児童生徒にかかわる就学援助の取り組み状況を把握するため、すべての市区町村教育委員会を対象とした「2005年度における準要保護児童生徒にかかわる認定基準等の変更状況調査」を行ったのである。調査対象は「就学援助受給者数の変化の要因等に関するアンケート調査」については、都道府県庁所在地を含む各都道府県2～4市町および東京23区の教育委員会の計125市区町教育委員会、「2005年度における準要保護児童生徒にかかわる認定基準等の変更状況調査」については、全市区町村教育委員会、一部事務組合の計2,095の教育委員会であった。

まず、「就学援助受給者数の変化の要因等に関するアンケート調査」であるが、これは、2006年2月に実施され、1995年度から2004年度における就学援助受給者数の増減に関して、その要因・背景として考えられる点を自由記述方式により回答させ、あわせて、当該市区町における過去10年間（1995～2004年度）の準要保護児童生徒の認定基準の変更状況を回答させたものである。

就学援助受給者数の変化の要因と背景にかかわる質問への回答（複数回答可）では、「企業の倒産やリストラなど経済状況の変化によるもの」(95)と「離婚等による母子・父子家庭の増加、児童扶養手当受給者の増加」(75)が圧倒的に多く、3位の「就学援助制度の周知」(15)、「就学援助を受ける保護者の意識の変化」(8)を大きく引き離している。これは、近年の景気・雇用状況の悪化や離婚増加による母子家庭の貧困など現代的な問題が就学援助受給者数を大きく増加させていることを示している。

また、過去10年間（1995～2004年度）における準要保護児童生徒の認定基準の変更状況についての質問への回答では、認定基準を変更した市区町数は28（調査対象市区町の22.4％）あり、その変更の内容は、「所得基準限度額（率）が引き下げられ、または、認定要件（対象者）が縮小されたもの」が19、「所得基準限度額（率）が引き上げられ、または認定要件（対象者）が緩和されたもの」が8であった。明らかに、準要保護受給の認定基準を厳しくした市区町が多くなっているのであり、給付抑制に舵がとられてきていることが把握できるのである。ただし、8市区町が認定基準を緩和しているこ

とは注目してよいだろう。

次に「2005年度における準要保護児童生徒にかかわる認定基準等の変更状況調査」についてであるが，これは，国庫補助金廃止後における市区町村の準要保護児童生徒にかかわる就学援助への取り組み状況を全国的に把握するための調査である。2006年1月に，全市区町村を対象に，2005年度における準要保護児童生徒の認定基準などの変更の有無を調査し（第1次調査），2006年3月に，第1次調査において準要保護児童生徒の認定基準などを変更したと回答した市区町村に対し，変更内容などの詳細について調査したものである。

調査の結果，次のことが明らかになった。まず，2005年度に準要保護児童生徒の認定基準などの変更を行った市区町村数は123あり，全市区町村数に占めるその割合は5.87％であった。次に，認定基準などの変更の内容だが，「所得基準限度額（率）が引き下げられ，または認定要件（対象者）が縮小されたもの」が87市区町村あり，断とつトップであった。これに「就学援助支給額が減となったもの」に回答した18市区町村を加えれば，105市区町村が就学援助の給付抑制に動いていることが把握できるのである。その理由として，これらの市区町村の多くが，「近隣市区町村の認定基準との比較」や「当該市区町村の財政状況」を掲げている。実際，筆者がヒアリングした自治体においても，認定基準を生活保護の1.3倍としていたものを1.2倍に変更した自治体があった。また，卒業アルバム代などの支給を取りやめた自治体が，筆者がヒアリングした自治体のなかにも存在したのである。このようななかで，「所得基準限度額（率）が引き上げられ，または，認定要件（対象者）が緩和されたもの」と回答した市区町村が14，「認定基準の変更はないが就学援助支給額が増となったもの」と回答した市区町村が2つ存在した。このうちの6つが市町村合併によるものであった。

以上の文部科学省の調査結果を検討すれば，準要保護児童生徒援助費国庫補助金が廃止されて一般財源化されたことにより，一部の市区町村が給付抑制の方向で進んでいることが把握できるのである。就学援助に限らず一般財源化は市町村の支出の自由裁量権を拡大させるが，それは「施策展開の充実」にも「これまでの施策を削減する自由」にもつながる。地方債残高の増大，

地方交付税の減少もしくは横ばい，財政調整基金の取り崩し，財政健全化法の施行など，市町村を取り巻く財政環境は厳しい[14]。一部の富裕自治体を除けば，就学援助については，「削る自由」につながってしまった市区町村が少なくなかったのである。実際，いくつかの市町村の財政課職員，教育委員会職員などへの筆者のヒアリングによれば[15]，「一般財源化だと，特定財源よりも予算獲得に苦労する」（教育委員会職員），「財政が火の車なのだから，（就学援助に関する…筆者）地方交付税の基準財政需要額にはこだわってはいられない」（財政課職員）との回答が返ってきているのである。

なお，次の点の留意が必要である。準要保護の受給者数の伸びの鈍化については，今後継続調査が必要なことである。つまり，文部科学省の上記の調査は，2005年度に国庫補助金が廃止された直後の調査であり，変更を行った自治体数もそれ程多くはなく，まだ対応を決めかねていた市区町村が多かったと推測できるからである。また，上記の調査時点では，市町村合併とのかかわりがかなりあり，就学援助制度をどうこうするというよりも，新自治体の形成と合併前の旧市町村の利害調整を優先させざるを得ない状況が合併自治体に存在したことがあげられるからである。一般財源化がなされて5年が経過し，また市町村合併による新自治体（新しいまちづくり）づくりがそろそろ軌道に乗り出したところが多い現段階での調査が必要である。また，景気・雇用状況との関連性についての検討もいっそう取り組まれなければならないだろう[16]。

6 就学援助費の動向

就学援助費は増大し続け，1997年度に223億円だった就学援助費は，2000年度に273億円，2002年度に313億円，2004年度に361億円，2005年度に427億円と急上昇している。しかし，2006年度には伸びが鈍化し431億円にとどまっている[17]。

まず，筆者が調査したA市とB市についてみてみよう。

給付内容や認定基準（前年度の生活保護基準額の1.2倍，1989年度から変更はしていない）をずっと変えないできたA市では，2000年度（決算）の準

要保護認定者数(小学校,中学校の合計)は3,884名で認定率(公立小・中学校児童生徒数に占める準要保護児童生徒数の割合)は16.8％,2004年度(決算)は4,754名で認定率は23.5％,2006年度(決算)は5,040名で認定率は24.7％,2008年度(決算)は5,120名で認定率は26.3％となっている[18]。これにともなって,就学援助費(要保護受給者分を含む)も増大してきた。2000年度(決算)は3億679万円,2002年度(決算)は3億3,366万円,2004年度(決算)が3億5,597万円,2006年度(決算)が3億8,908万円,2008年度(決算)が4億971万円となっている。2008年度は市の教育費総額の5.7％を就学援助費が占めているのである。

また,B市の準要保護認定者数(小学校,中学校の合計)は,1997年度(決算)が2,205人(認定率11.19％),2000年度が2,789人(同16.11％),2004年度が3,670人(同22.73％),2006年度が3,796人(同24.72％),2008年度が3,651人(24.87％)であった[19]。就学援助費は受給者が増えるにしたがって増加し,1997年度1億8,369万円,2000年度2億2,485万円,2004年度2億9,318万円,2006年度が2億9,294万円,2008年度が2億8,589万円になっている。

なお,A市,B市ともに,先の文部科学省の調査と同様に,リストラなどの影響で受給者数の増加が進んでいるが,母子世帯が多いことも受給者が多い要因になっている。また,A市,B市ともに,北海道内で大変高い生活保護受給率を示している市である。A市の小学校の認定者4,177名のうち1,233名(38.5％),中学校の認定者1,786人のうち753人(42.2％)が母子世帯で児童扶養手当受給者である[20]。

さらに,全国的な動向を把握しておこう。先の文部科学省の調査において一般財源化によって給付の抑制が進んでいることが示されたが,就学援助費の動向をみると,それが裏づけられる。2005年度と2006年度の市町村が給付した就学援助費の総額を各都道府県別にみれば,2005年度に比べて2006年度に支給額が減少している都道府県が11あることが把握できる[21]。とくに,大阪府は58億3,102万円(2005年度,準要保護児童生徒数は17万6,679人)から48億407万円(2006年度,準要保護児童生徒数は17万6,259人)と著減している。さらに,岡山県(2005年度は7億4,946万円,準要保護児童生徒数は1万9,597人,2006年度6億1,936万円で準要保護児童生徒数は1万9,961人),広

島県（2005年度は10億7,405万円，準要保護児童生徒数は3万6,239人，2006年度9億5,561万円，準要保護児童生徒数は3万7,361人）などの減少率もかなり高いというべきだろう。もちろん，景気や雇用の状況をも含めた総合的な判断が必要ではあるが，これらの府県では，準要保護児童生徒数にほとんど変化がないことを考えれば，給付自体の削減（1人当たり支給額の削減や市町村による上乗せ給付や独自給付の見直し）が行われていることが予測できるのである。

7 就学援助制度と地方交付税

すでにみたように，三位一体改革によって，2005年度に準要保護児童生徒援助費国庫補助金（国庫補助率は2分の1）が廃止され，税源移譲がなされるとともに，所要の事業費が地方財政計画に計上され，地方交付税の基準財政需要額に算入された。つまり，税源移譲分は地方交付税の基準財政収入額に100％算入されるとともに，三位一体改革にかかわる影響額（18学級で児童数720人の標準的な小学校と15学級で生徒数600人の標準的な中学校に必要な準要保護児童生徒援助費国庫補助金額の廃止額）である81万5,000円（小学校費），97万7,000円（中学校費）が基準財政需要額に算入されたのである（2005年度）。

2008年度の教育費関係の地方交付税の単位費用算定を示す**図表8−6**を用いて，やや詳しく述べよう。単位費用算定にあたり，準要保護児童生徒関係経費については，小学校費では児童数を測定単位とするもの，中学校費では生徒数を測定単位とするもののなかで計算される。単位費用の算定では，小学校費については標準団体行政経費積算内容の「歳出」に準要保護児童生徒関係経費として154万1,000円が，同様に中学校費については240万1,000円が計上されている。そして2005年度以前には，準要保護児童生徒援助費国庫補助金が存在していたため，その分は標準団体行政経費積算内容の「歳入」に計上され，「歳出」から「歳入」を差し引いて，準要保護児童生徒関係経費に関する標準団体の標準的な小学校・中学校の一般財源が割り出されていた。しかし，2005年度に準要保護児童生徒援助費国庫補助金が廃止されたため，

図表8-6 小学校費,中学校費の単位費用算定のための標準団体行政経費積算内容(2008年度)

小学校費

「児童数」を測定単位とするもの

(細目)児童経費 (細節)児童経費

(単位:千円)

区 分	金 額	積 算 内 容	
給 与 費	10,134	給食従業員2人	
需 用 費 等	6,723	賃金(校庭整備作業員)	53
		学校安全対策経費	330
		その他(印刷製本費,光熱水料等)	6,340
委 託 料	9,762	給食委託料	
		(再掲)	
		給食経費全体(給与費・委託料)	19,896
負担金,補助及び交付金	2,245	要保護児童関係経費(1/2)	46
		準要保護児童関係経費	1,541
		(三位一体改革影響額分:再掲①参照)	
		独立行政法人日本スポーツ振興センター	667
歳 出 計 a	28,873		
国 庫 支 出 金	23	要保護,準要保護児童関係経費補助金	$46 \times \frac{1}{2} = 23$
諸 収 入	316	独立行政法人日本スポーツ振興センター	
歳 入 計 b	339		
差引一般財源 a-b	28,534		

●三位一体の改革に係る影響額(再掲)

(単位:千円)

年度	細目・細節等	国庫補助負担金	2008年度における影響額

2005	1 児童経費
	  児童経費
	    準養護児童関係経費
		①要保護及準要保護児童生徒援助費補助金(準要保護児童分)	771

	合 計		771

その金額の「歳入」への計上がなくなったため,その金額分が基準財政需要額に上乗せされることになった。つまり,三位一体改革の影響額(2005年度は81万5,000円と97万7,000円,2008年度は77万1,000円と120万1,000円)が基準財政需要額に計上されることになって,単位費用算定が行われてきたのである。さらに,補正については,これまでの国庫補助金の算出基礎に準じた密度補正が行われている。

中学校費

「生徒数」を測定単位とするもの
(細目) 生徒経費　(細節) 生徒経費

(単位：千円)

区　　分	金　額	積　算　内　容	
給　与　費	5,067	給食従業員1人	
需　用　費　等	6,933	賃金（校庭整備作業員）	53
		学校安全対策経費	330
		その他（印刷製本費，光熱水料等）	6,550
委　託　料	7,135	給食委託料	
		（再掲）	
		給食経費全体（給与費・委託料）	12,202
負担金，補助及び交付金	2,141	要保護児童関係経費（1/2）	188
		準要保護児童関係経費	2,401
		（三位一体改革影響額分：再掲①参照）	
		独立行政法人日本スポーツ振興センター	552
歳　出　計　a	22,276		
国　庫　支　出　金	94	要保護，準要保護児童関係経費補助金	$188 \times \frac{1}{2} = 94$
諸　　収　　入	259	独立行政法人日本スポーツ振興センター	
歳　入　計　b	353		
差引一般財源 a − b	21,923		

● 三位一体の改革に係る影響額（再掲）

(単位：千円)

年度	細目・細節等	国庫補助負担金	2008年度における影響額
2005	1　児童経費 　　児童経費 　　　準養護児童関係経費	①要保護及準要保護児童生徒援助費補助金（準要保護児童分）	1,201
	合　　　計		1,201

出所：『地方交付税制度解説』より作成。

　しかし，実際には，市町村で受給者の絞り込みや，給付の抑制が行われている。準要保護児童生徒援助費国庫補助金が廃止され，廃止時の金額が地方交付税の基準財政需要額に組み入れられたとはいうものの，厳しい財政状況にある市町村が多い今日の状況のなかでは，一般財源になったことが，財政再建や行政改革を旗印にした「削る自由」に直結したケースが少なくなかったのである。このような事例は，すでに教材費，旅費の一般財源化の際にもみられたことである。つまり1985年度に教材費と旅費が義務教育費国庫負担

金からはずされて一般財源化され，削減分は地方交付税措置された際には，教材費，旅費ともに，一般財源化されてからしばらくの間は，基準財政需要額を上回る金額が計上された。ところが，教材費は1997年度から，旅費は1999年度から基準財政需要額を実支出額が下回るようになった。さらに，地方自治体の地方債残高が増大するなかで，2000年度以降の落ち込みが激しくなっていった。2003年度の教材費は，基準財政需要額（788億円）の75.7％になってしまったのである[22]。厳しい地方財政状況のもとでの一般財源化には大きな課題があることが把握できるのである。

また，厳しい財政状況にある市町村では，一般財源化にともなって担当部署が予算要求と予算確保に苦労している現実もある。たとえば，教育委員会で予算要求や予算の確保をしようとしても，国庫補助金のときよりも，一般財源のために財政課に対して強く要求がしづらいという担当者の声が存在するのである[23]。

さらに，第7章でみてきたように，実際，近年，市町村教育費（小学校費，中学校費）の単位費用は大幅に引き下げられてきた（**図表7－12**）。2003年度を100としたときの2007年度の数値は，小学校費のうち児童数を測定単位とするものは87，学級数を測定単位とするものは87，学校数を測定単位とするものは76，中学校費のうち生徒数を測定単位とするものは95，学級数を測定単位とするものは90，学校数を測定単位とするものは69となっており，大幅な減少となっていることが把握できる。このような単位費用の減少の影響も大きかったと思われるのである。

8 就学援助制度の保護者への周知の重要性

就学援助制度では，保護者への周知がしっかりとなされているのか否かが重要である。周知が不徹底であれば受給できる世帯が受給できないことになりかねないのだが，自治体が制度案内書を配布していない市町村も，小規模市町村を中心に広範囲に存在している[24]。つまり，8,000人未満の市町村の33.3％，8,000人以上2万人未満の市町村の26.2％が保護者に制度案内書を配布していないのである。市町村は，就学援助の取扱要領を策定するとともに，

保護者に対する制度広報をしっかりと行う必要があるのである。

　また，保護者に制度案内書を配布している市町村においても課題が存在する。一般に，就学援助のお知らせ文書が教育委員会から学校に配布され，学校から児童生徒に配付される。その際に，保護者にわかりやすい文書にすることや保護者に確実に行き渡るようにすることが大切である。また，申し込みは各学校を通じて行うことになるので，そのフォローもまた重要である。そこで，学校事務職員や教員が制度を熟知することや，親身になって保護者をサポートすることが求められるのである。個々の学校事務職員や教員の就学援助に対する姿勢や意識は，かなり異なっている[25]。就学援助もまた，教育の重要な一環であることが，すべての学校事務職員と教員に認識されなければならないのである。少なくとも，同一自治体の学校であるにもかかわらず，保護者への周知に熱心な学校がある一方で，そうではない学校があるということでは問題なのである。

9 むすびにかえて

　リーマンショック以降の景気低迷や雇用悪化などから，今後，就学援助制度の重要性は増すだろう。親から子への貧困の連鎖を防ぐことが大切で，このために取り組むべき課題と方法は多岐にわたると思われるが，教育の機会均等，子どもの学習権の保障の観点から，就学援助制度について理解を深めるとともに，課題を抽出するとともに，今後の制度の方向について考えることが重要である。

　また，それと関連するのであるが，2005年度以降の就学援助受給者と市町村就学援助費の伸びの鈍化，一部の都道府県の市町村の就学援助費の減少などが生じているが，その要因をしっかりと把握することが重要である。文部科学省の調査により，2005年度の準要保護児童生徒援助費国庫補助金の廃止の影響が大きいことが一定程度明らかになったとはいうものの，まだ不十分である。というのは，この文部科学省の調査は国庫補助金廃止直後の調査であるため，ほとんどの市町村がまだ国庫補助金廃止後の方向性を打ち出していないと考えられるからである。今後，景気との関連について理解すること，

ならびに2007年度以降とりわけリーマンショック以降の動向の把握，個別自治体の政策の内実に深く入り込む作業が必要になるだろう。

さらに，市町村によって就学援助受給者のなかの要保護と準要保護の比率はかなり異なっている。そこで，生活保護制度とからめながら，就学援助制度を研究する視点も重要である。さらに，就学援助制度の趣旨からすれば，収入の把握にあたっては，全世帯員ベースから親子世帯ベースに切り換えることも検討に値すると思われる。

なお，最後に次の3点を指摘しておきたい。

まず，国庫支出金の廃止と一般財源化にともなう問題である。先にも指摘したように，一般財源化は自治体の支出の自由裁量権を拡大させるが，それは「施策充実の自由」にも「これまでの施策の経費を削る自由」にもつながる。準要保護児童生徒援助費国庫補助金の廃止と税源移譲・交付税措置がとられたことにより，一部の市町村では，給付抑制や受給者の絞り込みが行われるなど「削る自由」が進行した。また，2004年度に行われた公立保育所の運営費関係の国庫支出金の廃止と税源移譲・交付税措置の際にも[26]，財政状況が厳しい市町村を中心に，公立保育所の民間委託が相次いだ。なるほど一般財源化（税源移譲・交付税措置）が行われて，自治体の支出の自由裁量権の拡大（地方分権）が進んだのであるが，公共サービスの民営化をともないながら，それが進んだところに特徴がみられるのである。厳しい地方財政状況のなかでの一般財源化には大きな課題が立ちはだかっているということができるのである。

今日，地域主権改革が叫ばれ，実施に移されようとしているが，このような事例をみるならば，とくに教育分野では，なお課題が多いことが示されているといえよう。地方分権によって住民サービスや公共サービスの充実が果たされる必要があるが，とくに教育分野や福祉分野では，いわゆる義務づけ・枠づけやナショナルミニマムの議論ともあわせて，どのような地方分権の方向性を出すのかが，慎重に展望されなければならないだろう。改めて住民自治と住民サービス向上の観点の重要性を強調しておきたい。

2つ目は，就学援助制度の今後の改革展望についてである。就学援助制度を展望する際には，生活保護制度との関連性が常について回る。つまり，生

活保護基準の〇〇倍という基準を引き上げれば，それだけ受給しやすくなると一般的にはいえるが，倍率を引き下げたり，支給額の上限が引き下げられれば，給付抑制につながる可能性が高くなる。そこで，生活保護制度と就学援助制度の現在の連動性をそのままにして，改革展望を示すことの是非が問われている。また，小学生や中学生の子どもがいる世帯で生活保護を受給していた世帯が受給をしないですむことになった場合でも，一般に所得が大きく増大することはないだろうから，このような世帯には就学援助が必要になる。この場合，「自立」のために就学援助制度が重要な意義をもつのである。その意味でも生活保護基準よりは緩やかな就学援助の基準をもつべきと考えるし，自治体の福祉事務所と教育委員会の横の連携が大切になってくるのである。

　3つ目は，就学援助制度受給者に対して，今現在できる当面の措置についてである。就学援助制度はあくまでも保護者の負担を軽減する制度である。たとえば，現在の制度のもとでは，学校が修学旅行費用の支給上限額の範囲内で修学旅行を計画する必要はないし，支給上限額を超えた教材使用をしても構わない。しかし，その場合には，準要保護児童生徒の家庭に自己負担が生じることになるし，現に自己負担に苦悩しているケースも少なくない。そこで，どうすれば当該児童生徒が安心して学校生活を送ることができるようにするのがよいのかの方策が現実的に示されなければならないだろうと考える。義務教育無償の原則は基本的には正しいだろうが，すぐに実現できるわけではまったくない。理想論ばかりを語っていても何も進まない。現在とることが可能な現実的，実際的な対処法と工夫が求められているのである。たとえば，学校徴収金の減免措置などは，今すぐにでも学校裁量で取り組むことができるはずである。また，学校事務職員は，就学援助に果たす自らの役割が大きいことを認識して，これに取り組む必要がある。また，準要保護児童生徒の負担問題に取り組むだけではなく，学校配当予算が削減されている自治体が増え，それと関連して学校徴収金が増大している学校もあることから，学校事務職員は教員と連携しつつ，全児童の保護者の負担軽減にむけた活動についても，積極的に行っていくことが，今後重要となるだろう。

注

1) 北海道内の3つの市（A市，B市，C市）と1つの町（D町）でのヒアリングと収集資料，北海道のある支庁管内の10数名の学校事務職員（小学校，中学校）からのヒアリングと収集資料，ならびに次に掲げた論文を参照。鳫咲子「子どもの貧困と就学援助制度—国庫補助金廃止で顕在化した自治体間格差—」『経済のプリズム』No.65，2009年；小林傭平「就学援助制度の一般財源化」『経済のプリズム』No.78，2010年；藤沢宏樹「就学援助制度の再検討（1）」『大阪経大論集』58巻1号，2007年。北海道内の4市町については，本章で細かな内実に立ちいって言及しているため，A市，B市，C市，D町としてあつかう。
2) 北海道全市における認定状況を調べたA市資料による。
3) 注1）の藤沢論文202頁。
4) B市の教育委員会によれば，厳しい市財政状況を踏まえ，行政改革の一環として行ったとのことである。卒業アルバム代と修学旅行の小遣い銭については市単独事業として行ってきたが，2006年度から金額を減らし，2008年度に廃止した。
5) 「K町学校給食センター設置及び管理等に関する条例施行規則」2010年4月1日から施行。
6) 注1）の学校事務職員のヒアリングによれば，市町村のなかには，このようなお知らせ文とは別に，新入学児童と保護者が入学前に学校に集まる場において，学校事務職員が就学援助制度について説明を行っているところもある。
7) 注1）に同じ。
8) 1.2倍もしくは1.3倍は，北海道内の市町村だけではなく，ほぼ全国の市町村で一般的に行われているといってよいだろう。
9) 家族構成別に受給できる所得を検討した世帯状況による所得基準表については，当該市のホームページから示される就学援助制度の説明による。
10) 当該市の級地がどこになるのかによって金額が異なる点にも注意が必要である。
11) 文部科学省「要保護及び準要保護児童生徒数について（学用品費等）」（各年度）。
12) 東京都資料による。
13) A市資料による。
14) 横山純一「北海道内の自治体の財政再建—改革の方向性—」『地方自治職員研修』590号（7月号増刊），2009年7月を参照。
15) 注1）で示した3市と1町における調査とは別に，いくつかの市と町（2市3町）でヒアリングを実施した。
16) なお，リーマンショック以降，今日までの景気低迷のなかで就学援助受給者数が増えている（2010年度の就学援助受給者数は155万1083人）。リーマンショック以降の景気動向と就学援助の関係についての検討は，今後の筆者の課題であると考えるが，認定基準を厳しくする自治体が増えるなかで就学援助受給者数が増加していることは，日本経済や雇用の状況がいっそう深刻になっていることを示すものといえよう。
17) 注11）に同じ。

18）A市資料による。
19）B市資料による。
20）A市資料による。
21）注11）に同じ。
22）横山純一「第1章　税源配分の三位一体改革と中央―地方」『現代地方自治の焦点』同文舘出版，2006年2月を参照。
23）注15）に同じ。
24）注1）の鳫論文34-38頁を参照。
25）注1）の学校事務職員へのヒアリングによる。北海道では小学校，中学校に配属される学校事務職員は1名というケースが多い。ヒアリングでは，その学校のおかれた状況・環境，研修の受け方や研修内容での違いから，学校事務職員の間で就学援助に対する意識の違いがみられ，また就学援助への対応の仕方も異なることが明らかにされた。
26）髙木健二「公立保育所の一般財源化とその財源保障」『信州自治研』5月号，2009年5月を参照。

《著者紹介》

横山　純一（よこやま　じゅんいち）

1950年生まれ。東北大学経済学部卒業，東北大学大学院経済学研究科博士課程修了。

尚絅女学院短期大学講師などを経て，1986年4月札幌学院大学商学部助教授，1995年4月北星学園大学文学部社会福祉学科教授，2000年4月北海学園大学法学部政治学科教授（現在に至る）。経済学博士（1988年2月，東北大学）。専攻は財政学，地方財政論。

単著書に『高齢者福祉と地方自治体』（同文舘出版），『現代地方自治の焦点』（同文舘出版），共著者に『福祉政府への提言』（神野直彦・金子勝編，岩波書店）などがある。

1985年論文「プロイセン地方財政調整の展開（1893‐1913）―地方税負担の地域的不均衡とその解決策―」にて第11回東京市政調査会藤田賞を受賞。

平成24年3月30日　初版発行	《検印省略》
平成27年3月20日　初版2刷発行	略称：高齢者教育福祉

地方自治体と高齢者福祉・教育福祉の政策課題
―日本とフィンランド―

著　者　　横　山　純　一
発行者　　中　島　治　久

発行所　　同文舘出版株式会社

東京都千代田区神田神保町1-41　　　〒101-0051
電話　営業(03)3294-1801　　編集(03)3294-1803
振替 00100-8-42935　　http://www.dobunkan.co.jp

©J.YOKOYAMA　　　　　　　　　　　製版：一企画
Printed in Japan 2012　　　　　　印刷・製本：萩原印刷

ISBN978-4-495-86651-8

JCOPY 〈(社)出版者著作権管理機構 委託出版物〉
本書の無断複写は著作権法上での例外を除き禁じられています。複写される場合は，そのつど事前に，(社)出版者著作権管理機構（電話 03-3513-6969，FAX 03-3513-6979，e-mail: info@jcopy.or.jp）の許諾を得てください。